全国财经专业（新课程标准）精品教材

宏观经济学

HONGGUAN JINGJIXUE

主　编　赵虎林
副主编　李宗伟　罗军林

浙江工商大学出版社
ZHEJIANG GONGSHANG UNIVERSITY PRESS

图书在版编目（CIP）数据

宏观经济学 / 赵虎林主编. — 杭州 ：浙江工商大学出版社，2016.8

ISBN 978-7-5178-1725-3

Ⅰ. ①宏… Ⅱ. ①赵… Ⅲ. ①宏观经济学 Ⅳ. ①F015

中国版本图书馆 CIP 数据核字（2016）第 160781 号

宏观经济学

主　编　赵虎林　　副主编　李宗伟　罗军林

责任编辑　李相玲
封面设计　康晓明
责任印制　包建辉
出版发行　浙江工商大学出版社
（杭州市教工路 198 号　邮政编码 310012）
（E-mail:zjgsupress@163.com）
（网址:http://www.zjgsupress.com）
电话:0571-88904980,88831806(传真)
排　　版　奥创工作室
印　　刷　北京嘉实印刷有限公司
开　　本　787mm×1092mm　1/16
印　　张　16
字　　数　410 千
版 印 次　2016 年 8 月第 1 版　2016 年 8 月第 1 次印刷
书　　号　ISBN 978-7-5178-1725-3
定　　价　35.00 元

浙江工商大学出版社营销部邮购电话　0571-88904970

前　言

宏观经济学是使用国民收入、经济整体的投资和消费等总体性的统计概念来分析经济运行规律的一个经济学领域。宏观经济学是相对于古典的微观经济学而言的。随着中国参与经济全球化进程的不断加速和中国经济市场化程度的不断提高，经济学基础课程在经济类和管理类专业中的作用也日益显著。为了适应学校教学需要，本书以教学实践为基础进行编写。

本书力图用通俗易懂的文字表述和现实经济生活中的案例将宏观经济学中晦涩难懂的理论描述清楚，并能使学生学以致用。最后，在案例使用方面尽可能保持时间和空间更贴近现实，便于学生把握市场经济运行和发展的基本规律，理解经济学理论对我国社会主义市场经济发展所起的作用。本书共分九章，分别讲述了：国民收入核算，简单的国民收入决定理论，货币市场的均衡，产品市场与货币市场的均衡，总需求—总供给的模型，失业与通货膨胀，经济增长、经济周期与宏观经济决策，发展经济学与经济学发展，开放经济下的国民收入均衡及调节等。

本书在编写过程中，参阅了近年来国内外出版的同类经典著作，在此并致以诚挚的谢意。

编　者

前言

目 录
Contents

第一章　国民收入核算

名人名言

每一历史时代的经济生产以及必然由此产生的社会结构，是该时代政治和和精神的历史的基础。

——恩格斯

学习目标

通过本章的学习，学生应理解国民收入核算的基本理论和国民经济循环与流量模型；掌握国内生产总值的概念及其核算方法；掌握国民收入中其他指标的概念及其计算；了解国内市场总值指标的缺陷与弥补；理解国民收入核算中的恒等关系，并能运用国民收入恒等式对宏观经济现象进行分析。

第一节 宏观经济学概述

一、宏观经济学的研究对象

宏观经济学是相对于微观经济学而言的。如果说微观经济学是以单个企业或家庭的行为作为研究对象,研究它们在单个市场上的供求行为与价格变动之间的关系,那么,宏观经济学就是研究一个国家整体经济的运行情况以及政府如何运用经济政策来影响国家整体经济的运作。因此,宏观经济学家会研究下述问题:

第一,决定一国经济长期增长的因素是什么?例如,为什么有些国家的经济得到了迅速的增长,而同一时期的另一些国家经济却发展迟缓?

第二,无论是在市场经济体制下,还是在计划经济体制下,一个国家都会出现经济增长加速和增长下降甚至出现负增长等周期性现象。在不同的时期,不同的经济条件下,引起经济周期性波动的原因是什么呢?政府是否可以采取或应该如何采取一些反经济周期的措施?

第三,究竟是什么原因导致了失业的存在与增加?根据微观经济学原理,在市场经济体制下,每一种生产要素的使用程度由这种生产要素的价格所决定。因此,在价值规律的作用下,价格的变动可以保证每一种生产要素得到充分就业。但是,失业现象却在几乎所有的市场经济国家中都存在,而且在某些年份达到较高的程度。是什么原因导致如此高的失业率?

第四,通货膨胀是由什么引发的?在计划经济体制下,中国的物价水平曾被人为地固定在某一水平上,即使在供不应求的情况下亦是如此。物资短缺所造成的物价上涨压力表现为抑制性通货膨胀,人们排队购物就是抑制性通货膨胀的一种表现。改革开放以后,我国经历了若干次物价迅速上涨的年份,被称为通货膨胀较为严重的年份。从世界范围来看,20世纪70年代以来的美国等西方国家也都有过高通货膨胀时期。同样,处于转轨时期的苏联和东欧国家的通货膨胀率也曾达到三位数,甚至更高的水平。究竟是什么引发了通货膨胀,政府对此又要如何应对?

第五,全球经济体系是如何对一个国家经济的运行产生影响的?进入20世纪90年代后,全球经济一体化进程不断加快。从前人们只观察到货物在不同国家和地区间的流动,现在则是资本、专利和技术等生产要素在不同国家和地区间的流行。一个封闭的、没有对外交流的宏观经济模型已不再是现实,因此各国经济之间处于一种广泛的联系之中,国际经济体系的任何变化都会影响一国宏观经济的运行。

第六,政府的宏观经济政策能在多大程度上改进一个国家的经济运行?既然经济运行会出现各种各样的问题,那么政府是否可以通过实施一些宏观经济政策——财政政策和货币政策,来达到调节经济运行的目的?当前中国经济走的是有中国特色的社会主义市场经济发展道路,原来传统计划经济体制下政府行政性调节的手段已在逐步弱化或消失,如何代之以与市场经济运行相适应的政策手段是需要进一步探讨的问题。

宏观经济学就是力图回答上述问题的一门学科,具有重要的现实意义。其涉及的内容也是日常最易受到政治家、新闻媒体和公众关注和讨论的。

二、宏观经济学的发展历程及其基本问题

(一)对宏观经济问题研究的历史考察

1. 早期的宏观经济思想

如果我们把宏观经济学看成研究经济总体运行和发展趋势的科学,那么宏观经济学研究可以追溯到18世纪大卫·休谟那里。他第一次研究了一个经济中货币供给、国际贸易平衡和价格水平之间的关系。大卫·休谟提出了著名的货币数量公式:$P \times Q = M \times V$,即物价总水平由流通中的货币量决定。这一公式是一切货币数量理论的基础,也是当代货币分析的理论基础。

2. 古典经济学派

1776年苏格兰经济学家亚当·斯密《国富论》(*An Inquiry into the Nature and Causes of the Wealth of Nations*)的发表,标志着经济学作为一门独立学科的诞生。在《国富论》中亚当·斯密提出"看不见的手"这一概念,认为市场力量自身犹如一只看不见的手,能够引导经济活动达到某种最后状态。在自由的市场经济条件下,每个人和企业都可以根据"使自己利益最大化"这一原则进行交换活动,而市场整体能产生一组最优价格,交换的结果会使得每个人的经济状态达到最优。

"看不见的手"自动调节经济并使其达到最优状态的理论是建立在所有市场,包括金融市场、劳动市场、商品市场必须运行良好,不存在诸如最低工资限制或最高利率限制等制约因素的假设前提之上的。也就是说,市场上的工资和价格必须对供求失衡做出迅速反应并得到充分的调整,以使每个市场都达到供求相等的均衡。在自由市场经济条件下,价格变动是协调个人行为的重要信号。因此,"看不见的手"的调节实质是:个人在追求他们各自的最大经济利益的驱动下在市场上表达供求意向,市场价格对此做出充分反应和调整,使每个市场达到供求均衡。使用这一信念作为基础的宏观经济模型,其政策含义在于:政府应该尽量少地干预经济运行,对市场经济的发展采取"自由放任"的态度,因为政府在自由市场经济体系中的作用是十分有限的。因此,政府是不可能通过它的经济政策来影响宏观经济运行的。那么,经济运行的实际情况是不是这样的呢?我们会在接下来的新古典宏观经济学流派介绍中再做讨论。

(二)现代宏观经济学理论体系的建立与发展

1. 凯恩斯主义

到20世纪初,古典经济学通过大卫·李嘉图、约翰·斯图尔特·米勒、阿尔弗雷德·马歇尔和亚瑟·塞斯尔·庇古等人的不断充实完善,在理论体系上日趋完美。但时至20世纪30年代的大萧条时期,古典经济学碰到了一个无法解决的难题:由“看不见的手”所调节的自由市场经济何以会出现如此深重的经济衰退呢?在这一时期,经济资源大量闲置,失业增加,经济活动急剧下降,市场中价格机制根本无法使闲置的经济资源得到利用,原因何在呢?约翰·梅纳德·凯恩斯的宏观经济学就是在这样的经济背景下应运而生。1936年,凯恩斯出版了《就业、利息和货币通论》(*The General Theory of Employment, Interest and Money*)一书,标志着凯恩斯宏观经济体系的确立。凯恩斯对经济大萧条中资源的普遍未充分利用提供了一种解释。与古典方法不同的是,凯恩斯认为,市场上的工资和价格的调整是刚性的,或者说价格调整慢于数量调整,经济活动下降的原因在于有效需求的不足。因此,当价格难以调整时,市场处于非均衡状态,要使经济达到充分就业的均衡状态,就要刺激有效需求。凯恩斯认为,政府可以通过经济政策,如扩张性财政政策和货币政策,来对社会总需求进行刺激,使经济资源得到充分利用。同样,在经济处于通货膨胀的“过热”阶段,政府也可以通过紧缩性的财政政策和货币政策来控制社会总需求。总之,凯恩斯方法的政策含义是,政府在宏观调控中扮演着重要角色,政府通过经济政策对经济运行施加影响,可以减轻经济波动,使总体经济的均衡点处于一个理想的位置。凯恩斯理论由于在相当程度上行之有效,所以能够在过去的几十年中取代古典主义学派而占据主导地位。自20世纪60年代以来,凯恩斯学派虽然先后受到货币主义和新古典主义的挑战,但它在弗兰克·莫迪利亚尼、劳伦斯·克莱因、詹姆斯·托宾和约翰·希克斯等人的不断完善、发展下,在当今的主流经济学中仍占有重要地位。

2. 货币主义

美国于20世纪70年代经历了前所未有的高通货膨胀率与高失业率并存期,被称为“滞涨”的经济状态。“滞涨”的出现动摇了凯恩斯理论在经济学家和经济政策制定者心中的主导地位。许多经济学家开始认为,凯恩斯提倡的政府宏观调控政策可能就是带来这种新的经济不稳定的根源,这一思想在货币主义中得到了集中体现。货币主义代表人物是美国芝加哥大学的米尔顿·弗里德曼教授(于1976年获诺贝尔经济学奖)。与古典学派一样,货币主义首先认为,让市场力量发挥其应有的作用,经济就能够达到充分就业的均衡;其次,政府积极的宏观经济干预政策是引起宏观经济不稳定的罪魁祸首。因此,货币主义认为,政府唯一应该做的事情就是给这种市场力量创造一个发挥作用的良好环境,而创造这种良好环境的最佳方法就是把货币的发行量控制在一个稳定的范围内,这个范围根据一国经济的GDP(国内生产总值)的增速和货币流通速度的变化来确定。由于这一确定货币增速的方法是一种改进了的货币数量论,因此被称为现代货币数量论或货币主义。货币主义和凯恩斯主义的争论推进了宏观经济学的发展,货币主义中有用的东西被凯恩斯主义和后来的新古典主义所吸收,因而货币主义在当今宏观经济学研究中仍占有不可忽视的地位。

3. 新古典主义

20 世纪 60 年代以来,经济学家普遍认为凯恩斯主义有两大缺陷,一是在实践方面难以解释“滞涨”等经济现象,无法解决因国家干预政策带来的大量政府财政赤字,因而受到货币主义的责难;二是在理论方面,缺乏一个完整严密的逻辑体系,尤其是缺少微观经济学基础。由于凯恩斯理论起源于解决现实问题,而把理论体系的严密性考虑放在第二位。20 世纪 60 年代中期以来,以克洛尔、巴罗和格罗斯曼以及后来的贝纳西等人为代表的非均衡理论学派,以短期的固定价格为基本假设,用配额均衡代替价格均衡,试图为凯恩斯宏观经济学提供一个微观经济学基础。

从 20 世纪 70 年代开始,宏观经济学研究中出现了另一种试图把宏观经济学与微观经济学相结合的探索力量,即理性预期学派,其代表人物是另一位芝加哥大学教授罗伯特·卢卡斯(获 1995 年诺贝尔经济学奖)。理性预期学派使宏观经济学研究方法向古典主义复归,因此被称为新古典主义。

卢卡斯等人认为,作为政府宏观经济政策依据的凯恩斯理论,并没有把公众对政府政策及其他经济信息的反应考虑在内,因而政府经济政策的效果往往事倍功半。新古典主义继承了古典主义的精髓:崇尚自由竞争的市场经济,但同时又承认经济衰退的现实,并对通货膨胀做出了符合逻辑的理论解释。所谓崇尚市场经济,是指该学派的理论体系是建立在“市场出清”这一核心概念之上的;也就是说,在无政府干预的情况下,市场力量有能力实现供需平衡和生产资源的充分利用。另外,该学派强调要把公众对所有可能获得的经济信息,包括政府政策的理性反应,纳入宏观经济模型之中,这样任何政府政策都可能因为公众的理性预期而使其效果大减。从这个意义上说,新古典主义彻底否定了凯恩斯主义调控宏观经济的财政政策和货币政策的作用,主张恢复到自由放任的市场经济传统中,因而是比货币主义还更进一步的古典主义。

三、宏观经济学研究的基本内容

(一)国民收入决定理论

20 世纪经济学的一项主要突破是宏观经济学的发展,它帮助人们更好地了解应如何对待周期性经济危机与如何刺激长期经济增长等方面的问题。面对大萧条,凯恩斯创立了自己的革命性理论——国民收入决定理论,它有助于解释经济波动的决定因素,并就解决经济周期中最严重的生产过剩提供了对策。

通过图 1 - 1,我们可以考察到影响宏观经济的结果有各种各样的因素。这些因素包括:

(1)内部市场的力量,如人口增长、支出行为、发明创新和其他类似的因素。

(2)外部环境的冲击,如战争、天气、自然灾害和贸易纠纷等。

(3)政策杠杆,如税收政策、政府开支、货币控制和管制等。

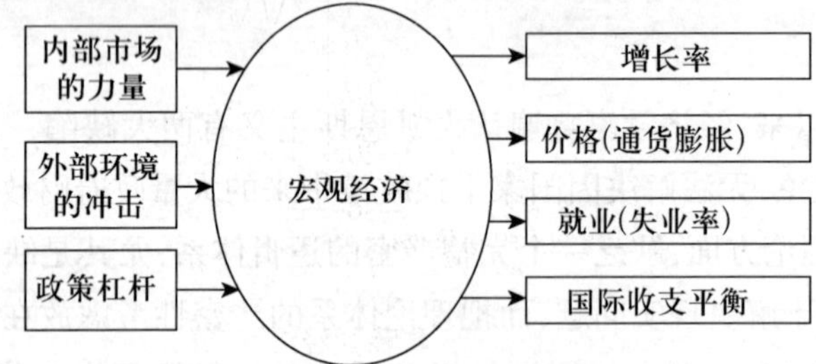

图 1-1 影响宏观经济结果的因素

宏观经济的结果受上述因素的相互作用而影响。当然即使没有外部冲击和政府政策,一个经济体也能运转。在这种情况下,宏观经济的结果就仅仅取决于国内市场的力量。宏观经济学关注的核心在于:单靠市场的内部力量能否产生令人满意的经济结果?是什么引起了经济周期?总产出的决定因素是什么?政府是否应该干预?政府应该如何干预?

(二)通货膨胀与失业理论

通货膨胀是受到密切关注的宏观经济状况之一,也是指导宏观经济政策的关键变量之一。在既定时期内,流通中的货币量过多会引起物价上涨,消费物价指数上升,从而影响人们的正常生活。如果政府不加以重视,长期积累下来就很可能引起整个社会经济的不稳定,有悖国家"共建和谐社会"的方针政策。对于物价总水平上升的这一情况,经济学家会用通货膨胀这个术语来描述。对宏观经济的调研其中一个目的就是稳定物价,将通货膨胀率限制在一定水平内。

(三)经济增长与经济周期理论

经济增长和波动是宏观经济学首先要关注的宏观经济现象。经常往返于不同国家间的商人们总会发现不同国家之间的国民生活水平存在着巨大的差异,从宏观经济学的角度来看,这种国民生活水平之间的差异就来源于一些国家在历史上曾经历了经济快速增长的时期,而另一些国家的经济增长却处于停滞或十分缓慢的状态。我国是一个发展中国家,自新中国成立以来国民经济经历了恢复、增长、停滞、下降等历程,并呈现周期性波动状态。从图 1-2 的轨迹,我们大致可以将 1949—1990 年我国经济增长的历程划分为四个阶段。

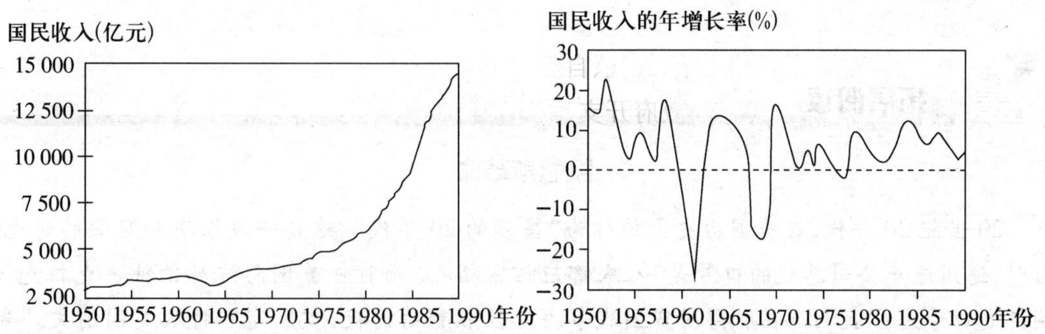

图 1-2 1949—1990 年我国经济增长的历程

第一阶段为新中国成立初期(1950—1952 年),这是三年经济恢复时期,国民收入从 358 亿元增加到 589 亿元,平均年增长率达到 19.3%。第二阶段为 1953—1957 年,这是第一个五年计划时期。这一期间由于大规模投资和基本建设的推动,国民收入平均增长率为 8.9%。第三阶段为 1958—1978 年,在这一阶段我国的经济增长经历了多次曲折和困难,经济活动大起大落,经济的周期性波动较为明显。尤其是 1960—1962 年间,1960 年我国国民收入出现负增长,经济增长跌落谷底,1962 年经济开始恢复。1966 年由于"文化大革命",国民经济再次出现大的波动,1967—1968 年两年全面"内战",工业生产大幅度下降,国民收入出现第二次负增长:分别为 -7.2% 和 -6.5%。1976 年国民收入出现第三次负增长。1978 年以来的时期我们可以把它看作第四阶段。1979—1990 年期间,国民收入平均增长率为 8.4%。1978 年以后,中国有了国内生产总值指标,1978—2000 年,国内生产总值平均每年增长 9.2%,中国迎来了经济高速增长的时期。

(四)开放经济理论

各国之间存在着日益密切的经济联系,每个国家的经济运行状况都会受到世界其他国家和地区经济的影响,开放经济理论就是在世界经济的框架内研究国民收入的决定、通货膨胀与失业、经济增长与经济周期等,进而说明一个国家的经济政策如何对国民收入进行调整。

(五)宏观经济政策

经济理论是经济政策的基础与依据,经济政策是经济理论的运用与实践。在国民收入决定理论、通货膨胀与失业理论等宏观经济学主要理论的基础上,宏观经济政策研究的是政府宏观经济政策的目标、政策工具、政策机制、政策效果等内容。

对以上所述宏观经济理论,各个经济学流派表现出不同的观点;对具体宏观经济问题的分析,各个经济学流派所运用的方法也不尽相同;对解决国民经济运行中出现的问题,各个经济学流派的政策主张也是不同的,甚至是对立的。西方宏观经济理论并没有形成一个内容上完整、逻辑上一致、方法上统一的体系,而是呈现出多种宏观经济理论并存的形态。

拓展阅读

凯恩斯革命

20世纪20年代,在美国历史上被称为“昌盛的20年代”,这是一段乐观和繁荣的时光。当时,通用汽车公司总裁的口号是“人人都应该富裕”。而时任美国总统赫伯特·克拉克·胡佛的口号是:“我们正在取得对贫困战争决定性胜利的前夜,贫民窟即将从美国消失。”制造业飞速发展,各个公司不断开设新的工厂。“炫耀性消费”成为时代潮流,当时人们追求的消费包括收音机、电影、新型电器(吸尘器、冰箱和洗衣机等)、汽车等。从1920年到1929年,美国实际GDP增长了42%,股票价格持续上涨,道琼斯指数从1921年的75点一路走高直到1929年顶峰时的363点,平均年增长率高达33%。那时的经济学家认为永远不会出现大萧条,他们确信经济具有内在稳定性。这些对宏观经济乐观的预期在理论界体现在法国经济学家萨伊于1803年出版的《政治经济学概论》中,被后人称为“萨伊定律”的著名论断:供给会创造自己的需求。这一命题系统论证了市场机制的自发调节功能,成为经济自由主义思潮的一面旗帜。“萨伊定律”的一个重要政策推论是:在货币出现后,尽管会出现商品生产与商品消费在结构上的不一致,部分商品的过剩和部分商品的生产不足会同时存在,但所有商品同时出现生产过剩的危机是不可能发生的。

然而,大萧条对古典经济学的致命一击使得古典理论信誉扫地。从1929年10月19日这个“黑色星期四”开始,经济运行开始进入低迷时期。美国纽约市场上出现抛售股票浪潮,股价大跌。这带来一系列的连锁反应:疯狂挤兑、银行倒闭;工厂关门、工人失业;大萧条时期,美国有近1 300万人失业,失业率高达25%;实际国民产出急剧下降,从1929年第四季度到1933年第一季度,累计增长为-68.56%,美国经济至少倒退了十多年。美国经济出现了近代历史上最严重的经济衰退。

20世纪30年代的美国经济大萧条引发了经济学思维方式的革命。在大萧条之前,经济学家们认为市场机制是一只“看不见的手”,在短时间内价格机制会自动地使经济恢复到充分就业的状况,政府不需干预经济,只需扮演好经济“守夜人”的角色。但是,经济的持续萧条为英国经济学家约翰·梅纳德·凯恩斯的新经济思想提供了历史舞台。1936年凯恩斯出版了《就业、利息和货币通论》,其价值在于诊断危机和失业的根源并提出相应的经济政策。如何克服由有效需求不足引发的经济萧条呢?在凯恩斯看来,市场内在的不稳定性要求政府干预。凯恩斯认为,应引入影响需求的外生变量,即增加政府支出和扩大出口。具体的宏观经济政策有财政政策、货币政策和以汇率调节为中心的对外经济政策等。当经济萧条时,增加政府支出、减少政府收入(如减税)、增加货币供应以降低利率刺激投资、用货币贬值来刺激出口等,以弥补有效需求的不足;当通货膨胀时,减少政府支出、增加政府收入(如增税)、减少货币供应以提高利率抑制投资、用货币升值来增加进口等,以抑制总需求的过度膨胀,最终使总供求相一致,国民经济恢复均衡状态。因此,人们又把凯恩斯主义政策称为需求管理政策，通过调节总需求来使之与总供给相适应。

从20世纪40年代后，凯恩斯的理论得到了广泛的拓展，并被不断完善和系统化，从而构成了凯恩斯宏观经济学的完整体系。这一理论体系也被称为新古典综合派(The Neoclassical Synthesis)，在第二次世界大战后相当长的时期内成为经济学的主流。

（资料来源：吴萍：《宏观经济学》，西南财经大学出版社，2013年版。）

第二节　国内生产总值

宏观经济学首先要研究社会的整体经济活动，而整体的国民经济状况又是通过一系列国民收入总量指标来反映的。在各种总量指标中，衡量一个经济活动的基本总量是国内生产总值。

一、国内生产总值的概念

国内生产总值(Gross Domestic Products，GDP)，指一个经济社会(一个国家)在某一给定时期内(通常为一年)运用生产要素所生产的全部最终产品(包括产品和劳务)的市场价值的总和。理解这一定义时，应注意以下几点。

(一) GDP是一个市场价值的概念

各种最终产品的价值都是用货币加以衡量的，产品市场价值就是用这些最终产品的单位价格乘以相应的产量然后加总而成的。因此，GDP的数值不仅受到计算时期产量变动的影响，也受到计算时期价格水平变动的影响。例如，某国一年生产20万件上衣，每件上衣售价为40美元，则该国一年生产上衣的市场价值就为800万美元。

(二) GDP测度的是最终产品而不是中间产品的市场价值

所谓最终产品(Finished Goods)，是指在一定时期内生产出来直接供人们消费的产品和劳务。中间产品(Intermediate Goods)是指生产出来后作为下一道生产程序投入的产品和劳务，并不是供人们最终使用的产品。例如，煤炭在用于燃料发电时是中间产品，而用于人们生活中的燃料时就是最终产品。可见，二者不是从产品本身的物质属性来区别，而是从它们在再生产的循环流中的功能来区分。

为了避免重复计算，GDP只计算最终产品价值，而不计算中间产品价值。中间产品是在参加最终产品的生产过程中被使用的商品和劳务，其价值构成了最终产品价值的一个组成部分，因此不能再计入GDP。例如，农民种植小麦，在市场上出售给面粉厂，得到200美元的收入；面粉厂将小麦磨成面粉，以300美元的价格出售给食品厂；食品厂用这些面粉制成蛋糕出售给消费者，得到400美元收入；则这400美元中已经包括了小麦和面粉的价值。从最终产品的角度来计算 GDP,显然数额为 400 美元,但如果不剔除中间产品的价值,GDP 应为 200 + 300 + 400 = 900(美元)。可见,计入中间产品的价值会造成国内生产总值的虚增,难以真实地反映出一国的经济运行情况。在现实经济活动中,多数产品既可以作为最终产品,也可以作为中间产品,难以准确区分。西方经济学常采用增值法,即通过计算在生产各阶段上的增加值的方法来计算 GDP。从理论上讲,这与统计最终产品的方法结果是一样的,见表 1 – 1。

表 1 – 1 最终产品与增值法的一致性 单位:美元

生产阶段	产品价值	中间产品成本	增值
木材	5	—	5
纸浆	10	5	5
纸张	20	10	10
笔记本	35	20	15
合计	70	35	35

从表 1 – 1 得知,笔记本是最终产品,其价值是 35 美元,用增值法计算的增加值总和是 5 + 5 + 10 + 15 = 35(美元),其结果是一样的。如果不区分最终产品和中间产品,则会得到 70 美元的总价值,其中包含了重复计算 35 美元的中间产品价值。因此,用增值法计算可以避免重复计算的问题。

(三)GDP 是一定时期内(通常为一年)所生产而不是所销售的最终产品价值

因此在计算时必须是当期的产品,不应包括以前所生产的产品价值。例如,以前所生产而在该年销售的存货等不应包括在内。若某企业年生产 200 万美元产品,只卖掉 160 万美元,则所剩 40 万美元产品可看做企业自己买下的存货投资,同样应该计入 GDP。相反,虽然生产 200 万美元产品,然而却卖掉了 230 万美元产品,则计入 GDP 的仍是 200 万美元,只是库存存货少了 30 万美元而已。

(四)GDP 是计算时期内(如 2015 年)生产的最终产品价值,是流量而不是存量

流量(Flow)是一定时期内发生的变量,存量(Stock)是一定时间点上存在的变量。若某人花 30 万美元买了一幢旧房,包括 29.8 万美元的旧房价值和 2 000 美元的经纪人费用,这 29.8 万美元不能计入 GDP,因为它在生产年份已经算过了,但买卖这幢旧房的 2 000 美元经纪人费用可计入 GDP,因为这笔费用是经纪人买卖旧房过程中所提供的劳务报酬。

(五)GDP 只衡量市场活动所产生的价值

人们生产的商品和劳务可以分为两种:一种是为市场交换而生产的商品和服务,另一种是用于自己消费的自给性商品和服务。自给性商品和服务因为不用于市场交换,因而没有价格,所以不能计入 GDP。例如,家政公司的家政工作人员替别人打扫房屋时获得的收入要计入 GDP,而家庭主妇清扫自家房屋时却没有收入,也没法反映到 GDP 中去。

(六)构成 GDP 的最终产品不仅包括有形产品,而且包括无形产品

在社会的三种产业中,第一、第二产业提供物质的最终产品的价值是构成 GDP 的主要部分,第三产业提供的是劳务,虽然劳务无形,但却是社会经济发展不可或缺的部分,因此第三产业所提供的劳务的价值也应计入 GDP 之中。创造国内生产总值的最终产品的行业不仅包括农业、工业和建筑业,还应包括流通部门、服务部门、社会发展部门(教育、文化、卫生、体育、广播电视、科学研究和社会福利事业等)以及社会公务部门。

知识链接

我国 GDP 是如何确定的?

国家统计局每年公布的 GDP 数据是怎么得到的呢?据国家统计局专家讲,我国的 GDP 计算需要经过以下几个过程:初步估计过程、初步核实过程和最终核实过程。初步估计过程一般在每年年终和次年年初进行。它得到的年度 GDP 数据只是一个初步数据,这个数据有待于获得较充分的资料后进行核实。初步核实过程一般在次年的第二季度进行。初步核实所获得的 GDP 数据更准确些,但仍缺少 GDP 核算所需要的许多重要资料。因此,相应的数据尚需要进一步核实。最终核实过程一般在次年的第四季度进行。这时,GDP 核算所需要的和所能搜集到的各种统计资料、会计决算资料和行政管理资料基本齐备。与前一个步骤相比,它运用了更全面、更细致的资料,所以这个 GDP 数据就显得更准确些。

此外,GDP 数据还需要经过一个历史数据调整过程,即当发现或产生新的资料来源、新的分类法、更准确的核算方法或更合理的核算原则时,要进行历史数据调整,以使每年的 GDP 具有可比性,这是国际惯例。

(资料来源:圣才学习网——宏观经济学。)

二、国民生产总值 GNP

国民生产总值(Gross National Product,GNP),是指一国国民在一定时期内运用生产要素所生产的全部最终产品(物品和劳务)的市场价值。国内生产总值 GDP 与国民生产总值 GNP 都是核算社会生产成本和反映宏观经济总量的指标。二者的区别在于,GDP 是一个地域概念,GNP 则是一个国民概念。

国内生产总值 GDP 是按"国土原则"计算的,凡是一国领土内所获取的收入,不论其是由本国国民创造的还是由外国国民创造的,均被计入 GDP。因此,GDP 是一国范围内生产的最终产品的市场价值,它既包括本国企业所生产的产品和劳务,也包括外国企业或合资企业在本国生产的产品和劳务。国民生产总值 GNP 是按"国民原则"计算的,它以"常住居民"为统计依据,即凡是本国居民生产的,不论生产在哪里进行,都计入 GNP。常住居民包括居住在本国的本国居民、暂住在外国的本国居民、常住在本国但未入本国国籍的外国居民。因此,本国国民通过在国外投资或到国外工作所获得的收入(称为从国外得到的要素收入),应

计入本国的 GNP。而非本国国民在本国领土内的投资或工作所获得的收入(称之为支付给国外的要素收入),则应计入本国的 GDP。由此可见,国民生产总值 GNP 可以用国内生产总值 GDP 加上本国常驻单位从国外得到的净要素收入(从国外得到的要素收入 - 支付给国外的要素收入)。用公式表示为:

GNP = *GDP* + 本国国民在外国生产的最终产品的价值 - 外国国民在本国生产的最终产品的价值 = *GDP* + 国外净要素收入

例如,一个在中国工作的美国公民收入要计入美国的 GNP 中,但不计入美国的 GDP 中,而应计入中国的 GDP。反之,一个在美国制造业中开设公司的中国老板取得的利润是中国 GNP 的一部分,不是美国 GNP 的一部分,但它是美国 GDP 的一部分。因此,若某国一定时期内的 GNP 超过 GDP,说明该时期该国公民从外国获得的收入超过了外国公民从该国获得的收入,而 GDP 超过 GNP 时,说明的情况则正好相反。

知识链接

从国民生产总值 GNP 到国内生产总值 GDP

1991 年以前,美国一直用 GNP 作为产量的主要测量指标,从 1991 年起改为 GDP。国民生产总值(GNP)测量一国居民的收入,包括居民从国外取得的收入(工资、利润、利息),但要减去支付给国外的同类报酬。与 GNP 不同,GDP 不考虑从国外获得的报酬和支付给国外的报酬。它是一国在国内实际生产的产品和劳务的测量值。GDP 是大多数欧洲国家采用的产量标准计量,因为这些国家的对外贸易在传统上比在美国重要得多。由于国际贸易在美国变得越来越重要,因此,美国从 1991 年以后也开始用 GDP。作为衡量产量的主要测量指标,这种转变也可以使美国对其他国家的经济更加容易些。一般来说,一个国家对外经济往来的开放度越大,用 GDP 作为测量收入的重要性也越大。此外,由于来自国外的要素收入的数据较难准确获得,而 GDP 的数据较易获得;由于相对 GNP 而言,GDP 是经济中就业潜力的一个较好的测量指标,比方说,外国人到东道国投资,解决的是东道国的就业问题,所有这些原因,都表明把 GDP 作为经济中产生的基本测量指标更合理一些。联合国统计司 1993 年要求各国在国民收入统计中用 GDP 代替 GNP,现在各国也都采用了 GDP 这一指标。我国从十五届五中全会起就把 GNP 改为 GDP。

(资料来源:郭万超、辛向阳:《轻松学经济》,对外经济贸易大学出版社,2005 年版。)

拓展阅读

如何评价 GDP 这一指标

GDP 是衡量世界和国家经济的重要宏观统计指标,美国经济学家萨缪尔森曾经感叹 GDP 是 20 世纪最伟大的发明之一。GDP 能够反映一个国家的经济总体规模和经济结构,是人们了解和把握一个国家宏观经济运行状况的有效工具,是制定经济政策的重要依据,也是检验经济政策科学性和有效性的重要手段。其次,GDP也是各个国家和地区之间进行经济实力比较的重要指标,为国家和地区之间比较经济总量提供了基础依据。GDP还是对外交往的重要指标。一个国家承担国际义务的轻重、享受优惠待遇的多少,以及在国际社会发挥作用的大小,往往与这个国家GDP有着密切的联系。

不过,GDP也具有一定的局限性:

1. GDP不能反映经济发展的质量差异。各国和地区经济发展水平的差异不仅表现在GDP总量上,更反映在劳动生产率、产出能耗,资源产出率及可持续利用等方面。

2. GDP不能准确反映国民财富的积累和变化。一个国家的经济实力在更大程度上取决于它所拥有的财富存量,而不仅仅是当期新增加的财富。经济增长质量不高将会导致财富的巨大损失和浪费。在这种情况下,财富存量与经济增长率不能保持同步增长。

3. GDP不能反映资源环境的变化。GDP是反映经济发展情况的指标,但它没有反映经济发展所带来的资源消耗成本和环境损失代价,也不能反映人类的自觉行动对自然环境的改善。

4. GDP是一个生产指标,从而难以完整地反映一个国家收入分配是否公平合理。

5. GDP不能全面地反映人民生活水平的变化、社会保障和福利改善情况;GDP没有充分地反映教育、医疗卫生等公共服务的作用,从而不能全面地反映这些公共服务的改善对人民生活水平的影响。

总之,GDP既有重要的作用,也存在其自身的局限性。我们不能奢望GDP能够满足方方面面的要求。不仅GDP做不到,其他统计指标恐怕都难以胜任。我们应当客观地评价这一宏观经济统计指标,在其适用范围内,正确地使用它。

(资料来源:冯晓华:《如何正确理解和客观评价国内生产总值》,载《统计科学与实践》2011(3)。)

第三节 国民收入核算的基本方法

世界各国核算国民生产总值的方法不完全相同,其中主要有支出法和收入法两种。支出法又称产品流量法,收入法又称收入流量法或要素成本法。

一、支出法

这种方法是从产品的使用出发,把一定时期内购买各项最终产品的支出加总计算出该时期生产出的最终产品的市场价值之和。如果用$Q_1, Q_2, \cdots, Q_n$代表各种最终产品的数量,用$P_1, P_2, \cdots, P_n$代表各种最终产品的价格,则支出法表示的国内生产总值为:

$$GDP = P_1 \cdot Q_1 + P_2 \cdot Q_2 + \cdots + P_n \cdot Q_n$$

在统计上,用于购买最终产品的全部支出可分为个人消费、投资、政府购买、净出口四项。

个人消费支出包括购买耐用品、非耐用品，劳务支出（如医疗、旅游等），但建筑住宅的支出不包括在内，而归入固定资产投资中。

投资支出是指增加或替换资本资产的支出，如厂房和住宅建筑、机器设备以及存货。投资包括固定资产投资和存货投资两大类。固定资产投资是指新厂房、新设备、新商业用房以及新住宅的增加。存货投资是指企业掌握的存货价值的增加（或减少）。存货投资可能是正值，也可能是负值，因为年末存货价值既可能大于也可能小于年初存货。

政府购买支出是指政府对商品和服务的购买支出，包括政府对国内生产的产品和服务、国外生产的产品和服务的购买。政府购买支出仅仅是政府支出的一部分，政府支出的另一部分为政府转移支付。在国民收入核算中，政府转移支付不计入国民生产总值，原因是政府转移支付只是收入的转移，而没有发生相应的产品和劳务的交换。

净出口是指劳务和货物进出口差额。用 X 表示出口，M 表示进口，净出口就是 $X-M$。如果用 C 表示个人消费支出，I 表示投资支出，G 表示政府购买支出，$X-M$ 表示净出口，则用支出法计算的国内生产总值为：

$$GDP = C + I + G + (X - M)$$

二、收入法

计算 GDP 的第二种方法被称为收入法，即通过把所有生产要素在生产中所得到的收入相加来计算 GDP 的方法。这些收入有：劳动所得的工资、土地所得的地租、资本所得的利息，以及企业所得的正常利润和政府的税收等。用收入法核算国民生产总值应包括以下项目：

（一）工资、利息和租金

从广义上讲，工资包括所有工作的酬金、补助和福利费（含必须缴纳的所得税和社会保险）。利息指人们储蓄的货币资金在本期的净利息收入。它不包括个人间因借贷关系而发生的利息和政府公债利息。租金主要指个人在出租土地等资产时的租金收入。

（二）业主收入

这里的业主指不受人雇用的独立生产者，如医生、律师、农民等。他们的工资、利息、地租和利润往往混在一起作为业主收入。

（三）公司税前利润

包括公司所得税、社会保障税、股东红利以及公司未分配利润。

（四）企业转移支付和企业间接税

企业转移支付指公司企业对非营利组织的慈善捐款和消费者赊账。企业间接税指企业缴纳的货物税、销售税、周转税等。

(五)资本折旧

折旧虽不是生产要素收入,但它会冲减其他收入项目,所以也应将其计入国民生产总值内。

将上述前三个项目加总(即工资、利息和租金+业主收入+公司税前利润),即可获得狭义国民收入(National Income)指标;在此基础上,再加上企业转移支付和企业间接税,即获得国内生产净值(Net National Product)指标;最后,将上述五项加总,即为GDP。

三、部门法

部门法又称生产法,它是按生产物质产品和提供服务的所有部门的产值来计算国内生产总值的方法,反映出国民收入的来源。国民经济活动各个部门存在着错综复杂、纵横交错的投入和产出关系,要避免重复计算,像支出法一样,各部门应该把使用中间产品价格扣除,只计算新增加的价值。物质生产部门、商业、服务业都要按增值法计算,同时,按西方核算体系,卫生、教育、行政等部门也创造国民收入,把其获得的工资收入加总计入国内生产总值。

用生产法计算国内生产总值时,各部门都应该扣除使用中间产品的价值,只计算本部门的附加值或增加值。也就是本部门销售产品所得的收益减去从其他部门购买的商品和劳务的价值后的余额作为其国内生产总值,这样就避免了部门间的重复计算。

用公式表示如下:

增加值=总产出-中间消耗

GDP=各行业增加值总和

一国所有生产过程中新增价值的总和等于最终产品或服务的价值总和。因此,GDP也可以定义为一定时期内经济中新创造的价值总和。

知识链接

国内生产总值计算的三种方法是从不同的角度、不同的侧面来计算宏观经济活动的。从理论上讲,三种方法核算的结果应该一致,但是在实际核算中却并非一致。其主要原因是由于计算中不可避免会出现误差。若坚持平衡原则能保证国民经济生产、分配、使用三方等价关系的实现,上述三种方法在计算国内生产总值时往往同时运用,以利于相互验证,增强计算的准确性。在实际经济分析中,因为最终产品的使用去向比较清楚,资料比较容易收集,所以各国政府与学者比较重视支出法。在三种核算方法所得出的结果不一致时,一般以支出法统计的结果为准,利用统计误差调整收入法和部门法所得数值。

四、支出法与收入法的一致

(一)产出等于支出

这是因为最终产品的销售收入,就是最终产品购买者的支出。例如,生产了一件上衣卖

60 美元,就是购买上衣的消费者支出了 60 美元。这 60 美元就是生产和经营上衣的五阶段厂商(棉农、纱厂、织厂、制衣厂及售衣商)创造的价值即产出。上衣是这样,千千万万最终产品生产都是这样。因此,从社会看,总产出就总等于购买最终产品的总支出。然而,假定社会某年生产了 2 万亿美元最终产品,只卖掉 1.8 万亿美元,总产出又怎么说等于总支出呢?在西方国民收入核算中,这部分未卖掉的 0.2 万亿美元产品仍然被看做本企业在存货方面的投资支出,作为存货投资(Inventory Investment)。由于企业把存货变化也看做自己购买自己产品的投资支出。因此,上面所说的总支出就不是 1.8 万亿美元,而是 2 万亿美元。

(二)产出等于收入

假定厂商生产一件衣服价值600 美元,因为产品的价值实际上是生产该产品所投入的生产要素共同创造的,因而要转化为这些要素的报酬,即工资、利息、地租和利润。假定工资是300 美元,利息是 100 美元,地租是 100 美元,则剩余的 100 美元就是利润(在此我们将剩余的报酬都算做利润)。衣服如此,千千万万的最终产品也是如此。正由于我们将剩余的报酬都算做利润。因此,从整个经济来看,总产出总等于总收入。具体地说,总产出 = 工资 + 利息 + 地租 + 利润。

综上所述,GDP 可用支出法和收入法两种不同的方法来核算,它们所得的结果是一致的。我们可从图 1-3 中理解(为说明 GDP 统计的不同方法,不妨先假定一个简化的经济社会,不存在政府和外贸部门,也没有投资)。在环形图上部,人们支出货币购买最终产品,其花费的货币流量加总即是以支出法计算出的 GDP;在环形图下部,产出成本的流量加总即是以收入法计算出的 GDP。因此,从理论上来说,两种方法衡量的 GDP 必然相等。但在实际核算中经常会出现误差,因而在实际核算时要加上一个统计误差。

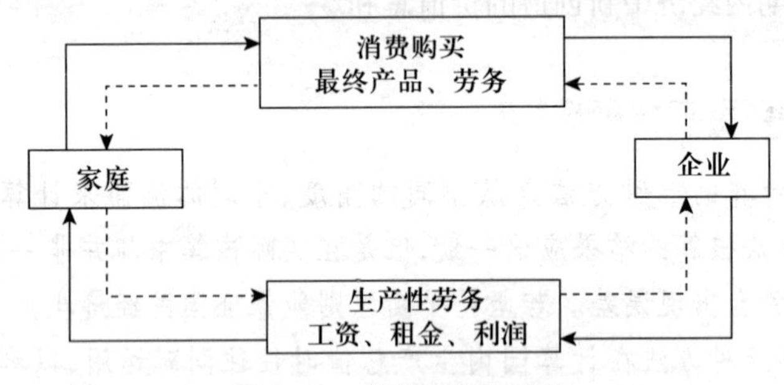

图 1-3 宏观经济环形图

(实线代表货币的流动,虚线代表商品与劳务的流动)

我国的 GDP 计算

我国的国内生产总值及其产业构成的资料,是由国家统计局国民经济核算司根据部门特点和资料来源用不同的方法计算的。一些部门以生产法计算,一些部门以收入法计算。

在计算各部门增加值的基础上,对各部门的增加值求和就可以得到国内生产总值。

此外,还按支出法计算了国内生产总值,它等于最终消费(包括政府消费)、资本形成总额、货物和服务净出口之和,用支出法计算的国内生产总值与按生产法和收入法计算的国内生产总值往往不相等,两者的差额称为统计误差。

国家统计局国民经济核算司对按生产法、收入法和支出法计算的国内生产总值及增长指数的名称做了以下规定:按生产法和收入法计算的国内生产总值简称为“国内生产总值”,按支出法计算的国内生产总值称为“支出法国内生产总值”。

中国统计年鉴公布的国内生产总值资料,最后一年的数据不是最终数,还会发生变动。在普查年,国内生产总值的历史数据可能也会根据普查资料做出调整。年鉴公布的地区数据来自各省、自治区、直辖市统计局的国民经济核算资料,各地区数据相加不等于全国总计。

(资料来源:《中国统计年鉴(1999)》,北京:中国统计出版社,1999。)

拓展阅读

2015 年 1—2 季度我国 GDP(国内生产总值)初步核算情况

根据有关基础资料和国民经济核算方法,2015 年 1—2 季度我国 GDP 初步核算结果如下:

表 1-2 2015 年 1—2 季度 GDP 初步核算数据

	绝对额(亿元)	比上年同期增长(%)
GDP	296 868	7.0
第一产业	20 255	3.5
第二产业	129 648	6.1
第三产业	146 965	8.4
农林牧渔业	21 002	3.6
工业	111 500	6.0
建筑业	18 796	7.0
批发和零售业	27 123	6.1
交通运输、仓储和邮政业	14 416	4.9
住宿和餐饮业	5 111	5.4
金融业	27 757	17.4
房地产业	19 796	3.3
其他服务业	51 368	8.9

注:1. 绝对额按现价计算,增长速度按不变价计算;

2. 三次产业分类依据国家统计局 2012 年制定的《三次产业划分规定》;

3. 行业分类采用《国民经济行业分类(GB/T 4754—2011)》。

表 1－3　GDP 环比和同比增长速度

	GDP 环比增长速度(%)	GDP 同比增长速度(%)
2014 年 1 季度	1.6	7.4
2 季度	1.9	7.5
3 季度	1.9	7.3
4 季度	1.5	7.3
2015 年 1 季度	1.4	7.0
2 季度	1.7	7.0

注:1. 环比增长速度为经季节调整后与上一季度对比的增长速度;

2. 同比增长速度为与上年同期对比的增长速度。

附注

1. 季度 GDP 核算概述

1.1 基本概念

GDP(国内生产总值),是一个国家(或地区)所有常住单位在一定时期内生产活动的最终成果。GDP 是国民经济核算的核心指标,也是衡量一个国家或地区经济状况和发展水平的重要指标。

GDP 核算有三种方法,即生产法、收入法和支出法,三种方法从不同的角度反映国民经济生产活动成果。生产法是从生产的角度衡量常住单位在核算期内新创造价值的一种方法,即从国民经济各个部门在核算期内生产的总产品价值中,扣除生产过程中投入的中间产品价值,得到增加值。核算公式为:增加值＝总产出－中间投入。收入法是从生产过程创造收入的角度,根据生产要素在生产过程中应得的收入份额反映最终成果的一种核算方法。按照这种核算方法,增加值由劳动者报酬、生产税净额、固定资产折旧和营业盈余四部分相加得到。支出法是从最终使用的角度衡量核算期内产品和服务的最终去向,包括最终消费支出、资本形成总额和货物与服务净出口三个部分。

国家统计局发布的季度 GDP 是以生产法为基础核算的结果。

1.2 核算范围

1.2.1 生产范围

GDP 核算的生产范围包括以下三个部分:第一,生产者提供或准备提供给其他单位的货物和服务的生产;第二,生产者用于自身最终消费或资本形成的所有货物的自给性生产;第三,自有住房拥有者为自己最终消费提供的自有住房服务,以及付酬的自给性家庭服务生产。生产范围不包括不支付报酬的自给性家庭服务、没有单位控制的自然活动(如野生的、未经培育的森林、野果或野浆果的自然生长,公海中鱼类数量的自然增长)以及部分"未观测经济"等。

1.2.2 生产活动主体范围

GDP 生产活动主体范围包括了中国经济领土范围内具有经济利益中心的所有常住单位。本报告中的季度 GDP 数据是由国家统计局负责核算的全国数据,未包括香港、澳门特别行政区和台湾省的地区生产总值数据。

1.3 核算单位

GDP 核算主要以法人单位作为核算单位,在核算中依据法人单位从事的主要活动将其划分到不同的行业,分别计算各个行业的增加值,再将各行业增加值汇总得到 GDP。

1.4 核算频率

核算频率为季度,中国从 1992 年 1 季度开始核算季度 GDP。目前,季度核算采取累计核算方式,即分别计算各年 1 季度,1—2 季度,1—3 季度和 1—4 季度的 GDP 数据,1—4 季度 GDP 初步核算即为年度 GDP 初步核算。

从 2011 年 1 季度开始,国家统计局正式对外发布各季 GDP 环比增长速度。

1.5 法律依据和制度规定

GDP 核算严格遵守《中华人民共和国统计法》的规定。目前,中国 GDP 是按照《中国国民经济核算体系(2002)》(CSNA)的要求进行测算的,该体系采纳了联合国 1993 年《国民经济核算体系》(SNA)的基本核算原则、内容和方法。

1.6 保密性

依照《中华人民共和国统计法》第一章第九条的规定,统计机构和统计人员对在统计工作中知悉的国家秘密、商业秘密和个人信息,应当予以保密。

国民经济核算人员在进行 GDP 核算时对所使用的未经公开的专业统计数据和行政记录数据严格保密,在 GDP 核算数据发布前对当期 GDP 数据也严格保密。

1.7 用户需求

季度 GDP 数据的国内用户主要是政府部门、研究机构、大学、行业协会、媒体以及社会公众。此外,国家统计局定期向联合国、国际货币基金组织、经济合作与发展组织、亚洲开发银行等国际组织提供中国季度 GDP 数据。

(资料来源:国家统计局 http://www.stats.gov.cn/tjsj/zxfb/201507/t20150716_1215900.html。)

第四节 国民收入核算中的其他总量

一、国民收入核算的五个总量

除了上面讨论的宏观经济学中极为重要的指标国内生产总值(GDP)之外,国民收入核算的总量指标还包括国内生产净值(NDP)、国民收入(NI)、个人收入(PI)和个人可支配收入(DPI)。

(一)国内生产净值

国内生产净值(Net Domestic Product,NDP),也称为国内净产值,是一个国家在一定时期内(通常为一年)新增加的价值,等于国内生产总值中扣除当年消耗掉的资本(折旧)后的价值余额。任何产品的价值中不但包含消费掉的原材料、燃料等的价值,还包含使用的资本设备的折旧。只有扣除了资本折旧,才是真正的新增价值。GDP 与 NDP 的区别体现在总投资额与净投资额的差额,可表示为:

国内生产净值 = 国内生产总值 - 折旧

其中，总投资(Total Investment)是一定时期内的全部投资，即建设的全部厂房设备和住宅等，而净投资(Net Investment)则是总投资中扣除了资本消耗和重置投资(折旧)后的部分，是资本存量的净增加。如某企业购置20台新机器，其中1台用于更换报废机器，则总投资为20台机器，而净投资为19台机器。

(二)国民收入

这里的国民收入是按生产要素报酬计算下的国民收入(National Income，NI)，即一个国家在一定时期内(通常为一年)用于生产产品和提供劳务的各种生产要素(土地、劳动、资本与企业家才能等)所获得报酬(租金、工资、利息和利润等)的总和。国民收入与国内生产净值的区别在于：从理论上讲，国民收入是从分配的角度出发核算的总量，而国内生产净值则是从生产的角度出发核算的总量；从数量上讲，国民收入等于国内生产净值减去间接税，再加上政府津贴，再加上本国公民来自国外的净收入，即国民收入 = 国内生产净值 - 间接税 + 政府津贴 + 本国公民来自国外的净收入。间接税形式上是由企业负担的，但又作为产品价格附加，在销售过程中转移出去，它既不由任何生产要素提供，又不被生产要素所有者获得，在核算国民收入中应扣除。而政府津贴作为一项政策性补贴用于弥补价格低于成本的产品生产企业的损失，相当于冲抵部分生产要素的付出，即增加了生产要素的投入，故在核算国民收入中应加上。本国来自国外的净收入是本国公民来自国外的收入减去外国公民从本国取得的收入，这部分价值不包含在GDP和NDP中，但作为一国收入总和的经济指标，国民收入应计入此项。国民收入的核算用公式表示为：

国民收入 = 国民生产净值 - 企业间接税 + 政府津贴 + 来自国外净收入
= 工资 + 租金 + 利润 + 利息 + 津贴 + 国外净收入

(三)个人收入

个人收入(Personal Income，PI)，是指一个国家所有个人在一定时期内(通常为一年)，从各种来源所获得的收入总和。它是国民收入的派生指标，数量上等于从国民收入中减去那些不会成为个人收入的项目(如公司所得税、公司未分配利润和社会保险金等)，再加上那些不是来自要素的收入，即通过在分配渠道取得的、不属于国民收入的部分(如政府和企业对个人的转移支付)。公式表示为：

个人收入 = 国民收入 -(公司未分配利润 + 公司所得税 + 公司和个人缴纳的社会保险费)+(政府对个人的转移支付 + 企业对个人的转移支付 + 政府对个人支付的利息)= 工资和薪金 + 企业主收入 + 个人租金收入 + 个人利息收入 + 政府和企业对个人的转移支付 - 公司和个人缴纳的社会保险费

(四)个人可支配收入

个人可支配收入(Disposable Personal Income，DPI)，是指一定时期内(通常为一年)一个国家所有个人在收入总和中扣除个人和家庭纳税部分后，实际得到的，可由个人自由支配的收入。一般来说，个人可支配收入主要用于消费和储蓄两个方面。因此，个人可支配收入的核算公式为：

个人可支配收入 = 个人收入 -（个人所得税 + 非税支付）

= 个人消费支出 + 个人储蓄

表 1 - 4 中所列的数据材料表明了从国内生产总值（GDP）到个人可支配收入（DPI）的核算过程及相互关系。

表 1 - 4　国内生产总值、国内生产净值、国民收入、个人收入与个人可支配收入

单位：10 亿美元

项目		
国内生产总值（GDP）		4615.2
减：资本消耗	508.4	
国内生产净值（NDP）		4106.8
减：企业间接税	387.0	
其他	0.5	
加：来自国外的净收入	253.1	
国民收入（NI）		3972.4
减：公司利润	325.4	
社会保险税	440.7	
加：政府和企业给个人的转移支付	585.1	
利润调整	182.4	
红利	94.3	
个人收入（PI）		4068.1
减：个人所得税及非税支付	598.3	
个人可支配收入（DPI）		3469.8

以上所介绍的宏观经济核算体系的几个总量指标及其关系，还可以用图 1 - 4 形象地表示出来。

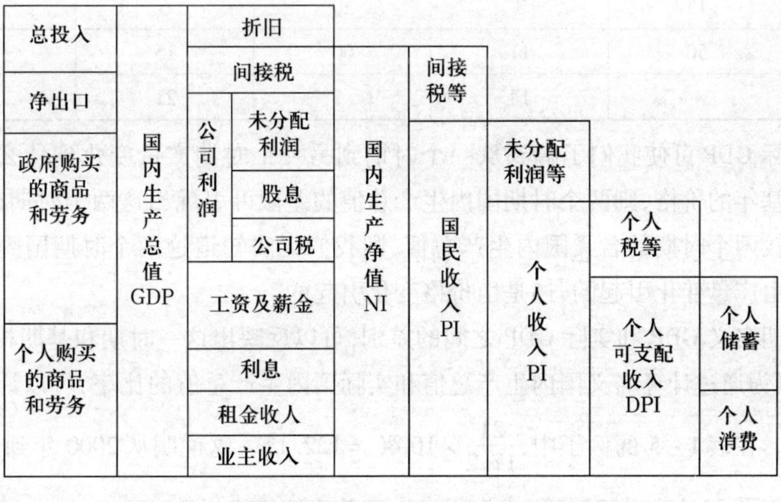

图 1 - 4　宏观经济核算体系的几个总量指标及其关系

二、实际国内生产总值与名义国内生产总值

一个社会经济体系生产千百万种物品和劳务，它们之所以能加总统计，就是因为都用货币来衡量其价值。例如，每斤牛肉20元，每斤香蕉4元，这样各种不同货物的价值才可以比较并合计。每种最终产品的市场价值就是用各种产品和劳务的单位价格乘以产量获得的。把所有最终产品的市场价值相加就是国内生产总值。

由于国内生产总值有一价格乘产量的关系。因此，产量和价格的变动都会使国内生产总值变动。但是，人们的物质福利只与所生产的物品和劳务的数量和质量有关。如果产品和劳务的数量和质量不变，而价格提高了一倍，国内生产总值增加一倍，但人们的物质福利并未增加。为此有必要把国内生产总值变动中的价格因素抽象出来，只研究产品和劳务的数量变化。这就需要区别名义国内生产总值和实际国内生产总值这样两个概念。

名义国内生产总值(Nominal GDP)，是用生产物品和劳务的那个时期的价格计算出来的价值。例如，2015年某国的名义国内生产总值是2015年生产的全部最终产品和劳务用2015年的市场价格计算出来的市场价值。

实际国内生产总值(Real GDP)是用某一年作为基年的价格计算出来的价值。如果把2000年作为基年，那么2015年的实际国内生产总值是指2015年生产出来的全部最终产品用2000年的价格计算出来的市场价值。

名义国内生产总值和实际国内生产总值的区别可用表1-5表示出来，在表中假定某国香蕉和柑橘的价格在2000年分别是0.20美元和0.22美元，在2015年分别是0.30美元和0.25美元，则我们可以分别计算出两年的名义GDP，并且可以看出名义GDP和实际GDP之间的区别。

表1-5 名义GDP与实际GDP

物品名称	2000年产量	2000年GDP	2015年产量	2015年GDP	2015年实际GDP
香蕉	15	3	20	6	4.00
柑橘	50	11	60	15	13.20
合计		14		21	17.20

计算实际GDP可使我们了解到从一个时期到另一个时期产量变化到什么程度。如果使用的都是基年的价格，则两个时期国内生产总值的差额可表现出这两个时期产量的变化。如果仅仅比较两个时期的名义国内生产总值，则我们无法知道这两个时期国内生产总值的差额究竟是由产量变化引起的，还是由价格变化引起的。

某个时期名义GDP和实际GDP之间的差别，可以反映出这一时期和基期相比的价格变动的程度，因为通过计算名义国内生产总值和实际国内生产总值的比率，可以计算出价格变动的百分比。在表1-5的例子中，$\frac{21}{17.2}\times 100\% = 122.1\%$，这说明从2000年到2015年该国价格水平上涨了22.1%。122.1%成为国内生产总值的价格指数。

显然,名义国内生产总值、实际国内生产总值和价格指数这三者相互关系是:

$$实际国内生产总值=\frac{名义国内生产总值}{国内生产总值价格指数}\times 100\%$$

从这里可以看到,实际国内生产总值是通过将名义国内生产总值用相应的国内生产总值价格指数“紧缩”而来的。因此,这相应的国内生产总值的价格指数又称为“国内生产总值折算指数”。由于所选的基年的价格指数定为100%。因此,若某年与基年相比价格上升25%,则该年综合价格折算指数为125%。将该年名义国内生产总值除以125%,就能得到该年实际国内生产总值。

三、国内生产总值与人均国内生产总值

一个国家的经济发展水平和状况,可以通过各年度国民收入总量的纵向比较加以广泛而深入的研究,但是在横向比较各个不同国家经济发展、社会生活水平状况时,必须计算人均产量,如人均GDP、人均国民收入等。计算方法是用当年GDP、国民收入除以当年的人口数量所得的数据,用公式表示为:

$$人均\text{ GDP}=\frac{当年\text{ GDP}}{当年人口数量}$$

$$人均国民收入=\frac{当年国民收入}{当年人口数量}$$

人均国内生产总值与国内生产总值是有区别的,它可以反映出一些从国内生产总值数据看不出的信息。国内生产总值可以衡量一国的经济发展速度,人均国内生产总值可以反映核算期内这个国家的生产力水平,能够反映人民基本生活状况和基本国情国力。通过观察一国人均国内生产总值的纵向变化,可以非常容易地看出一国人民富裕程度的变动。人均国内生产总值是制定经济政策的重要依据,观察其动态变化时,一般用国内生产总值与人口数相比来计算,以剔除价格因素影响。

知识链接

潜在GDP与经济波动

GDP衡量的是一个经济体的实际产出。潜在GDP也称为潜在产出,衡量的是当所有的生产要素(如劳动和机器)都得到充分利用的情况下,一个经济体的可能产出。

实际产出是围绕潜在产出波动的。当实际产出低于潜在产出时,存在产出缺口。当生产要素被超额使用时(如增加劳动时间),实际产出短时间也可能会超过潜在产出。经济向上的波动被称为繁荣,向下的波动被称为衰退,严重的向下波动则被称为萧条。在统计上,一般当GDP至少连续两个季度下降时,就说衰退发生了。历史上最大的萧条是1929年开始的世界范围的大萧条。在衰退中,生产要素没有被充分利用,一部分劳动力处于失业状态,一部分机器设备处于闲置状态,这是在整个经济范围内对经济资源的浪费。

拓展阅读

杭州人均 GDP 达到富裕国家水平

2016 年 1 月 24 日，杭州市 2015 年经济形势通报会公布的最新数据显示，2015 年杭州地区 GDP 总值达到 10 053.58 亿元，成为中国第 10 个 GDP 总量超万亿元的城市。

2014 年，中国已经有 9 个城市 GDP 突破万亿元，分别是上海、北京、广州、深圳、天津、重庆、苏州、武汉、成都。除这 9 个城市以外，2015 年国内城市 GDP 总量排名显示，排名第 10 位的杭州，名次与 2014 年相比虽未变化，但 GDP 按可比价格计算同比增长 10.2%，首次进入 GDP 万亿元级的城市行列。

数据显示，2015 年杭州市地区生产总值 10 053.58 亿元，增速居浙江第一、副省级以上城市第二。三次产业增加值分别为 287.69 亿元、3 910.6 亿元、5 855.29 亿元。同时，与其他排名前 10 位的城市相比，杭州人口总数约为 889 万，是唯一一个人口数未达千万的城市，人均 GDP 为 112268 元（约为 18025 美元），同比增长 9.1%。按照世界银行对贫富程度的界定，杭州已经达到富裕国家水平。

杭州市人民政府办公厅副主任鲍一飞在会上表示："杭州市总量在 2015 年实现新突破，成为全国第 10 个迈入'万亿俱乐部'的城市，标志着杭州市经济整体实力又上新台阶。"

可与之比较的是，上海作为全国 GDP 最高的城市，2015 年 GDP 达到 2.5 万亿元，同比增长 6.9%，过去 5 年年均增长 7.5%。1 月 24 日，上海市市长杨雄在上海市第十四届人民代表大会第四次会议上做政府工作报告时建议，2016 年上海的 GDP 增长目标定为6.5%—7%。

另据 1 月 21 日公布的数据显示，城市 GDP 排名第二的北京，经初步核算的 2015 年地区生产总值约为 2.3 万亿元，按可比价格计算，同比增长 6.9%，增速比上年回落 0.4 个百分点。

排名分列三、四位的广州、深圳两市，GDP 增速分别为 8.3% 和 8.9%。其中，广州市市长陈建华在 1 月 8 日的广州市政协举行十二届十七次常委会议上透露，2015 年广州经济总量预计达 1.8 万亿元以上，已经赶上有亚洲"四小龙"之称的新加坡和中国香港。深圳市委书记马兴瑞也在 1 月 11 日举行的市委六届二次全会上表示，2015 年深圳 GDP 总量预计达 17 500 亿元人民币。这一数字也已逐渐接近香港 GDP 总量。

此外，据预测，略落后于杭州的南京、青岛也可能在 2016 年实现 GDP 突破万亿元。根据统计，南京市 2015 年地区生产总值为 9 720.8 亿元，市长缪瑞林向该市第十五届人大第四次会议作《政府工作报告》时称，2016 年全市地区生产总值的增长目标是 8% 以上。青岛 2015 年 GDP 达到 9 400 亿元，按照过去 5 年年均 10% 左右的增长速度，也可能在 2016 年加入"万亿俱乐部"。

据中国经济网报道,2014 年,"万亿俱乐部"9 个城市的地区生产总值合计占当年国内生产总值的 20.6%。

在各地屡创 GDP 新高的同时,"不以 GDP 论英雄"也逐渐成为共识。以排名榜首的上海为例,在维持 GDP 增长稳重趋缓的同时,市长杨雄表示,2016 年上海市环保投入将保持在全市生产总值的 3% 左右,单位生产总值能耗、主要污染物排放量进一步降低。

1 月 18 日《学习时报》的文章中指出,要"去掉片面以 GDP 论英雄的'紧箍咒'";追逐 GDP 排名虽然在一定程度上调动了地方政府发展经济的积极性,但也带来了一系列结构问题,如发展方式粗放、产能过剩严重等;对政绩的考核需要建立更科学合理的体系,兼顾各项经济社会发展指标和长远利益,经得起时间考验。

(资料来源:搜狐网 http://business.sohu.com/20160125/n435748324.html。)

第五节 国民收入流量循环模型

宏观经济模型,又称国民收入流量循环模型,指以国民收入流量作为衡量指标,以图示的方法说明各经济部门之间的本质联系,揭示宏观经济活动框架的一种经济方法。从理论上分析,宏观经济可划分为三种形态:由居民户和厂商所组成的两部门经济,由居民户、厂商和政府组成的三部门经济,在三部门经济基础上再加上对外经济构成的四部门经济。四部门经济又称开放经济,它是现实的经济,而我们的理论分析是从最简单的两部门经济开始的。

一、两部门经济中的收入流量循环模型与恒等关系

两部门经济指由厂商和居民户这两种经济单位所组成的经济,也是一种最简单的经济。

在这种经济中,居民户向厂商提供各种生产要素,得到相应的收入,并用这些收入购买与消费各种产品与劳务;厂商购买居民户提供的各种生产要素进行生产,并向居民户提供各种产品与劳务。这时,居民户与厂商之间的联系,即收入流量循环模型,如图 1-5 所示。

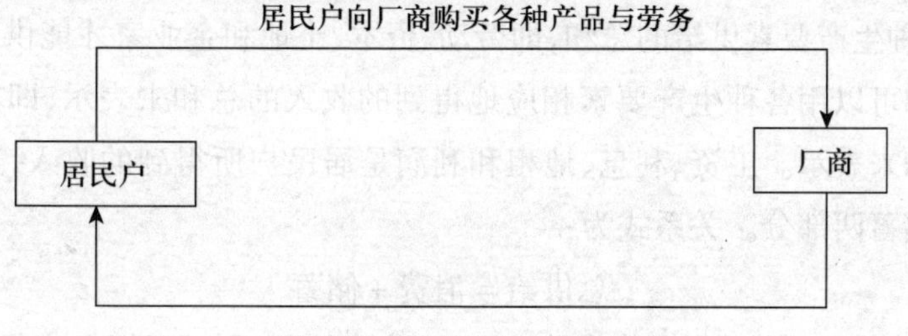

图 1-5 两部门经济中的收入流量循环模型图 1

图 1－5 中的箭头表示货币收入流向。厂商购买居民户的各种生产要素，向居民户支付报酬，居民户得到货币收入。在这个循环中，只要居民户把他们卖出各种生产要素得到的全部收入用于购买厂商生产出来的各种产品与劳务，即居民户卖出各种生产要素所得到的收入与厂商出卖各种产品与劳务所得到的收入相等，这个经济就可以以不变的规模循环运行下去。

如果居民把一部分收入用来购买厂商生产的各种产品与劳务，把另一部分收入储蓄起来；如果厂商在居民消费支出之外又获得了其他来源的投资，那么，收入流量循环的模型如图 1－6 所示。

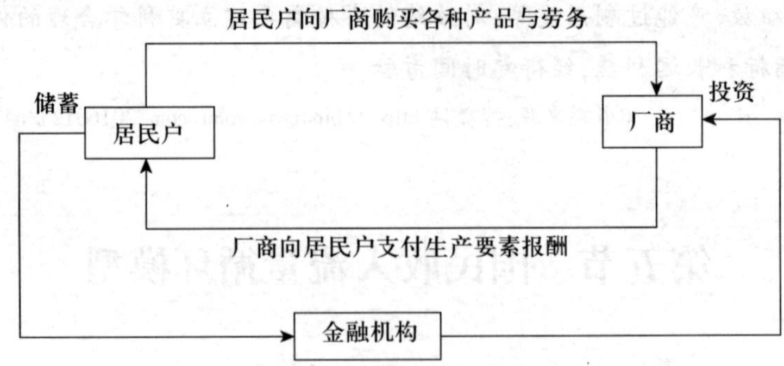

图 1－6　两部门经济中的收入流量循环模型图 2

图 1－6 表明，居民户把储蓄存入金融机构，而厂商则从金融机构获得投资。如果通过金融机构把居民户的全部储蓄都转化为厂商的投资，即储蓄等于投资，这个经济仍然可以正常运行下去。

我们来分析这种经济中总需求与总供给的关系。在包括居民户与厂商的两部门经济中，总需求分为居民户的消费需求与厂商的投资需求。消费需求与投资需求可以分别用消费支出与投资支出来代表，消费支出即为消费，投资支出即为投资。关系式为：

$$总需求 = 消费 + 投资$$

如果以 AD 代表总需求，以 C 代表消费，以 I 代表投资，则可以把上式写为：

$$AD = C + I$$

总供给是全部产品与劳务供给的总和，产品与劳务是由各种生产要素生产出来的，所以，总供给是各种生产要素供给的总和，即劳动、资本、土地和企业家才能供给的总和。生产要素供给的总和可以用各种生产要素相应地得到的收入的总和来表示，即用工资、利息、地租和利润的总和来表示。工资、利息、地租和利润是居民户所得到的收入，这些收入从用途上分为消费与储蓄两部分。关系式为：

$$总供给 = 消费 + 储蓄$$

如果以 AS 代表总供给，以 C 代表消费，以 S 代表储蓄，则可以把上式写为：

$$AS = C + S$$

总需求与总供给的恒等式就是：

$$AD = AS$$

或者 $$C + I = C + S$$

如果两边同时消去 C，则可以写为：

$$I = S$$

二、三部门经济中的收入流量循环模型与恒等关系

三部门经济指由厂商、居民户与政府这三种经济单位所组成的经济。在这种经济中，政府的经济职能是通过税收与政府支出来实现的。政府通过税收与支出和居民户及厂商发生联系，这时收入流量循环的模型如图 1－7 所示。

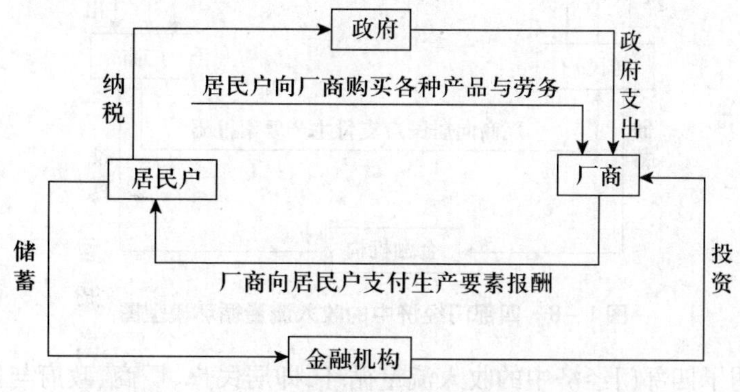

图 1－7　三部门经济中的收入流量循环模型图

图 1－7 表明了三部门经济中的收入流量循环，即居民户、厂商与政府之间的经济联系。这时，经济要正常运行下去，不仅要储蓄等于投资，而且还要政府得自居民户与厂商的税收和向居民户与厂商的支出相等。在三部门经济中，总需求不仅包括居民的消费需求与厂商的投资需求，而且还包括政府的需求。政府的需求还可以用政府支出来代表。关系式为：

总需求 = 消费 + 投资 + 政府支出

如果以 G 代表政府支出，则可以把上式写为：

$$AD = C + I + G$$

三部门经济的总供给中，要素所有者(居民)的全部收入可分解为三种用途，即消费、储蓄和税收，由于要素所有者(居民)的全部收入可以代表总供给。关系式为：

总供给 = 消费 + 储蓄 + 税收

如果以 T 代表税收，则可以把上式写为：

$$AS = C + S + T$$

三部门经济中总需求与总供给的恒等式就是

$$AD = AS$$

或者 $$I + G = S + T$$

三、四部门经济中的收入流量循环模型与恒等关系

四部门经济是指由厂商、居民、政府和国外这四种经济单位所组成的经济。在这种经济中,国外的作用是:作为国外的生产要素的供给者,向国内各部门提供产品与劳务,对国内来说,这就是进口。同时,国外也要购买本国生产的产品,即国内产品的出口。这时,收入流量循环的模型如图1-8所示。

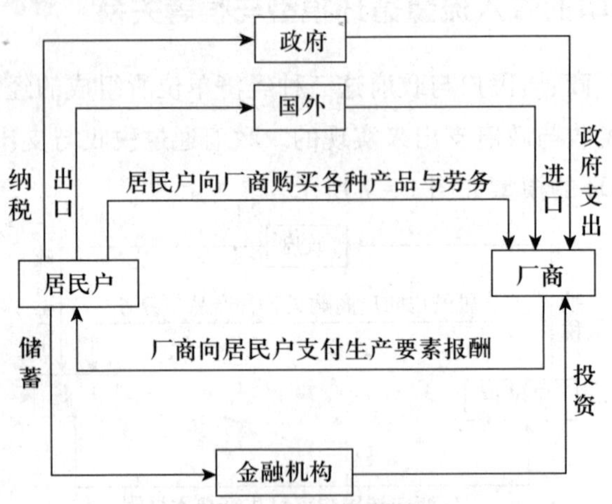

图1-8 四部门经济中的收入流量循环模型图

图1-8表明了四部门经济中的收入流量循环,即居民户、厂商、政府与国外之间的经济联系。这时,经济要正常运行下去,不仅要储蓄等于投资,政府税收等于支出,而且要所有的出口与所有的进口相等。

在四部门经济中,总需求不仅包括居民的消费需求、厂商的投资需求与政府的需求,而且还包括国外的需求。国外的需求对国内来说就是出口,所以还可以用出口来代表国外的需求。关系式为:

$$总需求 = 消费 + 投资 + 政府支出 + 出口$$

如果以 X 代表出口,则上式可写为:

$$AD = C + I + G + X$$

四部门经济中,要素所有者(居民)的全部收入可分解为四种用途,即消费、储蓄、税收和进口,由于要素所有者(居民)的全部收入可以代表总供给,所以:

$$总供给 = 消费 + 储蓄 + 税收 + 进口$$

如果以 M 代表进口,则可以把上式写为:

$$AS = C + S + T + M$$

四部门经济中总需求与总供给的恒等式就是:

$$AD = AS$$

或者 $$I + G + X = S + T + M$$

在国民收入核算中，这种恒等式是一种事后的恒等关系，即在一年的生产与消费之后，从国民收入核算中所反映出来的恒等关系。这种恒等关系，也就是国民收入决定理论的出发点。但在一年的生产活动过程中，总需求与总供给并不总是相等的。有时总需求大于总供给，也有时总供给大于总需求。在国民收入决定理论中，我们将详细分析总需求与总供给的这种关系。

拓展阅读

怎样实施国民收入倍增计划

党的十八大提出到2020年实现国内生产总值和城乡居民人均收入却比2010年翻一番的目标，非常鼓舞人心。相应地，实施国民收入倍增计划进入了人们的视野。那么，如何理解、怎样实施国民收入倍增计划呢？

所谓国民收入倍增计划，是指在一个相对确定的较短时期内，通过提高国民经济各部门生产效率和效益、显著提高居民实际收入水平、建立健全收入分配和社会保障制度等方式，实现居民收入翻番目标的一种经济社会发展方案。这里的国民收入，并非统计学意义上的GDP或GNP，而是指居民收入。实施国民收入倍增计划，其时间向度上的涵义是，注重居民收入增长的稳定性和可持续性，其最终追求的是居民福祉的增加和经济社会的可持续发展。“收入倍增”并非要求居民收入的强制增长。从更广的视角看，“收入倍增”的最大意义或许并不在居民收入增长一倍，其题中应有之义应包括：建立健康可持续的产业结构，增强企业自主创新能力，促进产业技术创新，建立健全市场经济体制，建立健全居民收入正常增长机制等。

1960年，日本宣布启动为期10年的国民收入倍增计划，采取了包括充实社会资本、实行最低工资制、推行社会保障、增加农业劳动者收入、推动中小企业发展、削减个人收入调节税和企业税等一系列措施，仅用7年就使国民收入翻倍。今天，我们面临着日本50年前面临的相似问题，如出口受阻、收入差距过大、个人消费不足等，实施国民收入倍增计划对经济发展、社会建设具有重要意义。近年来，一些地方实施国民收入倍增计划的实践表明，它不仅增加了职工收入，而且对企业自主创新能力和社会生产力提高、经济结构调整、“两型社会”建设都起到了积极促进作用。

实施国民收入倍增计划的可行路径是：首先，制定“倍增”的总体目标、阶段性目标以及路线图；其次，通过完善市场机制、产业政策和科技政策等，提高国民经济各部门生产力和经济效益，有效增加居民的工资性、经营性、财产性收入；第三，调整和完善收入分配机制，显著而普遍地提高居民收入水平。在此进程中，需注意处理好政府、企业、居民的利益关系。实现国民收入倍增，有赖于企业提高效率和效益，有赖于政府科学合理地协调财富分配并加强医疗、住房、教育、养老等社会保障建设，也有赖于职工及其组织提高收入谈判能力。

有人担心财政收入会因此而减少。事实上，国民收入增长是一种高效的经济价值创造机制，也是财政收入增长的源泉。仍以日本为例，其国民收入倍增计划结束时，国民生产总值年均增长率达到11.6%，国民收入年均增长率达到11.5%，实现了国富与民富同步。还有一种担心是，工资上涨会导致成本推动型的通货膨胀。从理论上看，在一个收入预期相对稳定的市场中，产品、服务的需求和供给不会出现剧烈变动。还应看到，虽然近几年我国职工工资提高较快，但劳动力价格仍较低廉，企业利润侵蚀劳动工资的现象还普遍存在。如果能依靠市场的力量实现工资收入增长并稳定社会预期，通胀在很大程度上就是可控的。当前，我们既面临世界经济低迷、贸易保护主义抬头的压力，也面临产能过剩严重、结构调整缓慢的挑战。实施国民收入倍增计划，对于扩大内需特别是消费需求、推动经济转型升级具有重要意义。

（资料来源：《人民日报》2013年8月28日07版。）

第六节　国民收入核算体系的缺陷及其弥补

宏观经济学作为一门独立的学科产生于20世纪上半期，除了凯恩斯划时代的著作《就业、利息和货币通论》奠定了宏观经济分析的理论框架之外，还有一个重要前提就是20世纪以来国民经济统计方面的重大成果。国民收入核算体系基本上能反映一国经济状况，但本身仍存在缺陷，需要加以弥补。

一、国民收入核算体系的缺陷

国民收入核算体系的缺陷主要体现在以下几方面。

（一）核算范围的局限性

国民收入核算是对一国整体经济进行全面核算，统计进去的是可以用市场价格标价的产出，然而有些经济活动没有纳入官方统计，如地下经济、黑市交易；有些经济活动本身不以交换为目的，因此没有市场价格，如家务劳动等；而有些物的交易活动，是在货币经济以外进行的，没有以货币为等价物的市场价格，因此也不被计入GDP中。

（二）核算内容的片面性

由于国民收入核算注重单一的收入或支出核算，它并不能反映出人们在生产中所得到的福利变动情况。例如，它反映不出产品质量的提高给人们的福利带来的影响，也反映不出一国的收入分配情况和一国的自然资源拥有情况以及在环境保护方面的工作情况。随着人们日益追求生活质量的加强,原核算体系单纯注重经济增长的片面性尤为突出。

(三)国际间的不可比性

各国运用的国民收入核算方法不一,即使用同一种国民收入核算方法,因各国商品化程度的差异,各国统计资料缺乏完备性,加之各国计价货币在换算上存在着实际困难(由于官方汇率的存在以及汇率难以达到均衡水平),这些都加大了国际间的不可比性。

(四)生态环境成本无法体现

不能反映生产过程中的生态环境成本,因此并不代表国民经济增长的净正效应。因此,目前理论界及各国政府都在积极探讨构建“绿色 GDP”核算体系。所谓绿色 GDP,是指从 GDP 中扣除环境资源成本和对环境资源的保护服务费用,可称为“绿色 GDP”。绿色 GDP 代表了国民经济增长的净正效应。

(五)GDP 局限性的具体表现

1. GDP 作为总产出衡量方式的不足之处

(1)家庭产出。GDP 指的是社会生产的最终产品和服务市场价值的总和,只有用于市场交换的商品和服务才计入 GDP,而许多很有意义的经济活动都发生在市场之外,在 GDP 的计算中被忽略了。如果一个木匠制作并出售书架,这些书架的价值就被计入 GDP;但如果这个木匠制作书架供自己使用,就不计入 GDP。如果一个人在家做饭、洗衣和照顾小孩,这些服务的价值就不在 GDP 里边;而如果这个人为其他人家做饭、洗衣和照顾小孩并获得工资,其所提供的服务就被计入 GDP。

(2)地下经济。有些企业和个人为了避免税收或希望避开政府规制,或者产品和服务本身就是非法的(如赌博、卖淫、贩毒、走私等),而将产品和服务的销售及购买隐匿于政府视线之外,这就是所谓的地下经济。地下经济活动所创造的产品和服务就不会计入 GDP,从而减小了 GDP 的总量。经济学家们估计,在美国,地下经济规模大致是 GDP 的 10%。而在某些不发达国家里,比如巴西或秘鲁,地下经济可能超过 GDP 的一半,这其中有政府监管不力的原因,也有税率过高的原因。

2. GDP 作为福利衡量标准的不足之处

一个国家的人均 GDP 水平高,就代表这个国家的人民生活得更好吗? 答案:这是有失偏颇的。尽管 GDP 的增长大致上能导致人们福利的改进,但因为多方面的原因,GDP 作为福利衡量的指标并不是那么完美。

(1)闲暇的价值没有包含在 GDP 之内。当一个建筑师退休时,即使他本人对增加的闲暇的价值评价高于在公司工作时的收入,但 GDP 仍然是减少了的。建筑师的福利增加了,但是 GDP 却下降了。1995 年前,中国人差不多每周工作 50 小时,而 1995 年后,中国实行了双休制，工作时间少于40小时。如果人们仍然每周工作50小时，GDP显然能高很多，但是人们的福利却会减少，因为休闲时间少了。

(2)GDP没有对污染或其他产出的负效应做出调整。当一个热力发电厂利用煤炭发电并出售，GDP由此增加了。假设这个发电厂所产生的废料污染了空气和水，而该厂却没有为这种外溢效应付出货币代价。类似地，香烟产出的价值计入了GDP，但是某些吸烟者不幸患肺癌却并没有作为成本被校正。

(3)GDP没有对犯罪和其他社会问题的变化做出调整。犯罪的增加会减少人们的福利，但却可能带来GDP的增加，比如需要更多开支的警察、防卫和报警系统。GDP同样没有对诸如战争、离婚率、毒瘾等会影响人们福利的变动做出调整。

总而言之，GDP主要是为测量总产出而设计的，它不能完美地衡量福利，福利的衡量依赖于很多并没有计入GDP的因素。

二、国民收入核算体系缺陷的弥补

针对国民收入核算体系中存在的各种缺陷，世界各国的经济学家及有关国际组织都在进行探索，试图予以弥补。

对于国民收入核算范围的局限，联合国分别制定了两大国民经济核算体系供成员国参考使用。一个是国民账户体系(System of National Accounts，SNA)，另一个是国民经济平衡表体系，或称物质产品平衡体系(System of Material Product Balances，MPS)。

SNA由生产、消费、积累和国外四大基本账户组成，以国民生产总值的核算为主，采用复式记账和矩阵的方法，对国民经济运行过程及其联系进行系统、全面的描述与核算，为国家制定经济政策提供依据。该体系已被世界上大多数国家采用。

MPS是为适应计划经济国家的需要而建立起来的国民经济核算体系。它由物资平衡表、财政平衡表、部门联系平衡表、劳动力平衡表等组成，以社会总产品和国民收入的核算为主，采用综合平衡的方法，对社会再生产的条件、过程和结果做出综合说明，为国家对国民经济的计划管理服务。我国在改革开放前采用的是MPS体系，改革开放后，我国开始采用SNA体系，在国民经济活动的统计方面逐步与国际接轨。

另外，对于原国民收入核算内容的片面性问题，英国经济学家托宾和诺德豪斯提出了经济福利尺度(Measure of Economic Welfare，MEW)，萨缪尔森提出了纯经济福利(Net Economic Welfare，NEW)理论，试图将国民收入核算的内容扩大到福利的变化。由于MEW和NEW所涉及的计算还未完全解决，因而没有推广应用。

再次，国民收入核算体系存在核算资料国际间不可比性的问题。为解决产品价格的不可比性，或者说不同国家货币间的汇率不合理，瑞典学派经济学家卡塞尔以货币数量论为基础，提出了购买力平价理论(Theory of Purchasing Power Parirty，PPP)，即在不兑现纸币制度的条件下，以各国货币国内购买力的对比关系说明汇率的变动。例如，假设有代表性的一组货物在美国值2美元,在法国值10法郎,则这两种货币的汇率是1:5。只有使两国通货的国内购买力相等的汇率,才是两国间的真正汇率平价。可见,PPP理论对消除国与国产品价格差别,提高国民收入核算资料的国际可比性具有一定意义,因而已被部分国际组织采用。但PPP理论也有其缺陷。因为它建立在一价定律基础上,认为随着要素的自由流动,各国间同一商品的价格必会趋于均等,而在实际的国际贸易中,由于关税壁垒、非关税壁垒的阻碍,以及运输成本等因素,一价定律很难实现。

最后,努力构建"绿色GDP"核算体系。20世纪60年代之后,随着全球性的资源短缺、生态环境恶化等问题给人类带来空前的挑战,一些经济学家和有识之士已经开始认识到使用GDP来表达一个国家或地区经济与社会的增长与发展存在明显的缺陷。他们强烈呼吁改进国民经济核算体系(SNA),纠正以GDP为核心的国民经济核算方式的缺陷。如何构建以"绿色GDP"为核心的国民经济核算体系,联合国、世界各国政府、著名国际研究机构和学者从20世纪70年代开始,就一直进行着理论探索,陆续提出一些有代表性的观点,构成了现代绿色GDP概念的理论基础。

拓展阅读

国内生产总值指标的局限性与绿色GDP

从GDP的含义到它的计算方法不难看出,GDP只是用来衡量那些易于度量的经济活动的营业额,并不能全面反映经济增长的质量。罗伯特·肯尼迪的(美国总统约翰·肯尼迪之弟)"GDP衡量一切,但并不包括使我们的生活有意义的东西"这句话就是他在竞选总统的演说中对GDP这个经济指标的批评。他不是经济学家,但他的这段话颇受经济学家的重视。

越来越多的人包括非常著名的学者,对GDP衡量经济增长的重要性发生了怀疑。著名经济学家斯蒂格利茨曾经指出,如果一对夫妇留在家中打扫卫生和做饭,这将不会被列入GDP的统计,假如这对夫妇外出工作,另外雇人做清洁和烹调工作,那么这对夫妇和佣人的经济活动都会被计入GDP。说得更明白一些,如果一名男士雇佣一名保姆,保姆的工资也将计入GDP。如果这位男士与保姆结婚,不再给保姆发工资了,GDP就会减少。

近年来,考虑到环境污染、自然资源退化、教育水平低下、人口数量失控、管理不善等因素所引起的经济损失成本而计算出来的绿色GDP越来越受到人们的重视。

绿色GDP(可持续收入)的基本思想是由希克斯在其1946年的著作中提出的。这个概念的基础是:只有当全部的资本存量随时间保持不变或增长时,这种发展途径才是可持续的。

可持续收入定义为不会减少总资本水平所必须保证的收入水平。对可持续收入的衡量要求对环境资本所提供的各种服务的流动进行价值评估。可持续收入数量上等于传统意义的 GDP 减去人造资本、自然资本、人力资本和社会资本等各种资本的折旧。衡量可持续收入意味着要调整国民经济核算体系。

绿色 GDP 是指一个国家或地区在考虑了自然资源(主要包括土地、森林、矿产、水和海洋)与环境因素(包括生态环境、自然环境、人文环境等)影响之后经济活动的最终成果,即将经济活动中所付出的资源耗减成本和环境降级成本从 GDP 中予以扣除。

改革现行的国民经济核算体系,对环境资源进行核算,从现行 GDP 中扣除环境资源成本和对环境资源的保护服务费用,其计算结果可称为绿色 GDP。

绿色 GDP 这个指标,实质上代表了国民经济增长的正效应。绿色 GDP 占 GDP 的比重越高,表明国民经济增长的正面效应越高,负面效应越低,反之亦然。

(资料来源:吴萍:《宏观经济学》,西南财经大学出版社,2013 年版。)

本章小结

宏观经济学是相对于微观经济学而言的,宏观经济学研究整个社会的经济活动,研究整个经济运行的总体。整个社会的经济活动主要依靠国民收入这一概念来衡量和表现,它包括五个总量:国内生产总值(GDP)、国内生产净值(NDP)、国民收入(NI)、个人收入(PI)和个人可支配收入(DPI)。测算国民收入可以用两种方式:(1)收入法,或称要素收入法;(2)支出法。这两种方法是对经济运行从不同角度进行测算,其所得的 GNP 总值从理论上来说是一致的。本章强调了几个基本概念和基本内容,学习时要注意理解以下几个基本公式:

国内生产净值 = 国内生产总值 - 折旧

国民收入 = 国民生产净值 - 企业间接税 + 政府津贴 + 来自国外净收入

= 工资 + 租金 + 利润 + 利息 + 津贴 + 国外净收入

个人收入 = 国民收入 - (公司未分配利润 + 公司所得税 + 公司和个人缴纳的社会保险费) + (政府对个人的转移支付 + 企业对个人的转移支付 + 政府对个人支付的利息)

= 工资和薪金 + 企业主收入 + 个人租金收入 + 个人利息收入 + 政府和企业对个人的转移支付 - 公司和个人缴纳的社会保险费

个人可支配收入 = 个人收入 - (个人所得税 + 非税支付)

= 个人消费支出 + 个人储蓄

概念复习

国民生产总值　国民收入核算体系　国民生产净值　国民收入　个人收入
个人可支配收入

思考与练习

1. 下列项目是否计入 GDP？为什么？

(1)政府转移支付；

(2)购买一辆用过的卡车；

(3)购买普通股票；

(4)购买一块地产。

2. 说明核算国民生产总值的方法并解释为什么这两种方式所得 GNP 是一致的。

3. 说明国民生产总值、国民生产净值、国民收入、个人收入和个人可支配收入五个总量的相互关系。

4. 国民收入核算体系存在哪些缺陷，如何弥补？

5. 一家生产电视机的企业在这一年内因亏损关闭了，这个国家 GNP 将受到怎样的影响？这种影响在产出法、收入法计算 GNP 时是如何反映的？

6. 假定某国有下列国民收入统计资料：

单位：亿美元

国民生产总值	4800	消费	3000
总投资	800	政府购买	960
净投资	300	政府预算盈余	30

试计算：

(1)国民生产净值；

(2)净出口；

(3)政府税收减去政府转移支付后的收入；

(4)个人可支配收入；

(5)个人储蓄。

案例分析

为什么说中国是经济大国而非经济强国？

国家统计局 2012 年 1 月 7 日发布公告称，2011 年中国国内生产总值(GDP)最终核实数为 473 104 亿元，按不变价格计算，比上年增长 9.3%。

分产业看，2011 年中国第一产业增加值为 47 486 亿元，不变价增速为 4.3%，占 GDP 的比重为 10.0%；第二产业增加值为 220 413 亿元，不变价增速为 10.3%，占比为 46.6%；第三产业增加值为 205 205 亿元，不变价增速为 9.4%，占比为 43.4%。

改革开放以来，我国经济建设取得了举世瞩目的成就。至 2011 年年底，改革开放 34 年来，我国经济年均增长 9.9%，人均 GDP 从 1978 年的大约 200 美元增长到 2011 年的 5 400 美元。至 2011 年年底，我国已超越日本成为全球第二大经济体。但总体来看，中国是经济大国而非经济强国。人民网曾专门发表《中国 GDP 首超日本成全球第二大经济体，但非第二经济强国》的文章称“全球第二大经济体，不等于人均的第二大经济体，也绝非第二经济强国”，现在中国经济发展到了转折关头，迫切需要转变发展方式。虽然中国的经济总量不断扩大，但仍存在发展方式粗放、人均国民收入不高等问题，需要冷静客观地对待。

思考与分析：

1. 在经济大国的背景下，473 104 亿元国内生产总值的背后存在着哪些问题？
2. 如何实现中国经济由大变强的转变？

第二章 简单的国民收入决定理论

名人名言

经济学作为一门科学，它的主要作用是教导人们怎样去提高生活水平。

——诺贝尔经济学奖获得者威廉·刘易斯

学习目标

通过本章的学习，学生应掌握凯恩斯的消费理论，理解两部门、三部门、四部门经济中国民收入的决定以及各乘数的概念，并能够运用基本原理分析有关经济现象。

第一节　均衡产品

一、最简单的经济关系

宏观经济学采用的是模型分析的方法，所以它的一系列结论都是在严格的前提条件下得出的。简单的国民收入决定理论的模型基于以下基本前提：

(1)假设所分析的国民经济中只存在两个经济部门，即只存在最简单的经济关系——家庭和企业，不存在政府，也不存在对外贸易。这样简单的经济关系称为两部门经济。家庭是产品市场的买方和要素市场的卖方，企业是产品市场的卖方和要素市场的买方。

(2)消费和储蓄行为都发生在家庭部门，且只受收入影响。

(3)生产和投资行为都发生在企业部门，且投资是外生变量，即不随利率和产量的变动而变动。

(4)由于是两部门经济，不考虑政府部门的存在，个人可支配收入和国民收入相等，同时还假定折旧和公司未分配利润为零。这样，GDP、NDP、NI 和 PI 就都相等。

(5)假设不论需求量为多少，经济制度均能以不变的价格提供相应的供给量，即整个经济的生产是由需求来决定的。当社会总需求变动时，只会引起产量的变动，而不会引起价格的变动，这在西方经济学中被称为凯恩斯定律。

二、均衡产出的概念

均衡是指一种不再变动的情况，当产出水平等于总需求水平时，企业生产就会稳定下来。如果企业部门的生产(供给)超过需求，企业所不愿意有的过多的存货就会增加，企业就会减少生产；若生产小于需求，企业的库存就会减少，企业就会随之增加生产。总之，企业会根据产品的销售状况来组织生产，一定会将生产定在和产品需求相一致的水平上。

如上述情况所列，经济社会的产量或者说国民收入就决定于总需求。和总需求相等的产出称为均衡产出或均衡收入。若用 AE 代表总支出，y 代表总收入，则经济均衡的条件是：

$$AE = y$$

例如，企业生产了 1 000 亿美元的产品，居民对产品的购买支出也是 1 000 亿美元，那么这 1 000 亿美元的产品就是均衡产出或均衡的国民收入。也就是说，经济社会要处于均衡收入水平上，就有必要使实际收入水平引起一个相等的计划支出量。只有这样，才能使这一均衡水平一直维持下去。

需要明确的是，由于我们给每个经济变量下了相应的定义和一定的假设条件，所以从事后核算的角度来看，经济中的总产出一定是等于总支出的。但是在宏观经济实现均衡的过程中，实际发生的产出和支出可能是不相等的。例如，企业由于错误地估计了形势，生产出了1 000亿美元的产品，但是实际市场需求仅为800亿美元，于是就有200亿美元的产品成为企业的非意愿存货投资或称非计划存货投资（Unintended Inventor，IU）。这部分存货投资在国民收入核算中是投资支出的一部分，但不是计划投资的部分。此时企业会减少生产，直到非意愿存货为0。如果实际产出是600亿美元，那么非意愿存货投资减少了200亿美元，企业将增加生产，使存货恢复到意愿的水平。只有当实际产出为800亿美元，与总支出相等时，存货才不会发生变化，宏观经济达到均衡。

因此，在国民收入核算中，实际发生的产出就等于计划支出加非计划存货投资。但均衡产出是指和计划需求相一致的产出，因此，在均衡产出水平上计划支出和计划产出正好相等，这时，非计划存货投资为零。

在前面基本假设的前提下，总需求就等于居民消费和企业投资构成。因此，均衡产出可用公式表示为：

$$y = c + i$$

三、投资等于储蓄

均衡产出或均衡收入实现的条件是：

$$\begin{cases} AE = y \\ AE = c + i \\ y = c + s \end{cases} \Rightarrow \quad c + i = c + s$$

注：这里的 y、c、s 都是相对于名义收入而言，剔除了价格变动因素的实际收入、实际消费和实际储蓄。

因此等式两边同时去掉 c，即：$i = s$。

这里的储蓄 = 投资，是指经济社会要达到均衡，计划投资必须等于计划储蓄，是一个前提条件，是宏观经济战略要考虑的前提条件。而国民收入核算中 $I = S$，则是指实际发生的投资始终等于实际储蓄，是事后核算的会计结果。

拓展阅读

报告称中国投资者重储蓄轻投资 国外资产配置太低

在聚会饭桌上，交流投资理财心得一直是个热门话题。不过过去的一年，股市恐怕是绝大多数人不愿提及的伤心处，从千股涨停到千股跌停，再到突然死亡般的两度熔断，让孤注一掷、动用杠杆的纸上财富灰飞烟灭。而与此同时悄然启动的房地产行情，又让卖房炒股的投资者扼腕踏空，等忙不迭去筹措资金追涨时，房价已如窜天猴般留下一个遥不可及的背影。美联储加息，油价持续暴跌，金价触底反弹，一连串的国际金融事件，加剧了资产保值增值的焦虑，可真正有效的应对手段似乎总那么屈指可数。

毫无疑问，股市和楼市集中了过去最多的创富神话，在胡润研究院的最新调查中，中国高净值人群里，职业炒房、炒股者占到了20%。但显而易见的是，在新常态下，这种过往的创富方式不仅不可复制,而且难以再现。高净值投资者无论是投资经验还是投资视野及渠道相比较一般投资者而言更丰富,投资理念更理性,更倾向于将鸡蛋放在不同的篮子里。可问题是,目之所及,我们真有很多篮子可选么?

国内的篮子显然不够丰富,那么去海外"挑篮子",就理所应当被中产阶层提上日程。这才会有国人蜂拥而至地在香港买保险,成群结队地去澳洲扫楼,络绎不绝地往美国置业。

可面临完全陌生的市场环境和交易规则时,刚刚完成投资启蒙教育的中国投资客,几乎是在盲人摸象的羊群效应下,开始海外投资下注的。就拿国人最为钟情的海外置业来说,无不面临着时间成本高、信息不对称、管理难度大的三座大山。

一位熟悉内情的业内人士就表示,不少内地投资客到海外就是集中看一两个盘,没有充裕的时间进行比较研究,看着熟人买,听听销售机构介绍就下单了,可买完之后才发现周边有性价比更高的选择。更为头疼的是,远程管理过程中遇到的种种意想不到,以及不少无法省却的隐性成本,让原本希望躺着赚的钱,变得没想象中容易。

在分析了现阶段普遍存在保值焦虑,却热衷投资的中国高净值投资者后,哈佛大学及麻省理工学院金融教授 Randolph 归纳了他们的三大短板,发表在由他主笔的《宜信财富 2016 全球资产配置白皮书》中:

第一大短板:在本国之外的资产配置太低。全球高净值人群在本国之外配置的资产平均比例为 24% ,在中国这个比例只有区区的 5% 。

第二大短板:投资类别过于集中。中国投资者长期重储蓄轻投资、轻配置,非金融类资产占比 50% 以上,比北美投资者高出 15 个百分点。

第三大短板:缺乏把握投资机会能力。由于缺少对全面操作投资资产配置的能力,使他们的资产组合风险更高,而收益却更低。

如何破解这三大短板呢?宜信创始人、CEO 唐宁认为:高净值人群只要做好资产配置,财富管理 90% 以上的问题就解决了。而通过合理的资产配置,给德才兼备者带来财富,为有担当者创造价值,正是他所描绘的作为金融人的终极梦想。

其实,无论是参与全球财富获取,还是专注本土财富,都不能忽视资产配置的重要性。就像诺贝尔经济学奖获得者马科维茨说的一样:"资产配置多元化是投资的唯一免费午餐",而全球资产配置是大趋势下的历史必然。

当面临的投资环境,从熟悉的陆地迈向海洋,要找对方向,理性的投资者必然需要一个指南针,来为财富保驾护航。如何选择一个靠谱的"指南针",自然是出航的投资者所关心的话题。

在宜信财富看来,是否能提供专业的解决方案,差别是巨大的。在实际案例中,同样投资 1 000 万的客户,在几年后的收益竟然可以相差好几倍!而宜信财富希望做的就是一个转化器,把专业的事情变得更简单,才有可能让财富自由的人更自由地追逐其人生梦想。

前段时间,著名财经媒体人秦朔在谈及"资产大航海"时提出:中国正在进入一个与世界融合得更加紧密的新时代,过去 30 年的"投资中国"浪潮将延续,同时,"中国投资"的新纪元将开启。就像 2015 年是海淘元年一样,城市中产和高净值人群对资产配置走出国门的渴望,也势必让 2016 年将成为全球资产配置的新元年。

(资料来源:中商情报网 http://www.askci.com/news/2016/02/29/14482747op.html。)

第二节 凯恩斯的消费理论

根据凯恩斯的观点,总需求是处于主导地位的经济变量,既然均衡产出是与总需求相一致的产出,那么要分析均衡产出是如何决定的,首先要研究总需求。总需求包括消费、投资、政府支出和净出口,其中消费是总需求中最主要的一部分,了解总需求需要先了解消费。

分析消费是如何决定的,是什么决定了家庭中对食品、衣服、汽车、教育和其他消费品及服务的支出?这不仅仅是因为消费是总需求中最主要的部分,还因为经济均衡的条件是计划投资等于计划储蓄。要想知道储蓄量的大小,必须先找出消费量的大小,那么就可以从国民收入中减去消费量求出储蓄量。

一、消费函数

消费(Consumption)是指一个国家或地区在一定时期内,居民个人(或家庭)为满足消费欲望而用于购买消费品和劳务的所有支出。在现实生活中,影响居民消费的因素很多,如收入水平、商品价格水平、利率水平、收入分配状况、消费者偏好、家庭财产状况、消费信贷状况、消费者年龄构成以及制度风俗习惯等。

(一)消费函数的公式

关于收入和消费的关系,凯恩斯认为,存在一条基本心理规律:如果可支配收入增加,消费者就会增加他们的消费和储蓄。但是消费的增加没有收入增加得多,消费和收入的这种关系称作消费函数(Consumption Function)或消费倾向。通常用公式表示消费函数:

$$c = c(y)$$

假定某家庭的消费和可支配收入之间的关系如表 2-1。

表 2-1 某家庭消费和可支配收入之间的关系 单位:元

	收入	消费
A	1 900	1 911
B	2 000	2 000
C	2 100	2 085
D	2 200	2 160
E	2 300	2 240
F	2 400	2 283
G	2 500	2 336

消费函数反映的是消费支出水平与个人可支配收入水平之间的关系。从表 2-1 可以

看出,家庭随着收入的增加,消费也在逐渐增加。这个由凯恩斯提出的概念,以这样一个假设为前提,即消费和收入之间存在着一种以经验为依据的稳定关系。

消费函数可用方程来表示:

$$c=c(y)=\alpha+\beta y \quad (\alpha>0,0<\beta<1)$$

这里,c 代表实际消费支出,y 代表实际收入(居民可支配收入)。这里的实际值是相对于名义值而言的。一个变量的名义值除以价格水平就是这个变量的实际值。α 和 β 都是大于零的常数,叫做参数。α 代表收入 y 等于零时的消费,叫做自发消费;也就是说当收入为零时哪怕是举债或者是动用过去的储蓄也必须要有的基本生活消费。βy 是随着收入变化而变化的消费,叫做引致消费,其中 β 的经济含义是收入每增加一单位相应的消费增加量,称为边际消费倾向。

例如,当已知 $\alpha=100$,$\beta=0.8$,则 $c=100+0.8y$。这就是说,当收入增加 1 个单位,其中就有 80% 用于消费的增加,只要 y 为已知,就可算出全部的消费量。

(二)平均消费倾向和边际消费倾向

消费倾向是指消费与收入的比率。

表 2-2 的一系列数字表明,当收入为 19 000 时,消费是 19 110,入不敷出。当收入为 20 000时,消费为 20 000,收支平衡。当收入依次增加至 21 000,22 000,23 000,24 000,25 000 时,消费依次增加到 20 850,21 600,22 150,22 650,23 050。也就是说,当收入增加时,消费也随之增加,但是消费增加的数量没有收入增加的多。

表 2-2 某家庭的消费函数 单位:元

	收入	消费	MPC	APC
A	19 000	19 110		1.01
B	20 000	20 000	0.89	1.00
C	21 000	20 850	0.85	0.99
D	22 000	21 600	0.75	0.98
E	23 000	22 150	0.55	0.96
F	24 000	22 650	0.5	0.94
G	25 000	23 050	0.4	0.92

1. 平均消费倾向(Average Propensity to Consume,APC)

平均消费倾向是指平均每单位收入中消费所占比例。公式为:

$$APC=\frac{c}{y}$$

$APC<1$,消费总量 < 收入总量(产生储蓄);

$APC=1$,把全部收入都用于消费(储蓄为零);

$APC>1$,消费总量大于收入总量(负债消费,即产生负储蓄)。

2. 边际消费倾向(Marginal Propensity to Consume,MPC)

边际消费倾向是指收入增量中消费增量所占的比重,表示每增减 1 元国民收入所引起的消费变化。如果用 Δc 代表增加的消费,用 Δy 代表增加的收入,则有:

$$MPC=\frac{\Delta c}{\Delta y}$$

如果收入与消费增量极小时,上述公式可以写成:

$$MPC=\frac{\mathrm{d}c}{\mathrm{d}y}$$

由于消费增量只是收入增量的一部分,因此,边际消费倾向通常为正值,即 $0<MPC<1$,MPC 是消费曲线上任一点切线的斜率。

在表 2-2 中可以看出,平均消费倾向和边际消费倾向呈现递减趋势。根据表 2-2 可以给出消费曲线,如图 2-1 所示。在图 2-1 中,横轴 y 表示收入,纵轴 c 表示消费,45°线上任何一点到两轴的垂直距离都相等,表示收入全部用于消费。$c=c(y)$ 表示的消费曲线,说明的是消费和收入之间的函数关系。A 点为消费曲线和 45°线的交点,说明此时消费和收入相等。在 A 点的左方,表示消费大于收入;A 点右方表示消费小于收入。随着消费曲线向右延伸,这条曲线和 45°线的距离越来越大,表示消费随收入增加而增加,但是增加的幅度越来越小于收入增加的幅度。凯恩斯认为,在短期内,由于人们爱好储蓄的天性和消费习惯的相对稳定性,当人们收入上升时,在增加的单位收入中,消费所占的比重越来越小,称之为边际消费倾向递减规律。

从表 2-2 中还可以看出平均消费倾向始终大于边际消费倾向。由于消费增量只是收入增量的一部分,因此边际消费倾向总是大于 0 而小于 1,但平均消费倾向由于消费有可能大于、等于或者小于收入,则可能大于、等于或者小于 1。

当消费和收入呈线性关系时,消费函数就是一条向右上方倾斜的直线,直线上每一点的斜率都相等,如图 2-2 所示。当消费函数为线性时,$APC>MPC$ 这一点更容易看清。因为消费函数上任何一点与原点相连所成的射线斜率都大于消费曲线的斜率,而且从公式上看,$APC=\frac{c}{y}=\frac{\alpha+\beta y}{y}=\frac{\alpha}{y}+\beta$,在这里 β 是 MPC,由于 α 和 y 都是正数,因此 $\alpha/y>0$,所以 $APC>MPC$。

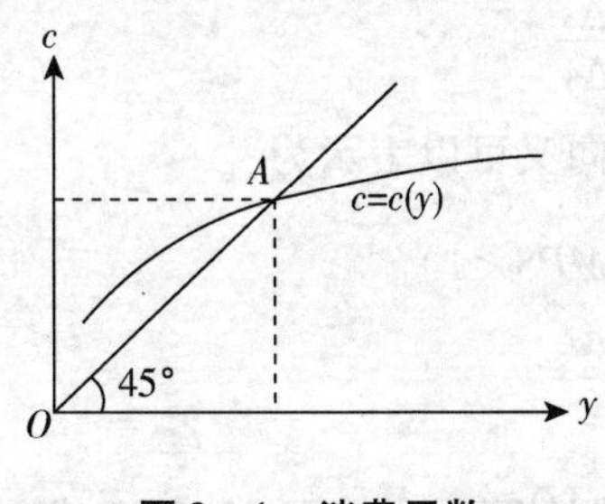

图 2-1 消费函数

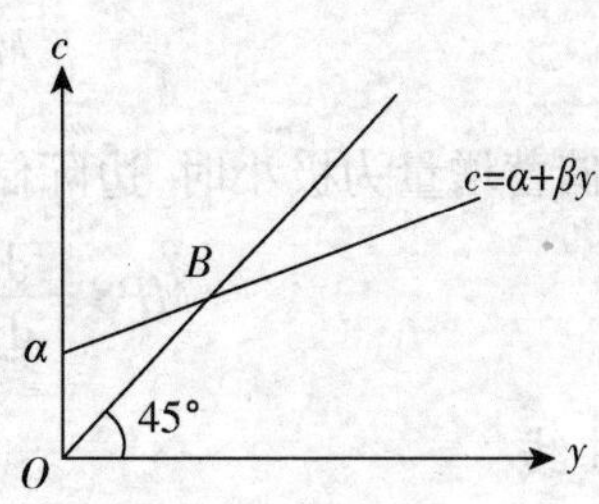

图 2-2 线性消费函数

二、储蓄函数

在国民收入中,与消费相对应的一个变量是储蓄。储蓄是收入中未被消费的部分。在收入比收支平衡的水平更高的时候,家庭的可支配收入比他们需要花费的更多,有一部分收入便被储蓄了。

例如表 2-2 中,当可支配收入为 25 000 元时,消费为 23 050 元,家庭的储蓄为 1 950 元。

既然消费随收入增加而增加的比率是递减的,那么储蓄随收入增加而增加的比率就是递增的。储蓄与收入的这种关系就是储蓄函数(Saving Function)。

(一)储蓄函数的公式

影响储蓄的因素很多,如收入、分配状况、消费习惯、社会保障体系、利率水平等。凯恩斯认为,在众多因素中,最重要的是收入水平。

其公式是:

$$s = s(y) = y - c = y - (\alpha + \beta y) = -\alpha + (1 - \beta)y$$

式中,s 代表实际储蓄,y 代表实际收入。$-\alpha$ 是自发储蓄。$(1-\beta)$ 是边际储蓄倾向,即收入每增加一单位,相应的储蓄的增加量。这里需要注意的是,收入、消费和储蓄都是流量概念,都是相对于某一时期而言的。居民过去在银行等金融机构的储蓄存款余额属于居民的财富存量,不属于当期储蓄。显然,边际消费倾向与边际储蓄倾向之和等于 1。

(二)平均储蓄倾向与边际储蓄倾向

1. 平均储蓄倾向

平均储蓄倾向是指任一收入水平上储蓄在收入中的比例,用公式表示为:

$$APS = \frac{s}{y}$$

2. 边际储蓄倾向

由于 $y = c + s$,所以 $s = y - c$,故储蓄是收入减去消费后的剩余部分。储蓄函数表示的是储蓄与收入的关系,其公式是:$s = f(y)$。

边际储蓄倾向是指储蓄增量与收入增量之比,可用公式表示为:

$$MPS = \frac{\Delta s}{\Delta y}$$

如果收入与储蓄增量为极小时,边际储蓄倾向又可以表示为:

$$MPS = \frac{\mathrm{d}s}{\mathrm{d}y}(0 < MPS < 1)$$

(三)储蓄曲线

与消费函数一样,储蓄与收入的关系也可以用储蓄曲线表示,储蓄曲线包括线性的非储蓄曲线与线性的储蓄曲线。

根据表 2－2 的数据,可以列出储蓄函数的数据,见表 2－3。

表 2－3 某家庭的储蓄函数 单位:元

	收入	消费	储蓄	MPS	APS
A	19 000	19 110	－110		－0.005
B	20 000	20 000	0	0.11	0
C	21 000	20 850	150	0.15	0.007
D	22 000	21 600	400	0.25	0.018
E	23 000	22 150	850	0.45	0.037
F	24 000	22 650	1 350	0.5	0.056
G	25 000	23 050	1 950	0.6	0.078

根据上表数据,可画出储蓄曲线,如图 2－3 所示。

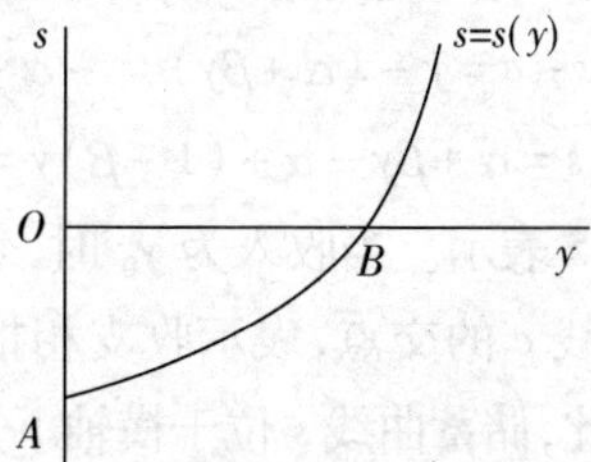

图 2－3 非线性的储蓄曲线

$s=s(y)$表示储蓄与收入之间的函数关系。B 点是储蓄曲线与横轴的焦点,表示此时消费和收入相等即收支平衡。B 点右方为正储蓄,B 点左方为负储蓄。随着收入的增加,非线性储蓄曲线的斜率越来越大,即非线性储蓄曲线上各点切线越来越陡峭,各点切线的斜率越来越大,非线性消费曲线越来越以递增的速率向右上方倾斜,这表现出边际储蓄倾向递增的状况。图 2－3 中,随着收入的增加,非线性储蓄曲线向右上方延伸,在 B 点与横轴相交后,与横轴的距离越来越大,表示储蓄增加的幅度越来越大,边际储蓄倾向是递增的。

储蓄与收入存在线性关系的储蓄函数可表示为:

$$S=-\alpha+(1-\beta)y$$

图 2－4 线性的储蓄曲线

图 2－4 表示了线性的储蓄曲线。储蓄曲线向右上方倾斜,表明储蓄随收入的增加而增加。OA 为 $-\alpha$,表示收入为 0 时储蓄的减少量,即储蓄是自发消费的来源。B 点是储蓄曲线

与横轴的交点，表示收入为 OB 时全部的收入都用于消费，此时的储蓄为0；位于储蓄曲线上横轴以上的点比如 C 点表示存在正储蓄，而位于储蓄曲线上横轴以下的点比如 D 点表示存在负储蓄。

储蓄曲线上任意一段弧或任一点的斜率，就是边际储蓄倾向。所以，线性的储蓄曲线上任意一段弧或任一点的斜率都相等，都等于数值不变的边际储蓄倾向。储蓄曲线上任何一点与原点连线的斜率，就是平均储蓄倾向。

三、消费函数与储蓄函数的关系

可以看出，消费函数和储蓄函数是一个问题的两个方面。由于储蓄被定义为收入和消费之差，因此存在以下三方面的关系：

（1）消费函数与储蓄函数互为补数，两者之和等于收入，从公式看：

$$c = c(y) = \alpha + \beta y$$

$$s = s(y) = y - c = y - (\alpha + \beta y) = -\alpha + (1 - \beta)y$$

$$c + s = \alpha + \beta y - \alpha + (1 - \beta)y = y$$

两者之间的关系可以用图2-5表示。当收入为 y_0 时，表示收支平衡，即消费支出等于收入，储蓄为零。E 点为线和消费曲线 c 的交点，表示收支相抵。在 E 点左方，消费曲线 c 位于45°线之上，表明消费大于收入，因此，储蓄曲线 s 位于横轴下方，储蓄为负值；在 E 点右方，消费曲线 c 位于45°线之下，表示消费小于收入，因此，储蓄曲线 s 位于横轴上方，储蓄为正值。

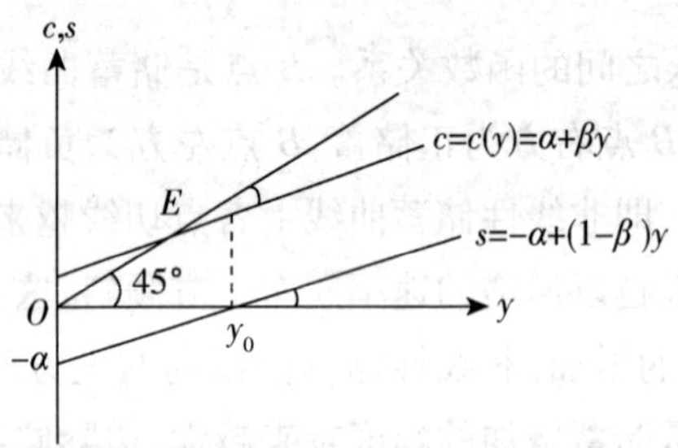

图2-5 消费曲线和储蓄曲线的关系

（2）如果 APC 和 MPC 均随收入的增加而递减，且 $APC > MPC$，则 APS 和 MPS 都随着收入的增加而递增，且 $APS < MPS$，表现在图形上，在 y_0 的右方，储蓄曲线上任何一点与原点连成的斜线的斜率总小于储蓄曲线的斜率。

（3）APC 和 APS 的和恒等于1，MPC 和 MPS 之和也恒等于1。即：

$$APC + APS = 1$$

$$MPC + MPS = 1$$

可证明如下：

$$c + s = y$$

$$APC + APS = \frac{c}{y} + \frac{s}{y} = \frac{c + s}{y} = \frac{y}{y} = 1$$

再看 MPC 和 MPS 的情况：

$$\Delta c + \Delta s = \Delta y$$

$$MPC + MPS = \frac{\Delta c}{\Delta y} + \frac{\Delta s}{\Delta y} = \frac{\Delta c + \Delta s}{\Delta y} = 1$$

因此，当消费函数和储蓄函数中任一个确定的时候，另一个也就随之确定。当消费函数已知时，可以求得储蓄函数；反之亦然。

拓展阅读

蜜蜂的寓言与凯恩斯革命

从1929年开始，资本主义世界爆发了空前的大危机，3 000多万人失业，1/3的工厂停产，整个经济倒退回了第一次世界大战前的水平。经济处于混乱之中，传统的经济学遇到了挑战。这时，英国经济学家凯恩斯从18世纪荷兰的医生孟德维尔的一则古老的寓言《蜜蜂寓言——个人劣行即公共利益》中得到了启示。这则寓言是说：

从前有一群蜜蜂过着挥霍、奢华的生活，整个蜂群兴旺发达，百业昌盛。后来，它们改变了原有的生活习惯，崇尚节俭朴素，结果社会凋敝，经济衰落，终于被敌手打败而逃散。这就是节俭悖论的一个有趣的故事！其含义在于：众所周知，节俭是一种美德。从理论上讲，节俭是个人积累财富最常用的方式。从微观上分析，某个家庭勤俭持家，减少浪费，增加储蓄，往往可以致富。这里蕴涵着一个矛盾：公众越节俭，降低消费，增加储蓄，往往会导致社会收入的减少。因为在既定的收入中，消费与储蓄呈反方向变动，即消费增加储蓄就会减少，消费减少储蓄就会增加。所以，储蓄与国民收入呈反方向变动，储蓄增加国民收入就减少，储蓄减少国民收入就增加。根据这种看法，增加消费减少储蓄会通过增加总需求而引起国民收入增加，就会促进经济繁荣；反之，就会导致经济萧条。由此可以得出一个蕴涵逻辑矛盾的推论：节制消费增加储蓄会增加个人财富，对个人是件好事，但由于会减少国民收入引起萧条，对国民经济却是件坏事。

凯恩斯从这则寓言中悟出了需求的重要性，建立了以需求为中心的国民收入决定理论，并在此基础上引发了经济学上著名的“凯恩斯革命”。这场革命的结果就是建立了现代宏观经济学。

（资料来源：http://baike. baidu. corn/view。）

第三节　两部门经济中均衡国民收入决定及其变动

在这一节里，我们利用消费函数，从总供给等于总需求出发，来研究经济中均衡收入的决定问题。我们首先研究只有家庭和企业两个部门的简单模型，然后逐渐深入，介绍三部门和四部门经济中均衡收入的决定。

在两部门经济中，经济均衡的条件可表示为$y=c+i$，还可表示为$i=s$，这都意味着总供求相等。总需求与总供给组成部分中的任何一项，都会对国民收入产生影响。如果假定投资为自发投资，即投资是一个固定的量，是外生变量，不随收入的变动而变动，或者说投资i是一个常数，则两个部门的均衡国民收入可以分别依据消费函数与储蓄函数来求得。

一、使用消费函数决定收入

使用消费函数决定收入的方法又称为收入—支出法。假定投资需求为自主投资，即不考虑利息率对投资的影响，设它为一个常数。在上一章国民收入核算中曾经指出，个人可支配收入是国民收入减去净税收以后的余额，由于净税收在简单的模型中等于零，所以可支配收入就等于国民收入，这样消费函数就可以直接看成是国民收入的函数。则两部门中国民收入的决定的简单模型可以表示为：

$$y=c+i \quad \text{（收入恒等式）}$$

$$c=\alpha+\beta y \quad \text{（消费函数）}$$

联立方程，可以解得均衡收入为：

$$y=\frac{\alpha+i}{1-\beta}$$

根据上式，如果知道了消费函数和投资量，就可得到均衡的国民收入。例如，消费函数为$c=600+0.8y$，自发投资为200亿美元，则均衡收入：

$$y=\frac{600+200}{1-0.8}=4\,000\text{（亿美元）}$$

表2-4也说明了消费函数$c=600+0.8y$和自发投资为200亿美元时的均衡收入决定情况。

表2-4　均衡国民收入的决定　　单位：亿美元

（1）收入y	（2）消费c	（3）储蓄s	（4）投资I
1 000	1 400	-400	200
2 000	2 200	-200	200
3 000	3 000	0	200
4 000	3 800	200	200
5 000	4 600	400	200
6 000	5 400	600	200
7 000	6 200	800	200

上表数据表明，$y=4\,000$亿美元时，$c=3\,800$亿美元，$i=200$亿美元，因此$y=c+i=3\,800+200=4\,000$（亿美元），说明4 000亿美元是均衡收入。在收入小于4 000亿美元时，例如在2 000亿美元时，$c=2\,200$亿美元，$i=200$亿美元，总支出为2 400亿美元，超过了总供给2 000亿美元，c与i之和都大于相应的总供给，这意味着企业销售出去的产量大于它们所

生产出来的产量，即企业的产量小于市场需求。此时，扩大生产是有利可图的。于是，企业增加雇佣工人的数量，增加生产，使均衡收入增加。相反，收入大于4 000 亿美元时，c 与 i 之和都小于相应的总供给，这意味着企业的产量比市场需求多，产生了存货投资，这会迫使企业解雇一部分工人，减少生产，使均衡收入减少。两种不同情况变化的结果都是产量正好等于需求量，即总需求与总供给相等，收入达到均衡水平。

均衡收入的决定还可用图 2－6 来表示。

图 2－6 中的横轴表示收入，纵轴表示消费和投资。消费曲线 c 上加投资曲线 i 就得到总支出曲线 $c+i$，因投资为自发投资，自发投资总等于200 亿美元，故总支出曲线 $c+i$ 与消费曲线 c 是平行的，两条曲线在任何收入水平上的垂直距离都等于自发投资 200 亿美元。总支出曲线与45°线相交于 E 点，E 点为均衡点，E 点决定的收入是均衡收入4 000 亿美元。如果经济处于总支出曲线 E 点之外的其他点上，就出现了总供求不相等的情况，这会引起生产的扩大与收缩，直至回到均衡点。比如，A 点的总需求为 2 400 亿美元，比总供给 2 000 亿美元多出 400 亿美元，这会使得国民收入增加，直到达到均衡的 4 000 亿美元为止。F 点的总需求为 4 800 亿美元，比总供给 5 000 亿美元少 200 亿美元，国民收入就会减少，直到达到均衡的 4 000 亿美元为止。

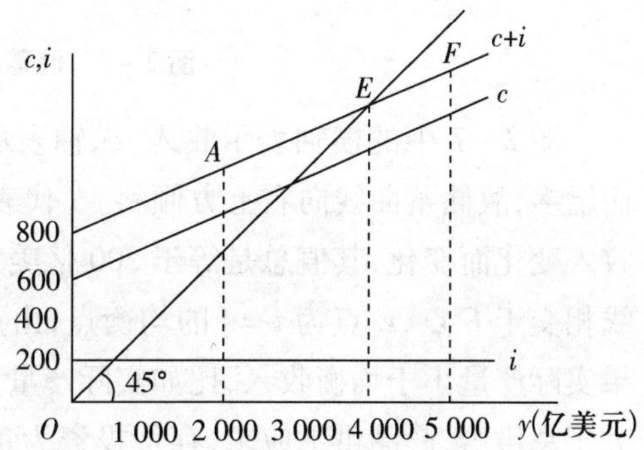

图 2－6 消费加投资决定国民收入

二、储蓄与均衡国民收入的决定

使用储蓄函数决定国民收入的方法又称为储蓄—投资法，该方法就是利用经济均衡的条件 $i=s$ 来求得均衡的国民收入，即用计划投资等于计划储蓄求均衡收入。同样假定投资为固定的，储蓄是收入的函数，联立两方程，则有简单模型：

由于 $y=c+i, y=c+s$，得：$i=y-c=s$

而 $s=-\alpha+(1-\beta)y$，

将以上两个方程联立并求解，就得到均衡收入：

$$y=\frac{\alpha+i}{1-\beta}$$

上例中，$c=600+0.8y, s=-600+(1-0.8)y=-600+0.2y, i=200$，令 $i=s$，即 $200=-600+0.2y$，得 $y=4\,000$（亿美元）。这一结果在表 2－4 中也体现出来，即 $y=4\,000$ 亿美元时，投资 i 与储蓄 s 正好相等，从而实现了均衡。可以看到，这一结果与使用消费决定均衡收入的方法得到的结果是一样的。

储蓄与均衡国民收入的决定也可以用图 2－7 表示。

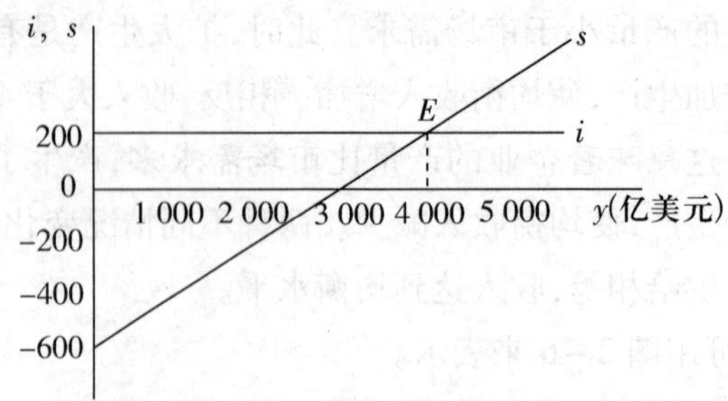

图 2-7 储蓄与投资相等决定国民收入

图 2-7 中的横轴表示收入,纵轴表示投资、储蓄。s 为储蓄曲线,由于储蓄随收入增多而增多,故储蓄曲线向右上方倾斜。i 代表投资曲线,由于投资为自发投资,自发投资又不随收入变化而变化,其值总是等于 200 亿美元,故投资曲线是一条平行线。储蓄曲线与投资曲线相交于 E 点,E 点为 $i=s$ 的均衡点,由点 E 决定的收入是均衡收入,即 4 000 亿美元。如果实际产量小于均衡收入,比如实际产量为 2 000 亿美元,此时的投资大于储蓄,社会总需求大于总供给,产品供不应求,存货投资为负,企业就会扩大生产,社会收入水平就会增加,直至均衡水平。反之,实际产量大于均衡收入,比如实际产量为 5 000 亿美元,此时的投资小于储蓄,社会总需求小于总供给,产品过剩,产生了非计划存货投资,企业就会缩小生产,社会收入水平因此而减少,直至均衡水平。只要投资与储蓄不相等,社会收入就处于非均衡状态,经过调整,最终达到均衡收入水平。

由于消费函数与储蓄函数的互补关系,无论使用哪种函数决定收入的方法,最后得到的均衡收入的结果都是相同的。

拓展阅读

党报:中国储蓄率 50% 世界第 1 居民储蓄率仅 20%

最近,一项"中国储蓄率世界第一"的数据再次引发社会关注。国务院发展研究中心研究员吴敬琏日前表示,中国最近几年储蓄率在 50% 左右,居世界第一,但居民储蓄率只是 20% 左右。储蓄高主要表现在政府和企业,而非居民。造成这个局面的根本原因在于市场体制存在缺陷。另有专家指出,企业储蓄率高暴露出在一次收入分配中,企业回报多、劳动者回报少的痼疾,致使消费不振,加剧了经济结构失衡。将更多政府和企业收入转化为普通居民的"收入"成为当务之急。

居民储蓄率仅为 20%

中国的高储蓄率世界闻名。2013 年 9 月,我国居民储蓄连续 3 个月突破 43 万亿元,人均储蓄超过 3 万元,为全球储蓄金额最多的国家。长期以来,舆论普遍认为高储蓄率源于中国百姓爱存钱的习俗。然而,事实证明这种认识有很大偏差。实际上,中国国民的高储蓄率中,有很大一部分是政府和企业储蓄高导致的。

吴敬琏指出,国民储蓄分三个部分,一般国家都以居民储蓄为首,然后是企业储蓄、政府储蓄,而中国的储蓄结构却刚好相反。“中国储蓄主要是政府储蓄和企业储蓄,而不是居民储蓄。”他说。

统计显示,从1992年到2012年,中国国民储蓄率从35%升到了59%,其中,政府储蓄率和企业储蓄率翻了一番,但居民储蓄率却没有变,1992年为20%,2012年依然是20%。根子在投资分配体制高储蓄率曾支撑了中国独特的经济增长模式——高投资,高进出口规模,为中国经济发展做出了应有贡献。但在加大消费比重,调整投资和出口为导向的经济结构的今天,高储蓄率的弊端愈来愈明显。

“高储蓄率致使经济结构失衡。总储蓄大于总投资,多的部分只能靠出口消化,导致了出口导向型的经济模式;同时,高储蓄也抑制了消费,不利于扩大内需。”中国国际经济交流中心信息部部长徐洪才对本报记者说。

造成中国高储蓄率的原因很多。专家指出,普通劳动者家庭收入增长缓慢,内需不足,社会保障不充分和预期不稳定等,都使居民非常看重储蓄。

此外,投资渠道少也是居民高储蓄的原因之一。“从结构和数据来看,市场投资主体主要是政府和企业,民间的投资渠道则很窄。”吴敬琏指出。

吴敬琏说:“2009年4万亿投资是主要给了国企,而且主要是央企,10万亿贷款主要给了谁呢?还是国企,是央企,以至于有些央企感觉负担很重,拿到这么多钱怎么办呢?结果纷纷成立房地产公司,就出现这个情况。”

“所以,根本的问题还是在体制上。不同的所有制企业获取要素的能力是不一样的,要素最重要的就是资本要素。另外一个问题,就是我们的资本市场很不正常,不是建立在规则上的一个真正市场,因此才出现这样的问题,根本的出路是改革。”吴敬琏强调。

提高国企分红比例

解决国民储蓄率高的问题,除拓宽投资渠道,加大对居民的社保、医疗卫生和教育领域的投入外,更重要的是提高居民收入。其中,扩大国企对全民的分红比例,能起到降低储蓄率和调整经济结构的双重作用。

“企业储蓄率高,有很重要的原因是企业,特别是国企利润对全体公民分红过低,大部分企业利润趴在账上,俗话说肉烂在了锅里。”徐洪才指出。

徐洪才说,当前,在一次收入分配中,存在企业利润厚、劳动者收入薄的问题。有些国企旱涝保收,利润丰厚,成为特殊利益集团,集团内部福利丰厚。这“一厚一薄”抑制了居民消费,使内需不足,造成产能过剩,导致经济结构以投资和出口为主,消费不振。

现在,要调整经济结构,提高消费比重,就要提高百姓收入。“提高百姓收入就要降低国企储蓄率,把更多的钱从银行拿出来给大家分红。”徐洪才认为,要改革国有资产管理体制,保障国有资产出资人——全体公民的利益。

还有专家建议,政府要加大转移支付力度,增加在公共服务和民生领域的消费支出,人大和社会公众要加强对政府预算的监督,将更多政府收入转化为普通居民的"收入"。

(资料来源:人民网－人民日报海外版 http://money.163.com/14/0428/04/9QT36U9A00253B0H.html。)

第四节 乘数理论

不论从总需求看,还是从总供给看,组成国民收入的任何一个因素(比如投资、政府购买、税收等)在数量上的变动都会对国民收入数量的变动产生影响。乘数理论(Multiplier Theory)就是要说明国民收入变动量与引起这种变动量的某一因素变动量在数量上的对比关系。

在宏观经济学中,乘数是一个重要概念,它说明了经济可以把支出变动的影响扩大多少。消费,投资、政府购买或者净出口最初较小的变动最终会对总需求产生较大的影响,从而对经济中物品与劳务的生产产生较大的影响。

一、均衡国民收入的变动

上面提到过,如果自发投资量是600亿美元,均衡的国民收入是4 000亿美元。如果投资增加到700亿美元,则均衡的国民收入:

$$y=\frac{700+200}{1-0.8}=4\,500(\text{亿美元})$$

可见,投资增加了100亿美元,则国民收入就增加到4 500亿美元,增加的收入是增加的投资的5倍,这个倍数就称为乘数。

二、乘数的作用过程

投资的变动必然引起国民收入的变动,上例中投资增加100亿元,由此引起了国民收入增加500亿元。这就是一个变动过程。

投资乘数(Investment Multiplier)是指国民收入的变动量与引起这种变动的投资变动量的比率。投资增加之所以会产生乘数效应,是因为国民经济各部门之间都是相互联系的,某一部门的一项投资不仅会增加本部门的收入,而且也会在国民经济各部门中引起连锁反应,从而增加其他部门的投资与收入,最终使国民收入成倍增长。

那么为什么投资增加会带来收入成倍增加呢?下面我们以投资变动为例来说明乘数作用的发挥。

根据上节提到的消费函数 $c=600+0.8y$,式中边际消费倾向为0.8,说明家庭中每增加1元钱收入,就会有0.8元钱用于消费。如果不考虑政府的作用(只考虑最简单的经济关系,没有税收也没有政府购买性支出),则可以将个人可支配收入看作国民收入。设想初始时在经济中增加一笔投资 100 亿美元,因为增加的 100 亿美元投资,是用来购买生产所用的劳动、资本、土地、企业家才能等生产要素的。于是:

(1)100 亿美元就相应以工资、利息、地租、利润等形式成为要素所有者即居民的收入而流入到居民手中,社会收入就增加了 100 亿美元。这是这笔投资引起的第一轮的收入增加。

(2)家庭收入增加了 100 亿美元后,因 $\beta=0.8$,故家庭会有 80 亿美元的消费支出,生产部门相应得到出售产品的 80 亿美元。生产部门用此 80 亿美元购买 80 亿美元的生产要素,80 亿美元就以工资、利息、地租、利润等形式又流回到家庭手中,即社会收入增加了 80 亿美元。这是这笔投资引起的第二轮的收入增加。

(3)在边际消费倾向仍然是 0.8 的条件下,居民会有 64 亿美元的消费支出,生产部门就相应得到 64 亿美元,而生产部门又用此购买 64 亿美元的生产要素,64 亿美元便以工资、利息、地租、利润等形式流回到家庭手中,社会收入因此而增加了 64 亿美元。这是这笔投资引起的第三轮的收入增加。

(4)在 $\beta=0.8$ 不变的条件下,居民消费会有 51.2 亿美元,生产部门得到 51.2 亿美元。生产部门再购买 51.2 亿美元的生产要素 -51.2 亿美元以工资、利息、地租、利润等形式又流回到居民手中,社会收入再次增加,增加了 51.2 亿美元。这是这笔投资引起的第四轮的收入增加。

这样的过程不断持续下去,投资、收入、消费就一轮一轮地增加,最终的社会收入会增加 500 亿美元。可以用以下公式表示出收入的增加:

$$
\begin{aligned}
&100+80+64+51.2+\cdots \\
&=100+100\times0.8+100\times0.8^2+100\times0.8^3+\cdots+100\times0.8^{n-1} \\
&=100(1+0.8+0.8^2+0.8^3+\cdots+0.8^{n-1}) \\
&=100\,\frac{1}{1-0.8} \\
&=500(\text{亿美元})
\end{aligned}
$$

$\frac{500}{100}=5$ 就是投资乘数。

乘数的公式表明,乘数的大小取决于边际消费倾向,边际消费倾向越高,乘数就越大;边际消费倾向越低,乘数就越小。这是因为边际消费倾向越大,增加的收入就有更多的部分用于消费,从而使总需求和国民收入增加得更多。从乘数的公式还可以看出,因为边际消费倾向是 $0<\beta<1$,所以,乘数 k 一定是大于 1 的正数。这也反映了国民经济各部门之间存在着密切的联系,某一部门自发总需求的增加,不仅会使本部门收入增加,而且会在其他部门引起连锁反应。

需要指出的是,乘数发生作用需要有一定的条件。只有在社会上各种资源没有得到充分利用时,总需求的增加才会使各种资源得到利用,产生乘数作用;而且乘数作用的发挥是需要时间的,只有经过一段时期国民收入的成倍增加才能表现出来;此外,乘数的作用是双重的,即当自发总需求增加时,所引起的国民收入的增加要大于最初自发总需求的增加,而当自发总需求减少时，所引起的国民收入的减少也要大于最初自发总需求的减少。所以，经济学家形象地把乘数称为一把“双刃剑”。

实际上，总需求中的其他因素变动时，如消费、政府支出、税收、净出口等，都会引起国民收入若干倍的变动。

三、投资乘数

投资乘数就是收入的变化量与带来收入变化量的投资变化量的比率。如果用 k_i 表示投资乘数，用 Δy 表示收入的增量，用 Δi 表示投资的增量，则投资乘数的公式可表示为：

$$k_i = \frac{\Delta y}{\Delta i}$$

由于收入与投资是同方向变动关系，故 $k_i > 0$，即投资乘数为正数。

很显然，根据以上例子，投资乘数公式又可写为：

$$k_i = \frac{1}{1 - \beta}$$

又由于 $1 - \beta = MPS$，投资乘数又可表示为：

$$k_i = \frac{1}{MPS}$$

可见，投资乘数与边际消费倾向成正比、与边际储蓄倾向成反比，且 $k_i > 0$，亦即收入的变化量与投资变化量呈同方向变动。

四、节俭的矛盾

在传统观念里，节俭是一种美德。从微观上分析，某个家庭勤俭持家，节约储蓄，往往可以致富。但从以上我们的分析看来，却产生了一个矛盾：公众越节俭，越想储蓄，则能够实现的储蓄不仅不会增加，反而可能减少，这叫做节俭的矛盾（Paradox of Thrift）。

图2－8，表明了这种矛盾是如何产生的。$S = S(Y)$ 表示计划储蓄是国民收入的增函数，当公众想储蓄更多，即提高 MPS 时，储蓄曲线从 S_1 上移至 S_2。如果计划投资与国民收入无关，则实现的储蓄不变，国民收入从 Y_1 降为 Y_2，如图2－8(a)所示。如果计划投资是国民收入的增函数，则不仅国民收入从 Y_1 减为 Y_2，实际储蓄也从 E_1Y_1 降为 E_2Y_2，如图2－8(b)所示。

必须强调指出，节俭的矛盾是有其存在的时空条件的。只有在发达国家有效需求不足，存在严重失业时，才有可能发生这种矛盾。如果已经充分就业，甚至存在膨胀缺口，那么节俭就能抑制过高的总需求，有助于消除通货膨胀，达到充分就业。特别是在低收入的发展中国家，总需求往往大于总供给，需要特别提倡节俭，反对浪费。

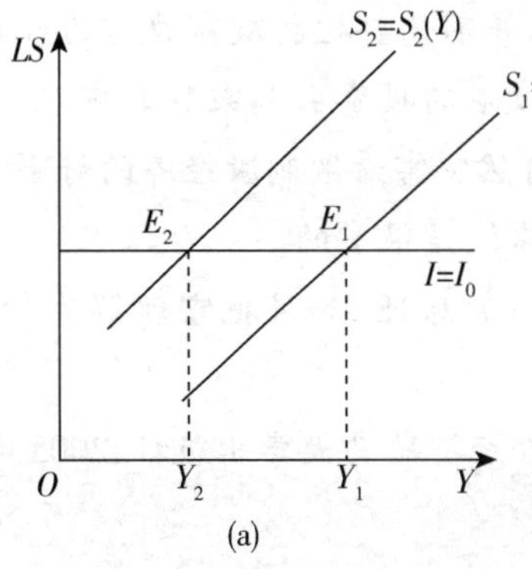

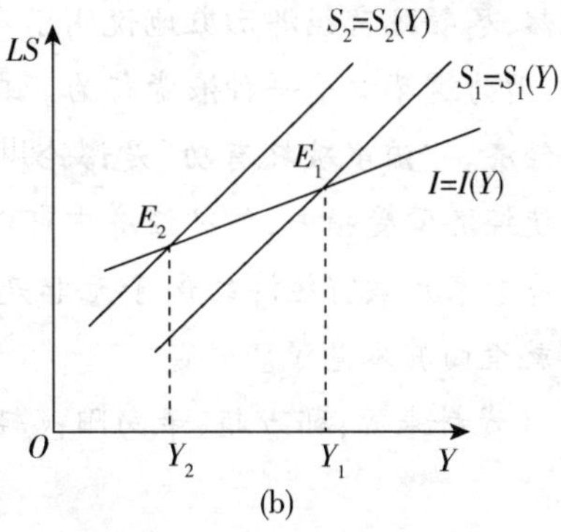

图 2-8 储蓄提高国民收入的变化

拓展阅读

破窗经济的启示

一个流氓打破了一家商店的窗子玻璃。店主无奈只能再买一块,假如,为此花了 200 美元。玻璃店的老板把这 200 美元收入中的 80%,即 160 美元用于其他支出。得到这笔支出的人收入增加 160 美元,又把其中的 80% 支出……如此循环下去最后整个经济中的收入增加了 1 000 美元。流氓打破玻璃不仅无过,反而有"功",因为刺激了经济发展。这就是所谓的破窗经济。

破窗经济说明最初投资增加(店主买玻璃)会引起经济中相关部门收入与支出增加的连锁反应,从而使最后国民收入的增加大于最初投资的增加,这种过程被称为乘数效应。最后国民收入的增加量与最初投资增加量的比称为乘数。由于国民经济各部门之间相互关联,某一部门投资的增加一定会引起其他部门收入与支出的增加,所以,乘数必定大于 1。乘数的大小取决于得到收入的部门支出多少,即边际支出倾向的大小(如果支出用于消费也可以用边际消费倾向的概念)。边际支出倾向是增加的支出在增加的收入中所占的比例。例如,增加的收入为 200 美元,增加的支出为 160 美元,则边际支出倾向为 0.8(如果支出的 160 美元为消费,就是边际消费倾向为 0.8)。乘数是 1 减边际支出倾向(或边际消费倾向)的倒数。在上例中,当边际支出倾向为 0.8 时,乘数为 5,所以,最初投资增加 200 美元,最后使国民收入增加了 1 000 美元。

破窗经济的例子所揭示的是现实中存在的乘数原理。但要注意两点:一是乘数原理的作用是有条件的,只有经济中资源没有得到充分利用,乘数才起作用,最初投资的增加才能起到使国民收入数倍增加的作用。衰退时期,政府采用扩张性财政政策增加政府支出正是利用乘数的作用。但如果经济已实现了充分就业,最初投资的增加就不会引起这种乘数效应,只会引起通货膨胀。二是乘数也是一把"双刃剑",投资增加会引起国民收入成倍增加,投资减少也会引起国民收入成倍减少。所以,乘数效应会加剧经济波动。

当然,尽管破窗经济形象地说明了乘数原理,但我们并不是要把打破窗户作为最初的投资刺激,因为这毕竟是一种浪费行为。我们要以有经济效益的投资引起乘数效应,不能用浪费刺激经济。“流氓破坏有功”是谬论。我们也不能把自然灾害看做刺激经济的好事。灾害毕竟要使经济蒙受损失,何况经济中可以刺激投资的好事还是很多的。

经济学家用破窗经济的例子无非是要形象地说明乘数原理,如果把它理解为“破坏有功”,那就歪曲其本意了。

(资料来源:郭万超、辛向阳:《轻松学经济》,对外经济贸易大学出版社,2005 年版。)

第五节　三部门经济中国民收入的决定

一、三部门经济中国民收入的决定

三部门经济是在两部门的基础上,加上了政府部门。加入政府部门后,有了政府的财政收支,即政府支出和税收。其中,税收是指总税收减去政府转移支付后所得的净税收。在这里,税收可以有两种情况,一种是定量税,即税收量不随收入而变动,用 t 来表示;另一种是比例所得税,它是随着收入增减而增减的税收量,为简化起见,下面只分析定量税的情况。

用收入—支出法将总支出函数代入均衡产出的条件,即可求得均衡收入。即:

$$\begin{aligned} y &= c + i + g \\ &= \alpha + \beta y_d + i + g \\ &= \alpha + \beta(y - t) + i + g \end{aligned}$$

所以,求出均衡收入为:

$$y = \frac{\alpha + i + g - \beta t}{1 - \beta}$$

假设某一经济中,消费函数为 $c = 600 + 0.8y_d$,y_d 表示可支配收入,定量税 $t = 900$ 亿美元,政府购买 $g = 2\,500$ 亿美元,投资 $i = 1\,000$ 亿美元。

由于均衡收入可以从支出角度来分析,也就是均衡收入 $y = c + i + g$。根据这些已知条件,$\alpha = 600$,$\beta = 0.8$,$i = 1\,000$,$g = 2\,500$,$t = 900$,将其带入均衡收入公式,得到均衡收入为:

$$\begin{aligned} y &= \frac{\alpha + i + g - \beta t}{1 - \beta} \\ &= \frac{600 + 1\,000 + 2\,500 - 0.8 \times 900}{1 - 0.8} \\ &= 16\,900(\text{亿美元}) \end{aligned}$$

在有政府起作用的三部门经济中,国民收入从总支出即总需求的角度看,国民收入由消费、投资、政府购买性支出构成,从总收入即总供给的角度看,国民收入由消费、储蓄、税收组成。因此，三部门经济中国民收入的均衡条件是消费、投资、政府购买性支出之和等于消费、储蓄、税收之和，即：

$$c+i+g=c+s+t$$

消去等号两边的 c，便得到：

$$i+g=s+t$$

也就是说，当计划储蓄与计划税收之和等于计划投资与计划政府支出之和时，经济处于均衡状态，此时得到的国民收入就是均衡国民收入。

在定量税收情况下，利用均衡收入的条件 $i+g=s+t$，同样可以推导出均衡收入的表达式：

$$i+g=-\alpha+(1-\beta)y_d+t$$
$$=-\alpha+(1-\beta)(y-t)+t$$
$$(1-\beta)y=\alpha+i+g-\beta t$$

可推出：

$$y=\frac{\alpha+i+g-\beta t}{1-\beta}$$

可见，用两种方法得到的均衡收入是相等的。

知识链接

三部门经济中均衡国民收入的决定

在加入了政府部门的三部门经济中，支出或需求要素由消费、投资和政府购买构成，当然在引入政府部门后，就不能再将税收排除在分析之外。税收可以有两种情况：一种是定量税，即税收量不随收入而变动，用 t 来表示；另一种是比例所得税，它是随着收入增减而增减的税收量。上面我们讨论过了定量税的情况，现在来讨论比例所得税的情况。

如果以 t 代表比例所得税税率（比例所得税是根据纳税者的收入按一定比例所征的税收），并假设此时不存在定量税，则：

$$c=\alpha+\beta[(1-t)y+tr]$$

假设这时都存在定量税和比例所得税，则：

$$c=\alpha+\beta[(1-t)y-t_0+tr]$$
$$=\alpha-\beta t_0+\beta tr+\beta(1-t)y$$

联立上式和收支均衡方程式，可求三部门经济中均衡国民收入：

$$y=\frac{\alpha+\beta(tr-t_0)+i+g}{1-\beta(1-t)}$$

二、三部门经济中的各种乘数

西方学者认为，加入政府部门以后，不仅投资支出变动有乘数效应，政府购买支出、税收和政府转移支付的变动也同样具有乘数效应，三者的变动都会影响消费，进而影响国民收入。

三部门经济中总支出为：

$$y=c+i+g=\alpha+\beta y_d+i+g=\alpha+\beta(y-t)+i+g$$

这里 t 仍是定量税，在这种情况下，均衡收入为：

$$y=\frac{\alpha+i+g-\beta_t}{1-\beta}$$

通过这一公式，就可以求得上述几个乘数。

(一)政府购买支出乘数

政府购买支出乘数(Government Expenditure Multiplier)，是指收入变动与引起收入变动的政府购买支出变动的比率。用 k_g 表示政府购买支出乘数，Δy 表示收入变动，Δg 表示政府购买支出变动，则：

$$k_g=\frac{\Delta y}{\Delta g}=\frac{1}{1-\beta}$$

式中，β 表示边际消费倾向。可见，政府购买支出乘数和投资乘数相等。

在 $y=\frac{\alpha+i+g-\beta_t}{1-\beta}$ 的公式中，如果其他条件不变，只有政府购买支出 g 变动，那么政府购买支出为 g_0 和 g_1 时的收入分别为：

$$y_0=\frac{\alpha_0+i_0+g_0-\beta_{t0}}{1-\beta}$$

$$y_1=\frac{\alpha_0+i_0+g_1-\beta_{t0}}{1-\beta}$$

$$y_1-y_0=\Delta y=\frac{g_1-g_0}{1-\beta}=\frac{\Delta g}{1-\beta}$$

所以，$\frac{\Delta y}{\Delta g}=k_g=\frac{1}{1-\beta}$。

可见，如果政府购买乘数为正值，它等于 1 减边际消费倾向(β)的倒数。

例如，当边际消费倾向 $\beta=0.6$，则 $k_g=2.5$。如果政府购买支出增加 100 亿美元，则国民收入可增加 250 亿美元；相反，如果政府购买支出减少 100 亿美元，则国民收入也要减少 250 亿美元。

(二)税收乘数

税收乘数(Tax Multiplier)是指收入变动与引起收入变动的税收变动的比率。税收乘数有两种情况，一种是税率变动对总收入的影响，另外一种是税收绝对量变动对总收入的影响，即定量税变动对总收入的影响。为简单起见，这里仅分析后一种情况。用 k_t 表示税收乘数，Δy 表示收入变动，Δt 表示税收变动，则：

$$k_t = \frac{\Delta y}{\Delta t}$$

在 $y = \frac{\alpha + i + g - \beta_t}{1 - \beta}$ 的公式中，如果其他条件不变，只有税收 t 变动，那么税收为 t_0 和 t_1 时的收入分别为：

$$y_0 = \frac{\alpha_0 + i_0 + g_0 - \beta_{t0}}{1 - \beta}$$

$$y_1 = \frac{\alpha_0 + i_0 + g_0 - \beta_{t1}}{1 - \beta}$$

$$y_1 - y_0 = \Delta y = \frac{-\beta_{t1} + \beta_{t0}}{1 - \beta} = \frac{-\beta \Delta t}{1 - \beta}$$

所以，$\frac{\Delta y}{\Delta t} = k_t = \frac{-\beta}{1 - \beta}$。

可见，税收乘数等于边际消费倾向 β 与 1 减去边际消费倾向 β 之比的负值，税收高低会影响到投资并进而影响到国民收入。$k_t < 0$ 表明收入变动与税收变动呈反方向变动关系，即税收减少，国民收入增加；税收增加，国民收入减少。

假设政府增税 100 亿元，若边际消费倾向为 0.8，则税收乘数为 $k = \frac{-0.8}{1 - 0.8} = -4$，意味着国民收入将减少 400 亿元（$4 \times 100$）；若边际消费倾向为 0.6，则税收乘数为 $k = \frac{-0.6}{1 - 0.6} = -1.5$，意味着国民收入将减少 150 亿元（$1.5 \times 100$）。假如政府变增税为减税而其他条件不变，则国民收入将会增加，增长量与减税时国民收入减少量相同。

（三）政府转移支付乘数

政府转移支付的增加，会增加居民的可支配收入，社会消费因此而增加，从而使国民收入增加。所以，政府转移支付也具有乘数作用。

政府转移支付乘数（Multiplier of Government Transfer）是指收入变动与引起收入变动的政府转移支付变动的比率。用 k_{tr} 表示政府转移支付乘数，Δy 表示收入变动，Δtr 表示政府转移支付变动，则：

$$k_{tr} = \frac{\Delta y}{\Delta tr} = \frac{\beta}{1 - \beta}$$

这是因为，有了政府转移支付后，$y_d = y - t + tr$。因此，

$$y = c + i + g = \alpha + \beta y_d + i + g = \alpha + \beta(y - t + tr) + i + g$$

所以，

$$y = \frac{\alpha + i + g + \beta tr - \beta t}{1 - \beta}$$

在其他条件不变，只有 tr 变动时，则转移支付为 tr_0 和 tr_1 时的国民收入分别为：

$$y_0 = \frac{\alpha_0 + i_0 + g_0 + \beta tr_0 - \beta t_0}{1 - \beta}$$

$$y_1 = \frac{\alpha_0 + i_0 + g_0 + \beta tr_1 - \beta t_0}{1 - \beta}$$

$$y_1 - y_0 = \Delta y = \frac{\beta tr_1 - \beta tr_0}{1 - \beta} = \frac{\beta \Delta tr}{1 - \beta}$$

所以，$\frac{\Delta y}{\Delta tr} = k_{tr} = \frac{\beta}{1 - \beta}$。

可见，政府转移支付乘数等于边际消费倾向β与1减去边际消费倾向β的比值，政府转移支付乘数与边际消费倾向β成正比，且政府转移支付乘数为正值，表明收入变动与政府转移支付变动成正比。

例如，如果边际消费倾向$\beta = 0.8$，$k_{tr} = \frac{0.8}{1 - 0.8} = 4$，如果政府增加转移支付100亿美元，则国民收入增加400亿美元；转移支付减少100亿美元，则国民收入减少400亿美元。

下面来探讨一下前面所学乘数的大小比较。

$k_g = \frac{1}{1 - \beta}$，$k_{tr} = \frac{\beta}{1 - \beta}$，$\beta$是边际消费倾向，$0 < \beta < 1$，税收乘数的绝对值与转移支付乘数相同。比较政府支出乘数、税收乘数和转移支付乘数的绝对值，可以得出三个乘数的大小，即$|k_g| > |k_t|$，$|k_g| > |k_{tr}|$。

为什么会这样？政府（购买）支出直接影响总支出，两者的变化是同方向的。总支出的变化量数倍于政府购买的变化量，这个倍数就是政府购买乘数。但是税收并不直接影响总支出，它通过改变人们的可支配收入来影响消费支出，再影响总支出。税收的变化与总支出的变化是反方向的。当税收增加（税率上升或税收基数增加）时，人们可支配收入减少，从而消费减少，总支出也减少。总支出的减少量数倍于税收的增加量，反之亦然。这个倍数就是税收乘数。由于税收并不直接影响总支出，而是要通过改变人们的可支配收入来影响消费支出，再影响总支出，因此税收乘数绝对值小于政府购买支出的绝对值。

例如，增加1亿元政府购买支出，一开始就会使总支出即总需求增加1亿元，但是减税1亿元，会使人们可支配收入增加1亿元，如果边际消费倾向是0.8，则一开始增加的消费需求只有0.8亿元，这样政府购买支出的乘数绝对值就必然大于税收乘数的绝对值。

政府转移支付对总支出的影响方式类似于税收，也是间接影响总支出，也是通过改变人们的可支配收入来影响消费支出及总支出，并且政府转移支付乘数和税收乘数的绝对值是一样大的。但与税收不同的是，政府转移支付是与政府购买总支出同方向变化的，但政府转移支付乘数小于政府购买乘数。

由于政府购买乘数大于税收乘数以及政府转移支付乘数，因此，改变政府购买水平对宏观经济活动的效果要大于改变税收和转移支付的效果，改变政府购买水平是财政政策中最有效的手段。同时也是由于政府购买乘数大于税收乘数，因此如果政府购买和税收同样增加一定数量，也会使国民收入增加。这也就是所谓平衡预算乘数的作用。

(四)平衡预算乘数

平衡预算乘数(Balanced Budget Multiplier),是指政府支出和政府收入同时以相等的数量增加或减少时,国民收入变动与政府收支变动的比率。

用 k_b 表示平衡预算乘数,Δy 表示政府支出和政府收入同时以相等的数量变动时国民收入的变动量,则:

$$\Delta y = k_g \Delta g + k_t \Delta t = \frac{1}{1-\beta}\Delta g + \frac{-\beta}{1-\beta}\Delta t$$

由于政府支出和政府收入相等即 $\Delta g = \Delta t$,所以:

$$\Delta y = \frac{1}{1-\beta}\Delta g + \frac{-\beta}{1-\beta}\Delta g = \frac{1-\beta}{1-\beta}\Delta g = \Delta g$$

或
$$\Delta y = \frac{1}{1-\beta}\Delta t + \frac{-\beta}{1-\beta}\Delta t = \frac{1-\beta}{1-\beta}\Delta t = \Delta t$$

可见
$$\frac{\Delta y}{\Delta g} = \frac{\Delta y}{\Delta t} = \frac{1-\beta}{1-\beta} = 1 = k_b$$

拓展阅读

考虑税收因素后的乘数

严格地说,在本节所介绍的几种乘数的表达是一种没有考虑税收因素的简化表达。就投资乘数来说,如果考虑税收因素,则在边际消费倾向为80%的条件下,增加10亿元的投资支出进而使收入增加10亿元后,不会有8亿元用于增加消费,因为那10亿元收入还要纳税,纳税后的收入余额(即可支配收入)的80%才会被用以消费。根据三部门经济中均衡收入的公式:

$$y = \frac{\alpha + \beta(tr - t_0) + i + g}{1-\beta(1-t)}$$

现假设投资由 i_0 增加至 i_1,tr、g 和 t_0 都不变,则:

$$y_1 = \frac{\alpha + \beta(tr - t_0) + i_1 + g}{1-\beta(1-t)}$$

$$y_1 - y = \frac{i_1 - i_0}{1-\beta(1-t)}$$

即:

$$\Delta y = \frac{1}{1-\beta(1-t)}\Delta i$$

所以:

$$k_i = \frac{1}{1-\beta(1-t)} = k_g$$

同理可得出：

$$k_{tr}=\frac{\Delta y}{\Delta tr}=\frac{\beta}{1-\beta(1-t)}$$

$$k_t=-\frac{\beta}{1-\beta(1-t)}$$

第六节　四部门经济中国民收入的决定

一、四部门经济中国民收入的决定

四部门经济是开放经济，国家之间通过对外贸易等形式与其他国家建立了经济联系。所以，一个国家均衡的国民收入不仅决定于国内的消费、投资、政府购买支出，还决定于其净出口，即：

$$y=c+i+g+(x-m)$$

式中，x 表示出口，代表国外对本国商品的需求，是由外国的购买力和购买要求决定的，本国难以控制，所以一般假定为外生变量；m 表示进口，会随着本国国民收入的提高而增加，它是国民收入的函数，常用下式表示：

$$m=m_0+\gamma y$$

式中，m_0 表示自发性进口，它不依赖于本国的国民收入；γ 为边际进口倾向，即每增加一个单位的国民收入所引发的进口增量。

在总需求中为什么要引进进口这一因素呢？

这是因为 $c+i+g$ 虽然代表了家庭、企业和政府的全部支出，但并不意味着这些支出一定会全部花在本国生产的商品上。企业可能会购买外国设备，政府可能购买外国武器，家庭可能购买外国的消费品。因此，应当从国内总支出（$c+i+g$）中扣除进口部分的支出，才是真正代表对本国产品的总支出或总需求。显然，进出口变动也会同其他变量一样影响国民收入。这里需要区分两个概念：一是本国对产品的需求（包括对本国产品的需求和对外国产品的需求即进口需求）；二是对本国产品的需求（包括本国对本国产品的需求和外国对本国产品的需求即出口需求）。

有了净出口以后，国民收入决定的模型可以表示如下：

$$\begin{aligned} y &= c+i+g+(x\cdot m) \\ &= \alpha+\beta y_d+i+g+x\cdot(m_0+\gamma y) \\ &= \alpha+\beta(y-t)+i+g+x\cdot(m_0+\gamma y) \end{aligned}$$

可以得出：

$$y=\frac{a+i+g-\beta tr-\beta t+x-m_0}{1-\beta+\gamma}$$

二、四部门经济中的乘数

$$y = \frac{\alpha + i + g - \beta tr - \beta t + x - m_0}{1 - \beta + \gamma}$$

式中，$\frac{1}{1-\beta+\gamma}$表示对外贸易乘数。

在封闭经济中，投资、政府支出增加时，国民收入增加的倍数是$\frac{1}{1-\beta}$；而在开放经济中，有了对外贸易之后，不仅出口的变动对国民收入产生影响，投资、政府支出和税收的变动对国民收入的影响也产生了变动，即国民收入增加的倍数变为$\frac{1}{1-\beta+\gamma}$，由于$\gamma>0$，因此，$\frac{1}{1-\beta} > \frac{1}{1-\beta+\gamma}$，乘数变小了，这主要是由于增加的收入中有一部分要用到进口商品去。

拓展阅读

股市崩溃对经济有影响吗?

股票市场在"咆哮的20年代"疯涨，然而到了1929年10月29日，股市开始崩溃。道琼斯平均工业指数下跌了37点，跌幅达12.7%。这些年来，围绕着1929年的股市震荡仅仅是经济下滑的预兆还是主要原因这一话题，产生了诸多争论。证据显示，1929年的股市震荡仅仅反映了经济已经处于下跌过程。在1929年8月至10月间，产量以20%的年速度下降，个人收入以5%的年速度下降。

1987年10月19日，有关股市崩溃对经济影响的争论再度兴起，道琼斯平均工业指数下跌了23%，仅在一天之内就造成了2 000亿美元股票价值的巨额损失。目前，经济学家、股票分析师和政府官员还在对"黑色星期一"的原因和后果争论不休。2001年9月美国遭到袭击后，股市经历了自大萧条以来最惨痛的一周，其直接后果是1.2万亿美元的价值损失。

股票市场的下滑往往被新闻广泛报道。股市下跌的后果之一就是很多美国人感觉自己变穷，这种感觉来自他们的生活储蓄受到威胁。在几个小时内，壮观的票据损失就使那些打算去买房、买车、接受大学教育、购买退休保障的人的财富锐减。尽管并非所有美国家庭都持有股票，但是每个人都害怕华尔街的局势变动影响到他们的工作和收入。如果股市崩溃引致了衰退，那么将引起失业，或者造成红利分配和养老金的减少。厂商害怕很多家庭会延期购买主要消费品，因为他们需要现金来帮他们渡过眼前的经济难关。消费者不愿支出，降低了需求，这又使价格和利润下跌。下降的销售额和对衰退的恐惧，可能导致很多经理推迟对生产进行现代化改进的计划，他们会更倾向于使用旧的机器设备，生产旧的产品，而不去购买新的工厂和设备。这就意味着整个经济具有更少的私人投资支出和更少的就业、产出及收入。

（资料来源：欧文·B. 塔克：《今日宏观经济学》. 李明志，等，译，北京大学出版社，2006年版。）

本章小结

在现实的四部门经济中,一国的总需求水平由消费需求、投资需求、政府需求以及国外需求构成。消费函数是指消费支出与影响消费的各种因素之间的依存关系。储蓄函数就是储蓄与影响储蓄的因素之间的依存关系。投资表示在一定时间内资本的增加。它包括非住宅性固定投资、住宅性固定投资和存货投资。投资可分为总投资和净投资。

潜在的国民收入是指经济中实现了充分就业时所能达到的国民收入水平,所以又称充分就业的国民收入。均衡的国民收入是指总需求与总供给达到平衡时的国民收入。均衡产出又称均衡国民收入。均衡国民收入的分析有两种方法:总支出一总收入法和注入一漏出法。需求支出的变化通过乘数的作用影响国民收入,包括投资乘数、政府购买支出乘数、税收乘数、转移支付乘数、平衡预算乘数等多种乘数。

概念复习

均衡产出　边际消费倾向　平均消费倾向　边际储蓄倾向　平均储蓄倾向

投资乘数　政府购买支出乘数　税收乘数　转移支付乘数　平衡预算乘数

思考与练习

一、选择题

1. 简单国民收入决定理论涉及的市场是(　　)。

A. 产品市场　B. 货币市场　C. 劳动市场　D. 国际市场

2. 在收入的均衡水平上(　　)。

A. 计划支出等于实际支出　B. GDP 没有变动的趋势

C. 非自愿的存货积累为零　D. 以上说法都正确

3. 在两部门经济中,若现期 GDP 水平为 5 000 亿元,消费者希望从中支出 3 900 亿元消费,计划投资支出总额为 1 200 亿元,这些数据表明(　　)。

A. GDP 不在均衡水平上,将下降　B. GDP 不在均衡水平上,将上升

C. GDP 在均衡水平　D. 不确定

4. 边际消费倾向是指(　　)。

A. 在任何收入水平上,消费与收入的比率

B. 在任何收入水平上,消费变化与收入变化的比率

C. 在任何水平上,收入发生微小变化引起消费变化与收入变化的比率

D. 以上都不对

5. 下列说法正确的是(　　)。

A. 随着收入的增加,MPC 和 MPS 是递增的

B. 随着收入的增加,APC 和 APS 是递减的

C. MPC + APC = 1

D. MPC + MPS = 1

6. 若消费函数为 $c=\alpha+\beta y,(\alpha,\beta>0)$，那么 APC 和 MPC 两者的关系(　　)。

A. 大于　　B. 小于

C. 等于　　D. 可能大于也可能小于

7. 在以下四种情况下，投资乘数最大的是(　　)。

A. 边际消费倾向为 0.6　　B. 边际消费倾向为 0.3

C. 边际储蓄倾向为 0.1　　D. 边际储蓄倾向为 0.3

8. 如果消费函数为 $c=100+0.8(y-t)$，那么政府转移支付乘数为(　　)。

A. 0.8　　B. 1.25　　C. 4　　D. 5

9. 如果消费函数为 $c=100+0.8(y-t)$，其中 $t=200$，那么税收乘数为(　　)。

A. 2　　B. −2　　C. 4　　D. −4

10. 下面哪一种情况可能使国民收入增加得最多(　　)。

A. 政府对高速公路的护养开支增加 250 亿美元

B. 政府转移支付 250 亿美元

C. 个人所得税减少 250 亿美元

D. 企业储蓄减少 250 亿美元

11. 如果消费函数为 $c=100+0.8(y-t)$，并且税收和政府支出同时增加 50 亿美元，则均衡收入将(　　)。

A. 增加 250 亿美元　　B. 增加 50 亿美元

C. 减少 50 亿美元　　D. 保持不变

12. 线性消费曲线与 45°线之间的垂直距离是(　　)。

A. 储蓄　　B. 收入

C. 自发性消费　　D. 总消费

13. 在两部门经济中，均衡发生在(　　)时候。

A. 实际储蓄等于实际投资　　B. 计划储蓄等于计划投资

C. 实际储蓄与实际投资之和为产出值　　D. 总支出等于企业部门的收入

二、判断题

1. 消费和收入之间如存在线性关系，那么边际消费倾向不变。(　　)

2. 消费水平的高低会随着收入的变动而变动，收入越多，消费水平越高。(　　)

3. 无论收入是高是低，平均消费倾向都不可能大于 1。(　　)

4. 消费函数的斜率取决于平均消费倾向。(　　)

5. 边际进口倾向上升，使乘数变大。(　　)

6. 乘数的作用必须在经济中存在闲置资源时才能发挥。(　　)

7. 政府支出的变化直接影响总需求，但税收和转移支付则是通过它们对私人消费和投

资的影响间接影响总需求。 ( )

8. 在四部门经济中，若投资、储蓄、政府购买、税收、出口和进口都增加，则均衡收入必然增加。 ( )

三、计算题

1. 假设某经济社会的消费函数为 $c = 100 + 0.8y$，投资为50（单位：10亿元）

试计算：

（1）均衡国民收入、消费和储蓄；

（2）当投资增至100，试求增加的收入；

（3）若消费函数变为 $c = 100 + 0.9y$，其他条件不变，求增加的收入；

（4）消费函数变动后，乘数有何变化。

2. 假设某经济社会的消费函数为 $c = 100 + 0.8y_d$，投资 $i = 50$，政府购买性支出 $g = 200$，政府转移支付 $tr = 62.5$，税收 $t = 250$（单位：10亿元）。

试计算：

（1）均衡国民收入；

（2）求投资乘数、政府购买乘数、转移支付乘数、税收乘数和平衡预算乘数；

（3）假设社会达到充分就业所需要的国民收入为1 200，试问：增加政府购买、减少税收、增加政府购买和税收同一数额实现充分就业，各需多少？

四、问答题

1. 为什么政府购买的支出乘数的绝对值大于政府税收乘数和政府转移支付乘数的绝对值？

2. 平衡预算、乘数作用的机理是什么？

案例分析

国防支出与经济

通过分析美国国防预算对经济的影响，可以看出政府购买乘数的作用。20世纪80年代前期里根执政时，美国国防开支急剧扩张，国防预算从1979年的2 710亿美元飞速增长到1987年的4 090亿美元，相当于GDP的7.5%，国防建设对经济增长起了很强的刺激作用，帮助经济走出了1981—1982年的衰退，并且推动了80年代中期经济景气的形成。

从1990年开始，美国加快了对国防开支的削减。到20世纪90年代中期，国防开支已经被削减到低于GDP的5%的水平。这时乘数的作用就相反了，削减国防开支导致90年代初产出增长缓慢，就飞机制造业来说，从1990年到1993年，至少损失掉170 000个工作机会。

思考与分析：

1. 解释什么是政府购买乘数，并写出政府购买乘数的表达式。

2. 说明乘数发生作用的机制。

第三章　货币市场的均衡

名人名言

货币为人服务。

——马克思

学习目标

通过本章的学习，学生应掌握货币及货币市场的概念、层次划分，凯恩斯主义的货币需求理论以及货币市场的均衡机制与传导机制。

第一节 货币与货币供给

一、货币的本质与职能

货币即一般化的购买力,它是一国经济中一般公认的可用来支付商品和劳务款项的东西,在经济中扮演着一个十分重要的角色。对每个人来说,它是多多益善的,但对整个国家来说,却完全不是这样,因为货币的状况和生产、物价、分配等经济活动之间存在着内在的联系。货币是通过执行其职能同经济活动相联系的,那么货币在经济活动中执行哪些职能呢?经济学家认为,货币主要有三个不同的职能:(1)交换媒介;(2)价值标准;(3)价值贮藏。

(一)交换媒介

充当交换媒介是货币最基本、最重要的职能之一,这一职能对现代经济来说,非常重要。一个国家如果没有一般的交换媒介,就一定会停留在非专业化的阶段(每一个家庭都只生产满足自身需要的食品、衣服、住房及娱乐),或者就一定是进行易货交易(直接的商品交换)。例如,一个农场主饲养小鸡,而不生产衬衫,由于缺少货币,他就必须去寻找对小鸡有兴趣的某些衬衫生产者,这种交易还是有可能成功的。但是,对于一个汽车装配工,要用他的劳务换得家庭所需要的所有商品和劳务,简直不可想象。用物物交换的方式进行交换,必然是效率低且交易成本高。一旦货币成为交换媒介,商品交换的成本就大大降低,效率大大提高。那个汽车装配工就可以用他付出的劳务所获得的货币报酬去购买他所需的所有商品和劳务。实际上货币是为了克服以物易物的弊端、节省交易费用的一种金融制度的创新。由此,西方学者认为,货币不是上帝的恩赐,而是人类社会的一次伟大的经济制度的发明。

(二)价值标准

货币可以直接同所有的商品和劳务相交换,意味着每种商品和劳务都把交换价值表现在货币上。这样,货币作为所有的商品和劳务的交换价值的唯一表现者,就取得了价值标准的地位。

货币的价值标准极其重要。不妨设想,如果现在没有价值标准,将会出现什么情况。例如,一斤猪肉的价格为 10 元,一场美国大片的电影票为 30 元,所以一张电影票值 3 斤猪肉。再如,要编制资产负债表,就不仅要有一份自己所有的各种商品的种类和质量的实物目录,而且还得有一份欠别人的同样的目录。因此,要弄清一个企业的资产净值,就只能在对市场上流行的各种各样的物物交换的比率进行一番浩繁的计算之后,才能做到。可见,如果没有价值标准,要实行一个有意义的会计制度是不可想象的。

货币的价值标准与货币的交换媒介职能一样是货币最重要、最基本的职能,且两者是一种“共生”的关系。

(三)价值贮藏

当货币由于各种原因退出流通领域,被持有者当作独立的价值形态和社会财富的绝对化身而保存起来时,货币发挥着价值贮藏的职能。货币的价值贮藏最初主要是为了满足生活上的需要,即属于消费性质的货币贮藏。尔后,为了满足生产、生活上的贮藏而逐渐发展起来,并日益成为货币贮藏的基本形式。例如,当产品还没有销售出去,为使生产过程中不致中断而必须购买生产资料时,没有货币贮藏是不行的。

在现代,由于普遍性的通货膨胀,使货币作为价值贮藏的职能受到影响。例如,某人有100美元,他把这100美元压在箱底,5年后,把这100美元再拿出来用于购物,就会发现它所能买到的东西可能比5年前少了20%。于是,人们往往利用各种形式的金融资产来达到价值贮藏的目的,如持有短期期票、债券、抵押凭证、优先股票等。这些金融资产可以取得一定的收益。不过,这些金融资产也存在一些缺点,比如贮藏时要支付一定的代价,承担市场风险,并且它们终究不像货币那样具有被普遍接受的灵活流动的性质。因此,只要货币价值能够相对稳定,货币就是价值贮藏的基本手段之一。

二、货币供给的构成

货币供给指的是一国经济中货币的投入、创造和扩张(收缩)过程。货币供给的定义有狭义和广义之分。狭义的货币供给被定义为交易货币,记为M_1。它包括所有用于交易的货币,即在银行之外存在的硬币、纸币,再加上存入银行的活期存款。简言之,M_1=公众和企业手中所持有的通货(纸币+硬币)+活期存款(支票账户)。用Cu表示通货(纸币+硬币),用De表示活期存款(支票账户),则狭义货币供给为$M_1 = Cu + De$。这种货币可以直接或通过支票进入流通,起到了交换媒介的作用,因此这种货币与货币的定义(交换媒介或支付手段)完全一致。所以M_1是人们密切关注的货币衡量方式,是货币政策的重要指标,具有核心的意义。划分M_1与其他货币的标准就是看能否直接作为交换媒介或支付手段进行流通。

(一)硬币

硬币是流通中供人们零星使用的小额铸币,主要用于小额购买、打电话和乘坐公共汽车等。

(二)纸币

典型意义上的纸币是国家发行并强制流通的货币价值符号。纸币就其本身而言并没有什么“内在价值”,它背后也没有什么“黄金担保”,而只是因为法律规定和公众普遍接受才具有了价值。纸币实际上是一种信用货币,纸币和硬币一起构成人们通常所说的现金。

(三)支票账户

支票账户又称活期存款或者银行货币,是指能以支票提取现金的被储存于银行和其他金融机构的款项。这种可以签发支票的活期存款,无需通过银行提取现金而是可以通过开出支票来直接作为商品交换的媒介或是清偿到期债务。由于它可以被用作一种无限制的交换媒介,因此具有和现金完全相同的作用。1 000 元人民币的支票账户与 1 000 元人民币钞票具有相同的意义。银行存款可以购买商品或者按照 1:1 的固定比率兑换成现金。在美国等金融系统比较发达完善的国家里,经济生活中的大多数交易不付现金,而是用支票偿付。支票使用十分方便,便于携带,可以挂失,可以精确到角分位,可以作为支付收据和记录凭据,所以在货币中所占的比重非常大。在美国经济中,支票账户约占美国货币存量的 3/4。

广义的货币供给是指货币资产的各种不同形式,被定义为 M_1 加上不能直接开出支票的所有储蓄存款(Ds)和小额定期存款(Dt)以及货币市场基金。这些储蓄存款和小额定期存款包括货币市场基金都不能直接开出支票,但是比较容易转变为活期存款,因此被称为准货币。若广义的货币供给用 M_2 表示,则:

$$M_2 = M_1 + Ds + Dt$$

M_2 再加上大额定期存款和政府债券、抵押债券等流动性较低的金融资产就是更为广义的货币供给 M_3,又称为近似货币。在某种程度上这些货币资产的不同形式是可以相互替代的。除 M_1 外的其他货币都不能直接用于流通,但在特定的条件下都可以转化为 M_1 用于直接流通。作为 M_1 替代物的 M_2、M_3 流动性越来越小,其中 M_2 的流动性也比较大,因而受到金融当局的特别重视。

货币供给的定义呈现出多样化和不断延伸的趋势,其主要原因就在于金融创新。银行和其他金融机构之间的竞争促使它们不断地进行创新,以打破原有的限制,这些金融创新改变了银行及其他金融机构所发行的资产的性质,使得货币供给的定义不断改变,货币总量中所包含的形式也越来越多。萨缪尔森对此解释说:"部分是由于经济理论的不同:一些人不认为只有 M_1 影响经济活动,而另一些人则感到全部准货币和信贷都发生影响。而且,以前的一些货币供给定义由于金融方面的创新而完全过时了。随着每一种新资产的产生,就有对一个特定的'M'来说什么处于其中、什么处于其外的栏目的重新研究。"当然,西方经济学教科书中一般使用狭义货币供给(M)的概念。

三、存款创造与货币供给

(一)存款创造的前提条件

在金融体系中,商业银行具有创造存款的功能,而且只有商业银行才能创造存款,原因在于只有商业银行才可以接受活期存款,并可据以签发支票,从而具有创造存款的能力。商业银行创造存款有两个基本的前提条件:第一,部分储备金制度。商业银行的储备有法定储备和超额储备之分。所谓法定储备,是指商业银行按照中央银行规定的法定储备金率对其所接受的存款必须按一定比例保有的储备额,它一般表现在中央银行的负债方的项目;超额储备则指商业银行持有的超过法定储备金的储备部分,也称过度储备金。第二,非现金结算制度。在非现金结算制度下,所有经济(支付)往来均通过开出银行支票的形式,或转账的办法进行结算。只要在商业银行开立活期存款账户(可开支票的),则所有支付结算业务由银行来完成,因此人们对现金的需要转而成为对存款的需要,银行才具备创造存款这一能力。

(二)存款的创造过程

所谓存款创造,是指存款可以创造出货币来。为说明存款的创造过程,现举例说明如下:假定法定储备金率 $r=20\%$,如果由于某种原因新增 100 万美元的存款,必须有 20 万美元作为准备金,且没有超额准备。再假定银行客户将一切货币收入以活期存款的形式存入银行。在这样的情况下,银行 A 吸收存款 100 万美元,则 A 可贷出 80 万美元。假定得到这 80 万美元贷款的厂商甲将全部贷款存入与其有业务关系的银行 B,银行 B 得到这 80 万美元的存款又可贷出 64 万美元贷款给另一公司乙,乙又将这 64 万美元的所得贷款全部存入与其有业务关系的银行 C,银行 C 得到这 64 万美元的存款,进而又可按法定储备率扣除后的余额进行贷款,如此反复,以至无穷,各商业银行的存款总额是:

$$100+80+64+51.2\cdots=100\times(1+0.8+0.8^2+0.8^3+\cdots)=\frac{100}{1-0.8}=500(\text{万美元})$$

而贷款的总和是:

$$80+64+51.2\cdots=100\times(0.8+0.8^2+0.8^3+\cdots)=400(\text{万美元})$$

(三)简单的存款创造乘数

从上例可见,新增存款 100 万美元会创造出新的贷款 400 万美元。这些贷款如全部在支票账户上,它们都是 M_1,因此,存款会创造出货币。这就是所谓的“存款创造货币”理论,有时简称“存款创造”。存款总额与原始存款和法定储备率之间存在一定的关系。设 D 表示活期存款总额,即表示原始存款,r 代表法定储备率,则它们间的相互关系是:

$$D=R\cdot\frac{1}{r}$$

在上例中,有:

$$100\times\frac{1}{20\%}=500$$

存款创造乘数是指增加 1 美元存款所创造出货币的倍数,用 m_λ 表示:

$$m_\lambda=\frac{\Delta D}{\Delta R}=\frac{1}{r}$$

即存款创造乘数等于法定储备金率的倒数。

如果中央银行增发一笔货币供给,流入公众手中并转存在支票账户上,这笔新增货币量会创造出新货币来。因此,存款创造乘数亦被称为“货币创造乘数”“货币供给乘数”“货币乘数”。

(四)复杂的存款创造乘数

上面的分析隐含两个假定:第一,商业银行没有超额储备;第二,银行客户将一切货币存入银行,支付完全以支票进行。显然这种假定很难符合现实经济生活。在现实经济生活中,每一位银行客户都会考虑到日常生活中的零星支付而保留一部分现金;每一个商业银行考虑到要应付客户的经常性的提取现金而保留有一部分超额储备。这样的结果必然使货币乘数下降。

先看现金漏损的影响。所谓现金漏损,是指银行的客户得到贷款后并不是全部存入银行,而是提留一部分现金后再存入银行,从而使得存款创造的乘数下降。设定现金漏损率为 a,即每一所得贷款中按 a 的比率扣除后再存入银行。则存款创造的乘数成为:

$$\text{存款创造乘数} \approx \frac{1}{r+a}$$

这个乘数公式仍可用前面的例子得到证明。前例中法定储备率 $r=20\%$,若再设定现金漏损为 $a=10\%$,则最初的 100 万美元存款的不断创造过程是:

$$100+100\times(1-20\%-10\%)+100\times(1-20\%-10\%)^2+100\times(1-20\%-10\%)^3+\cdots$$

$$=100+100\times 0.7+100\times 0.7^2+100\times 0.7^3+\cdots$$

$$=100\times\frac{1}{1-0.7}=100\times\frac{1}{20\%+10\%}$$

$$=\frac{1\,000}{3}=333.33$$

现金漏损的增加使银行创造存款的能力下降。原来没有现金漏损时,创造的存款为 500 万美元,但有了现金漏损后,只创造了 333.33 万美元的总存款。

再看超额储备的影响。在现实经济生活中,各商业银行为了维持其日常业务的正常进行,一般都保留有一定数额的超额储备金。这种现象,必然使货币创造的乘数进一步缩小,因为银行可用来贷款的货币数量下降了。若以 β 表示商业银行的超额储备金率,则货币创造的乘数为:

$$\text{存款创造乘数} \approx \frac{1}{r+\alpha+\beta}$$

从上式可知,一笔新增的原始存款,最终产生的存款总和为 $D=\dfrac{R}{(r+\alpha+\beta)}$。因此,上式可改为:

$$\frac{D}{R} \approx \frac{1}{r+\alpha+\beta}$$

(五)高能货币与货币供给

在货币供给量的决定中,中央银行具有重要的作用。中央银行代表国家发行货币,领导监督其他商业银行(金融机构)的业务活动,运用货币政策调节经济,其主要内容就是控制货币供应量。中央银行对货币供应量的控制,关键在于中央银行能基本控制基础货币(又称高能货币,High-powered money)。

高能货币包括公众与商业银行持有的现金以及商业银行在中央银行的存款,即:

高能货币 = 储备金 + 流通中的现金

= 商业银行在中央银行的存款（法定准备金）+ 商业银行库存现金（超额准备金）+ 流通中的现金

若以 CU 表示流通中的现金（非银行部门持有的现金），RR 代表法定准备金，ER 代表银行超额准备金，H 代表高能货币，则：

$$H = RR + ER + CU$$

另外，因为货币总供给是通货 CU 加活期存款（D）之和，即：

$$M = CU + D$$

将上两式相比，得：

$$\frac{M}{H} = \frac{CU + D}{RR + ER + CU}$$

进一步变形，分子分母同除活期存款（D），得：

$$\frac{M}{H} = \frac{CU/D + 1}{\frac{RR}{D} + \frac{ER}{D} + \frac{CU}{D}}$$

上式中，$\frac{CU}{D}$表示现金漏损率 α，$\frac{RR}{D}$表示法定储备率 γ，$\frac{ER}{D}$表示超额储备金率 β，所以上式又可表示为：

$$\frac{M}{H} = \frac{\alpha + 1}{\gamma + \alpha + \beta}$$

这个公式非常重要，它就是中央银行通过控制高能货币从而控制货币总供给量（通过乘数作用）的机制。当然在这个机制（货币乘数的作用过程）中，并不是所有的因素中央银行都能控制，如现金漏损、超额储备等均会影响这个货币创造乘数。但总的来说，它们在某一特定时期还是比较稳定的，即乘数还是相对稳定的，中央银行可通过控制基础货币（高能货币）来控制货币供应量。

拓展阅读

M_1 反映着经济中的现实购买力；M_2 不仅反映现实的购买力，还反映潜在的购买力。若 M_1 增速较快，则消费和终端市场活跃；若 M_2 增速较快，则投资和中间市场活跃。表 3－1 列出了我国 1990—2006 年各层次的货币供给量。

表 3－1 中国各层次货币供应量（年底余额），1990—2006 年 单位：亿元

年份	流通中的现金（M_0）	货币（M_1）	货币和准货币（M_2）
1990	2 644.4	6 950.7	15 293.4
1991	3 177.8	8 633.3	19 349.9

续表

年份	流通中的现金(M_0)	货币(M_1)	货币和准货币(M_2)
1992	4 336.0	11 731.5	25 402.2
1993	5864.7	16 280.4	34 879.8
1994	7288.6	20 540.7	46 923.5
1995	7885.3	23 987.1	60 750.5
1996	8802.0	28 514.8	76 094.9
1997	10177.6	34 826.3	90 995.3
1998	11204.2	38 953.7	104 498.5
1999	13455.5	45 837.3	119 897.9
2000	14652.7	53 147.2	134 610.4
2001	15688.8	59 871.6	158 301.9
2002	17278.0	70 881.8	185 007
2003	19746.0	84 118.6	221 222.8
2004	21468.3	95 969.7	254 107.0
2005	24031.7	107 278.7	298 755.7
2006	27072.6	126 028.1	345 577.91

注:2001 年 6 月起,已将证券公司客户保证会计入货币供应量(M_2),含在其他存款项内。

(资料来源:1990—2005 年的数据来源于国家统计局:《中国统计年鉴(2006)》,中国统计出版社,2006 年版;2006 年的数据来源于中国人民银行网站,www. pbc. gov. cn。)

第二节　货币需求

一、货币需求

当我们提到对某种东西的需求时,我们并不是说人们想要的这种东西的数量——如果他们不必付出任何代价就能得到他们想要的所有东西的话。实际上,人们做出经济决策时总是面临着约束条件:他们必须牺牲某种东西,以获得更多的另一种东西。这样,货币需求的含义不是指人们想要拥有多少货币,而是指在一定的约束条件下,人们愿意持有多少货币。我们首先来考虑个人的货币需求,然后再考虑整个社会的货币需求。

(一)个人对货币的需求

持有货币是我们每一个个体持有财富的方式之一。遗憾的是,在某一时刻我们所持有的财富总量是一定的,我们不可能捻捻手指就有更多的钱。所以,如果我们想以货币的形式持有更多的财富,就必须减少以其他方式持有财富的数量,如储蓄存款、货币市场基金、股票和债券等。事实上,人们每天要在银行、股票市场和债券市场进行上百万次的这种财富持有方式之间的转换。如果你在股票市场卖出了股票,你就放弃了以股票形式持有的财富而获得了货币,买入你的股票的人就放弃了货币而获得了股票。

以上涉及两点事实——财富量是一定的,以及人们只有通过放弃以一种方式持有的财富才能增加以另一种方式持有的财富——决定了个人的财富约束(Wealth constraint)。无论何时讨论货币需求,财富约束都是讨论的前提。以下定义也是以财富约束为前提的。

需要强调的是,货币和财产是存量,而不是流动变量。它们所指的是在一个特定时刻被持有的数量。不要把它们与收入或储蓄这样的流动变量混淆。你的收入是你经过一段时间的劳动之后赚到的财富。你的储蓄是你经过一段时间之后没有花掉的可支配收入。

个人的货币需求是个人选择以货币形式持有而不是以其他资产形式持有的财富量。

人们为什么愿意以货币形式持有一部分财富呢?最重要的原因就是货币是一种支付手段,你可以用它购买商品,而以其他方式持有的财富却不能用来进行这种支付(设想一下你试图用股票或债券购买日用品的情形)。然而以其他方式持有的财富会给其持有者带来一定的财务上的收益,如持有债券和储蓄存款可以获得利息收入,而持有股票可以获得股利收入。与其相比,持有货币获得的利息微乎其微(如某些支票存款)或者根本得不到利息收入(如现金和多数支票存款)。因此,当你持有货币时,你就会承担机会成本——假如你以其他方式持有财富可以获得利息或其他财富收益。

每一个人都必须不断地做出决定,如何将我们的财富在货币和其他资产之间进行分配。货币的优点是它可以用作支付手段。我们以货币方式持有的财富越多,在购买商品时越方便,而以货币方式持有的财富越少,在将其他资产转换成货币时承担的成本越大(这些转换成本包括我们要耗费的时间、向经纪人支付的佣金以及由此带来的各种麻烦)。货币的缺点就是它所能产生的利息收入很少或根本没有。

为了尽量简化分析,我们以债券来代表所有非货币资产,还假设货币不能带来利息。因此,在我们的讨论中,人们在两种互为参照的资产中做出选择,具体说来,个人要在两种资产之间选择如何分配财富:货币,它可以用作支付手段但不会带来利息收入;债券,它可以带来利息收入但不能用作支付手段。

这样的选择带来的是出清交易:我们以货币的形式持有的财富越多,我们的不便就越少——不必经历把债券换成现金的麻烦。但是我们利用财富赚到的利息也越少。

一个人持有的货币量是由什么决定的?人与人的性格各不相同,但是有三种因素对我们大多数人都是有影响的。

(1)价格水平。你在通常的一个星期或一个月里所花掉的钱的数量越大,你想留在手头用来购物的钱就越多,价格水平的上涨会提高你的购物开销,从而提高你想持有的货币数量。

(2)真实收入。假设价格水平不变,而你的收入上升了。你的购买力或真实收入提高了,所以你在通常的一个星期或一个月中支出的钱数增加了,你就会选择以货币的形式持有更多的财富。

(3)利率。当你持有货币时,你就放弃了利息收入——这是持有货币的机会成本。利率越高,持有货币的机会成本就越高。因此,利率的上升减少了你所需要的货币的数量。

利率对货币需求数量的影响会在我们的分析中起到重要作用。但是在我们深入分析之前,你可能会考虑利率的变化是否现实——因为利率的变化通常很小。在经济生活的很多方面,你可能不会在决定调整你的货币持有习惯时有意识地考虑利率。正如你在每次电费价格变化时不会重新考虑自己使用电灯和电脑的习惯一样,你对利率变化的反应可能很随意。但是当我们把每一个人的行为归纳到一起时,就会发现一个显著的趋势——人们在货币的价格越贵时(即利率越高时)持有的货币越少。

上面对货币需求的探讨一直停留在典型的个人上,但是有一些钱(与个人持有的数量相比不是很多)是由企业持有的。商店在它们的收银台保留一些现金,公司一般在企业支票账户上留一些钱。企业和个人一样要面对同样的约束:企业的财富量也是一定的,企业也必须进行决策以确定应以货币还是以其他资产的形式持有多少财富。企业的货币需求量与个人的货币需求量遵循同样的原则:当真实收入或价格水平较高时,它们持有较多的货币;而机会成本(利率)高时,它们则持有较少的货币。

(二)经济整体对货币的需求

当我们将“货币需求”这一名词前面的“个体”两个字去掉时,所指的就是经济中所有财富持有者(包括企业和个人)的货币需求的总和。正因为个人和企业的财富量只有这么多,所以同一经济整体的财富量在给定时间的数量也是确定的。在我们的分析中,财富总量或者以货币,或者以债券的形式被持有。

经济整体的货币需求是经济总体中所有家庭和企业愿意以货币而不是以债券方式持有的财富总量。

与个人和企业一样,经济整体的货币需求量也取决于三个变量:

(1)价格水平的上升将提高对货币的需求;

(2)真实收入(真实 GDP)的上升将引起货币需求的增加;

(3)利率的上升将降低对货币的需求数量。

1. 货币需求曲线

图 3-1 表示的是一条货币需求曲线,它显示了在每一利率水平上经济中所需要的货币总量。注意,曲线是向下倾斜的。只要其他对货币需求有影响的因素不变,利率的下降——这一变化会降低持有货币的机会成本——将提高对货币的需求数量。

货币需求曲线向下倾斜,表明在真实 GDP 和价格水平一定的条件下,家庭和企业的货币需求数量与利率负相关。

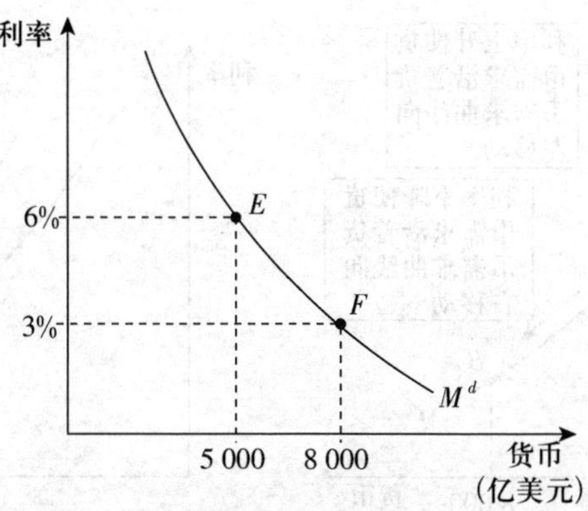

图 3 - 1 货币需求

在图 3 - 1 中,点 E 表示的是当利率为 6% 时,经济整体对货币的需求数量是 5 000 亿美元。如果利率下降到 3% ,就移动到了点 F,在这一点货币需求数量为 8 000 亿美元。当沿着货币需求曲线移动时,利率会发生变化,但决定货币需求的其他因素(如价格水平和真实收入)保持不变。

2. 货币需求曲线的移动

当利率以外的其他因素使货币需求发生变化时情况又怎样呢? 结果是整条曲线发生移动。例如,假设真实收入增加了。那么,在每一利率水平上,个人和企业都想更多地以货币的形式持有财富。整条货币需求曲线向右移动。这就是图 3 - 2 中所描述的内容,在这里货币需求曲线向右移动,从 M_1^d 到 M_2^d。在利率水平为 6% 时,货币需求数量从 5 000 亿美元上升到 7 000 亿美元;如果利率为 3% ,货币需求数量将从 8 000 亿美元上升到 10 000 亿美元。

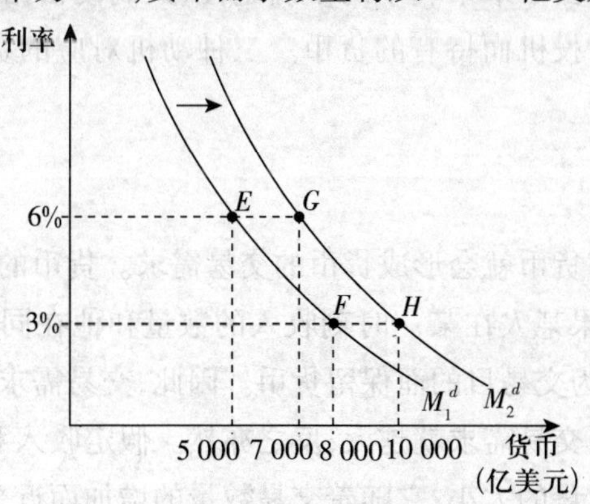

图 3 - 2 货币需求曲线的移动

真实 GDP 或价格水平的上升将使得整条货币需求曲线向右移动。在每一利率水平上,货币需求量更大。

利率水平的变化使我们沿着货币需求曲线移动。由利率水平以外的其他因素(如真实收入或价格水平)引起的货币需求的变动将引起曲线的移动。

图3－3综合给出了利率和价格两个关键因素的变动对货币需求的影响。

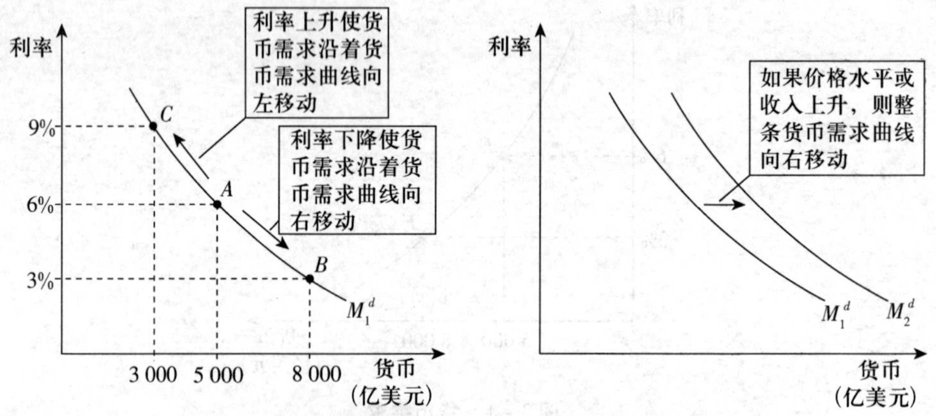

图3－3 沿着货币需求曲线的移动和整条曲线的移动

二、货币需求的原因:流动性偏好

下面我们主要以凯恩斯的流动性偏好理论对货币需求进行分析。

流动性偏好指的是公众愿意用货币形式持有收入和财富的心理。凯恩斯认为,货币具有完全的流动性,而人们在心理上具有对流动性的偏好,即人们总是偏好将一定量的货币保持在手中,以应付日常的、临时的和投机的需求。因此,人们的货币需求就取决于人们心理上的“流动性偏好”。这种心理上的流动性偏好或人们的货币需求是由三个动机所决定的:第一是交易动机,由于收入与支出的时间不一致,人们必须持有一部分货币以满足日常交易活动的需要;第二是预防动机,是指人们为应付意外的、临时的或紧急需要的支出而持有的货币;第三是投机动机,即由于未来利率的不确定性,人们便根据对利率变动的预期为了在有利的时机购买证券进行投机而持有的货币。三种动机对应的货币需求分别为交易需求、预防需求和投机需求。

(一)交易需求

人们为了交易而持有货币就会形成货币的交易需求。货币的交易需求产生于收入和支出发生的时间不一致,如果某人在某一时刻收入的数量和他在同一时刻支出的数量完全相等,则他根本就没有必要为交易目的而保留货币。因此,交易需求首先取决于收入和支出的时间间隔:时间间隔越长,交易需求就越大;反之亦然。假定收入和支出的时间间隔已定,则交易需求就取决于交易数量的大小:它随着交易数量的增加而近乎同比例地增加。

从一个较长的时期来看,交易数量是影响交易需求的主要因素。这是因为,随着社会的发展和生产力的提高,整个社会生产的产品越来越多,特别是社会分工越来越细化,更多的产品需要通过交易才能进入消费领域,因而参与交易的商品也会相应增加。另一方面,尽管交易总量中包括了各种中间产品和其他活动,但它与国民收入之间通常保持有相当稳定的比例关系。因此,为了方便起见,这里忽略收入和支出之间的时间间隔以及其他因素的作用,而主要考虑交易数量的作用。同时,在交易数量中,忽略中间产品及其他活动的交易,而主要考虑最终产品即国民收入的交易。这样,影响交易需求的最主要因素就是国民收入水平。其计算公式为:

$$L_1 = L_1(Y)$$

式中,L_1 表示货币的交易需求。如果进一步假定,交易需求与收入的关系是线性的,则交易需求曲线将如图 3－4 所示。纵轴 L_1 为交易需求,横轴 Y 为收入,交易需求随着收入的增加而增加,故交易需求曲线向右上方倾斜;另一方面,如果收入为 0,则无法为交易目的保留货币,交易需求也等于 0,故交易需求曲线经过原点。

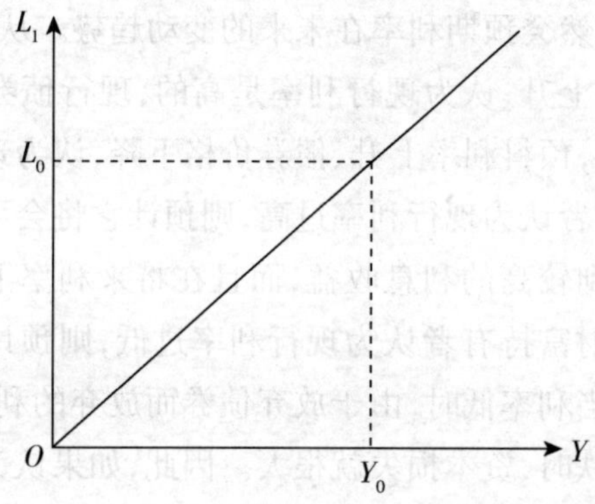

图 3－4 货币的交易需求

(二)预防需求

货币的预防需求是指企业或个人为了应付突然发生的意外支出,或者捕捉一些突然出现的有利时机而愿意持有一部分货币。正如凯恩斯所言,未来是充满不确定性的,人们不可能把一切支出都计算好,并据此来决定持有多少货币,而总要在日常的支出计划之外,留出一部分货币,来应付诸如生病、原材料涨价之类的突发事件,或者捕捉一些意料之外的有利购买机会(如商品降价等)。这部分货币需求就构成货币的预防需求。根据凯恩斯的观点,货币的预防需求也是同收入成正比的,因而其需求函数与交易需求函数相似,可以并入交易需求函数。

(三)投机需求

货币的投机需求产生于未来利率的不确定性,即为了能在将来有利的时机进行投机以获取更大的收益而持有的货币。凯恩斯假定,人们只能在货币和债券两种资产之间进行选择。在任何时候,货币的持有者可以在市场上将货币转换成债券,债券的持有者也可以在市场上将债券转换成货币。但持有债券是可以获得收益的,而持有货币只能获得流动性。如果某人预计将来利率不会上升而可能下降,则会购买债券;如果预计未来利率要高于现在,则宁愿暂时持有无息但安全的货币,而不愿购买有息但危险的债券。为什么呢? 原因在于,债券价格与利率之间存在一种反方向变化的关系。

计算债券价格 V 的公式如下：

$$V=\frac{R_1}{(1+r)}+\frac{R_2}{(1+r)^2}+\cdots+\frac{R_n}{(1+r)^n}+\frac{A}{(1+r)^n}$$

式中，$R_1, R_2, \cdots, R_n$ 分别为从第 1 年到第 n 年应支付的利息，A 为在第 n 年应支付的到期票面金额或本金，r 为利率。

由上式可知，债券价格取决于四个因素：债券利息、到期应付本金、到期期限和利率。在前三项假定不变的情况下，债券价格的变动就取决于利率的变动，而且两者变化方向相反：利率越高，债券价格越低，反之亦然。

任何购买债券的人都必然会预期利率在未来的变动趋势。从持有货币转向持有债券的人，预料利率下降、债券价格上升，认为现行利率是高的，现行债券价格是低的；而从持有债券转向持有货币的人则相反，预料利率上升、债券价格下降，认为现行利率是低的，现行债券价格是高的。如果财富持有者认为现行利率过高，则预计它将会下降，因此就放弃货币购买债券，这样不仅在目前享受到较高的利息收益，而且在将来利率下降、债券价格上升时获得资本收益。另一方面，如果财富持有者认为现行利率过低，则预计它将会上升，于是放弃债券而持有货币。这是因为，当利率低时，由于放弃债券而放弃的利息较少，而如果持有债券，则当利率上升、债券价格下跌时，资本损失就很大。因此，如果认为利率将要上涨，则目前持有货币最为稳妥。

综上所述，货币投机需求与利率的变化方向相反：利率高时，人们较少持有货币；利率低时，人们较多持有货币。投机需求函数可以表示为：

$$L_2=L_2(r)$$

式中，L_2 表示货币的投机需求，r 为利率。这一函数式表明，货币的投资性需求是利率的函数。

现在考虑两种极端情况：利率特别高和特别低时的投机需求。当利率特别高的时候，人们认为，利率已经如此之高，不可能再高，债券价格是如此之低，不可能再低，此时购买债券最有利可图。即使万一利率还要上升，债券价格会下跌，那也无关紧要，因为极高的利息收益完全可以补偿债券价格下跌的损失。因此，在极高利率水平上，购买债券是明智的，保存货币则很愚蠢，于是货币投机需求为 0，这种状况被称为“古典情形”。另一种情况是，当利率特别低时，人们认为，利率如此之低，不会再低了，债券价格是如此之高，不可能再高，此时持有货币最为安全。如果购买债券则注定会吃亏，因为极低的利息收益根本无法弥补债券价格下降带来的资本损失。故人们把货币都尽量留在手头，这种状况凯恩斯称为“流动性陷阱”。在这种情况下，货币投机需求可以任意大，因此投机性货币需求曲线就成为一条水平线。

凯恩斯的流动性陷阱可以用图 3－5 来说明。在图 3－5 中，横轴代表投机性货币需求，纵轴代表利率，$L_2(r)$ 曲线代表流动偏好线。当货币数量为 L_{21} 时，与流动偏好线相交于 E_1，决定了利率为 r_1。当货币数量增加到 L_{22} 时，与流动偏好线相交于 E_2，决定了利率为 r_2。这时，由于货币数量的增加,利率随之下降。但是当货币数量进一步增加到L_{23},与流动偏好线相交于E_3,这时的利率仍然是r_2。这说明由于流动偏好的作用,当利率降到r_2后,无论货币供给如何增加,利率再也不会下降了。因此,在流动偏好线上的E_2点,人们称为“流动性陷阱”。

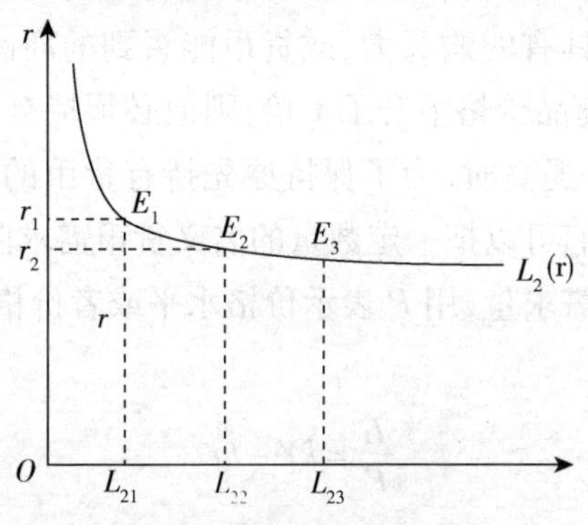

图 3-5 货币的投机需求

(四)货币总需求

总的货币需求等于交易需求(它包括了预防需求)加上投机需求,即:

$$L(Y,r)=L_1(Y)+L_2(r)$$

式中,L表示总的货币需求。总需求L的曲线如图 3-6(c)所示。图 3-6(c)是由图 3-6(a)的交易需求曲线和图 3-6(b)的投机需求曲线相加而来。其中,图 3-6(b)的投机需求曲线与图 3-5 相同,而图 3-6(a)的交易需求曲线却与图 3-4 不同。在图 3-4 中,交易需求表示为收入的函数,它向右上方倾斜;在这里,交易需求表示为利率的函数,但由于它与利率无关,故交易需求曲线为垂直线。无论利率如何变化,交易需求总是不变。垂直线的位置,即交易需求的大小则由收入的大小决定,当收入水平提高,由垂直线右移。假定收入为Y_0,则交易需求为L_{10},于是交易需求曲线在图 3-6(a)中的L_{10}点上垂直。给定一利率如r_0,根据图 3-6(a)有交易需求L_{10},据图 3-6(b)有投机需求L_{20},故总的货币需求为$L_0=L_{10}+L_{20}$,对于每一利率水平,均可照此法求出货币总需求。实际上,由于交易需求曲线为垂直线,将图 3-6(b)有投机需求曲线向右移动L_{10}个单位即得图 3-6(c)的总货币需求曲线。但这只是对应于收入为Y_0时的货币需求曲线。

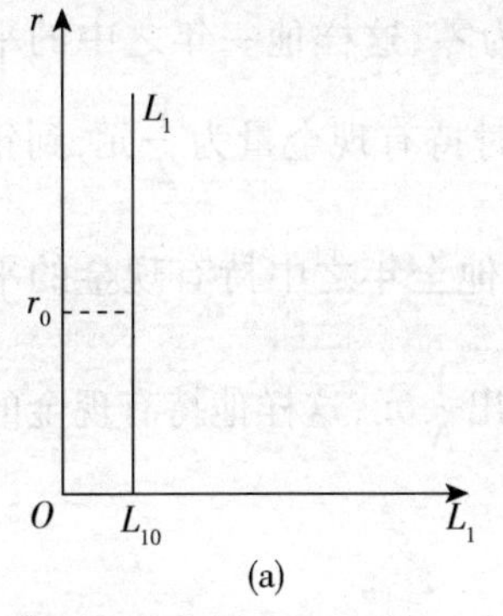

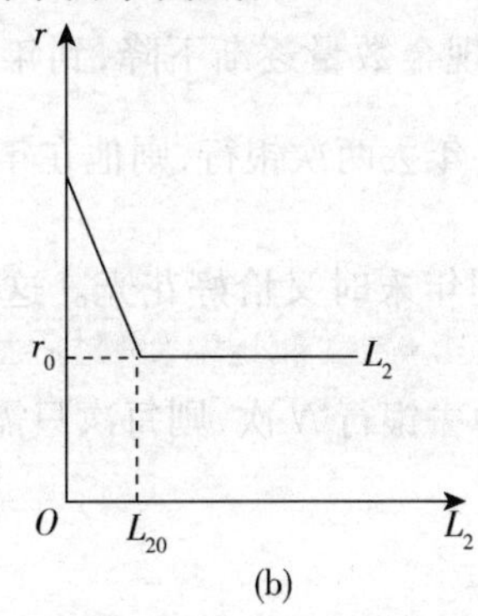

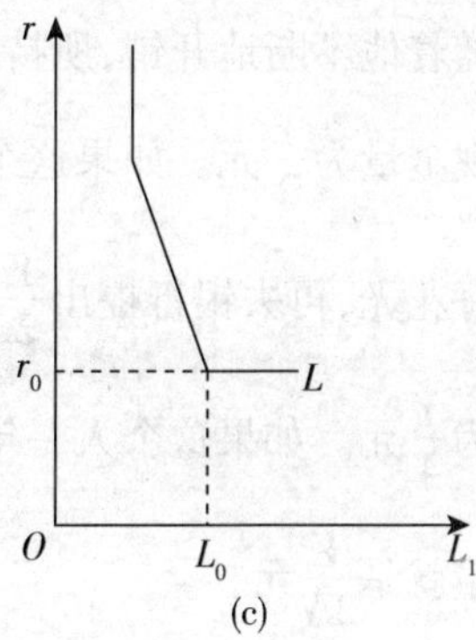

图 3-6 货币总需求

综上所述,决定货币需求的因素,一是收入,二是利率。但要指出的是,这里所说的货币需求,还是指实际货币需求。如果讲名义的货币需求,那么,除了上述两个因素外,还有一个影响因素即商品价格水平或价格指数。众所周知,人们持有货币是为了购买商品,因此人们需要货币实际上是需要货币具有的购买力,或货币能买到的商品数量。如果某人原来持有1 000美元货币,现在若所有商品价格上升了1倍,则他必须持有2 000美元才能买到原来的商品数量。可见,当价格水平提高时,为了保持原先持有货币的购买能力,他需要持有的名义货币量必须相应增加。我们可以把一定数量的名义货币需求除以价格水平称为实际货币需求。若用L表示名义货币需求量,用P表示价格水平或者价格指数,则货币需求函数可表示为:

$$\frac{L}{P}=kY-hr$$

其中,$k>0$,为货币交易需求对收入的敏感程度;$h>0$,表示货币投机需求对利率的敏感程度。

(五)凯恩斯货币需求理论的发展

凯恩斯以后,货币需求理论有了进一步的发展。经济学家威廉·鲍莫尔和詹姆斯·托宾分别发展了鲍莫尔—托宾模型,证明交易需求同样是受到利率影响的。而美国经济学家惠伦在他的《现金的预防需求的合理化》的论文中论证了货币的预防需求也同样与利率是负相关的。最后,托宾又提出了一个投机性货币需求模型,考虑了人们同时持有债券和货币等多样化账户作为财富贮藏的可能性。其最终结论和凯恩斯所得到的结论相同。投机动机的货币需求在利率上升时将下降;反之,在利率下降时将上升。这里,我们只简单讨论一下鲍莫尔—托宾模型。

鲍莫尔和托宾为货币需求的交易理论提供了一个微观模型。该模型分析了持有现金的收益和成本,持有现金的收益在于可以节省往返银行所需的时间及各种麻烦,而成本在于损失了银行利息。

鲍莫尔和托宾发现人们持有现金的平均数量与去银行提取现金的频率有关。假如一个人一年需要花费Y元,如果他只去一次银行,则他就在年初持有从银行一次性提出的Y元,然后随着他不断地开销,所持有的现金数量逐渐下降,到年末为零,这样他一年之中的平均持有现金量为$\frac{Y}{2}$元。如果这个人一年去两次银行,则他在年初时持有现金量为$\frac{Y}{2}$元,到年中时恰好花光,再去银行提出$\frac{Y}{2}$元,到年末时又恰好花光。这样,他全年之中持有现金的平均数量为$\frac{Y}{4}$元。如果这个人一年之中去银行N次,则每次只需提出$\frac{Y}{N}$元,这样他持有现金的平均数量就是$\frac{Y}{2N}$元。

那么去银行的次数N又如何决定呢?鲍莫尔和托宾注意到,人们在进行现金管理的时候,将承担两种成本:一种是所放弃的银行利息,等于$\frac{iY}{2N}$;另一种是往返银行所花费的时间及麻烦,我们将其称为交易成本。假设每次往返银行的各种麻烦及所费时间相当于 F 元的损失,且这一损失是常数,则交易成本等于 FN。总成本相当于利息损失和交易成本之和,即:

$$C=\frac{iY}{2N}+FN$$

这两种成本是此消彼长的,如果货币持有人去银行提钱的次数较多,他承担的交易成本较高而利息损失较低;如果货币持有人去银行提钱的次数较少,则损失了较多的利息,但节省了较多的交易成本。货币持有人通过选择合适的次数 N,使总成本达到最小。令上式对 N 的一阶导数为零,则可求得最优的去银行次数,即:

$$N^*=\sqrt{\frac{iY}{2F}}$$

因此,最优的持有现金的平均量则为:

$$\frac{Y}{2N^*}=\sqrt{\frac{YF}{2i}}$$

此结论也称为平方根定律。

人类对货币的需求决定了货币的职能,货币的职能进而决定了货币的价值。凯恩斯认为,人类对货币的需求出于三个动机,并可归结为货币的交易需求和货币的资产需求。因此,现代货币有两个基本职能:交易媒介职能和资产职能,正是货币的这两大职能形成了货币的双重价值——既有交易价值,又有资产价值。

货币的交易职能是基于货币的同质性特征。因为货币是社会化的价值符号,只有货币是同质的,人们才会共同认可货币作为交易媒介,以货币为工具来交换商品。货币的交易职能形成了货币的交易价值,承袭古典学派的传统,货币的交易价值分析依然是在货币中性论的框架下进行的,即以货币边际效用不变为前提。之所以说货币交易价值分析是宏观视角,是因为它的分析方法只能是对货币的总量分析或平均量分析,而不可能是微观的边际分析,因为它假定货币的边际效用是不变的。

货币的资产职能则是基于货币的异质性特征。货币在这里是个性化的资产,正因为货币是异质性的,人们才将货币本身作为交易的对象,而不再是交易的媒介。货币的资产职能形成了货币的资产价值,其分析方法与一般的商品或资产并无二致,是以货币资产的边际效用递减为前提的。所以说货币的资产价值分析是微观分析,因为它的分析方法是适用微观主体的边际分析,而不是针对整个社会的总量分析或平均量分析。货币的异质性根源在于:一是持有货币的数量差异。由于货币的边际效用递减,货币从持有数量多的人转移给持有数量少的人,可以产生货币资产价值。二是持有货币者的能力差异。当货币从效率低的人手中转移到效率高的人的手中时,可以产生货币的资产价值。三是货币分布的时间结构。利用或改善货币风险与收益的时间结构,可以产生货币的资产价值(或时间价值)。值得注意的是,一方面,货币的宏观价值即交易价值会影响到其微观价值即资产价值,例如实际利率与名义利率的不同、物价的变化会影响货币的资产价值(如时间价值),所以微观主体行为要受到宏观经济政策的影响。另一方面,货币的资产价值具有异质性,一般不会影响其交易价值变化。即人们之间的能力差异、风险与收益的时间结构不会引起交易价值的变化。因此,货币政策制定者一般考虑的是同质的货币,即货币的交易价值,不考虑货币因微观主体不同而形成的差异性。

拓展阅读

基础货币与货币乘数交相影响信贷变动

货币供应量是由基础货币和货币乘数共同所决定的,基础货币或货币乘数的上升都会导致货币供应量的增加。基础货币上升,货币供应量会否同时扩张呢?这要取决于货币乘数。2008 年 9 月国际金融危机爆发以后我国央行四次有区别地下调存款准备金率,有利于提高货币乘数,但如果银行没有把资金贷出去,资金仍然停留在准备金账户上,超额准备金率会上升,信贷并不能够得到有效扩张。也就是说,虽然基础货币增加了,但是货币乘数可能下降,市场流动性并没有得到大幅度上升。如果商业银行把资金贷放出去,货币乘数上升,货币信贷将得到有效扩张。值得指出的是,货币信贷的增加要么是由基础货币和货币乘数同时上升导致的,要么是其中之一上升的缘故,基础货币是中央银行可以直接控制的,如通过公开市场业务自由投放或回笼资金,但是货币乘数并不完全是由中央银行控制的,中央银行只能够部分控制。下面我们将从基础货币和货币乘数的角度分析国际金融危机爆发以来我国货币信贷的变化趋势。

1. 2008 年底货币信贷上升——主要是基础货币上升所致。由于国际金融危机爆发,2008 年 9 月开始,我国货币政策由“从紧”转向“适度宽松”,经过了短暂的调整后,11 月和 12 月新增贷款开始增长。2008 年底银行信贷增加主要是由我国基础货币迅速增加导致的。根据中国人民银行公布的数据,2008 年 11 月我国广义货币供应量比 10 月增加 5 512. 34 亿元,人民币贷款新增 4 769 亿元;12 月广义货币供应量增加 16 521. 94 亿元,人民币贷款增加 7 400 亿元,货币供应量和新增贷款呈现大幅度回升的态势。从货币乘数变化来看,2008 年 10 月我国的广义货币供应量货币乘数为 3. 92,11 月、12 月分别下降为 3. 84 和 3. 68,11 月、12 月基础货币分别增加为 3 617. 41 亿元和 9 889. 62 亿元,因此 2008 年底的货币信贷增加主要是由基础货币增加所导致的。货币乘数下降反映了商业银行超额准备金较高,货币信贷没有得到有效扩张。

2. 2009 年上半年货币信贷增加——主要是由货币乘数上升导致的。进入 2009 年,我国银行信贷增长迅速,但 2009 年上半年,我国基础货币并没有大幅度增加,1 月我国基础货币为 129 653. 44 亿元,比 2008 年 12 月多增加 431. 11 亿元;2 月基础货币为 125 446. 91 亿元,反而比 1 月下降了 4 206. 53 亿元,3 月基础货币比 2 月下降了 1 170. 25 亿元,4 月比 3 月下降 10. 28 亿元,5 月比 4 月下降 1 488. 47 亿元,2009 年前几个月我国基础货币一直是下降的。2009 年 1 月、2 月、3 月、4 月和 5 月广义货币供应量增加分别为 20 968. 7 亿元、

10 572.76亿元、23 918.64 亿元、9 854.5 亿元和 7 782.3 亿元;新增贷款增加分别为 1.62 万亿元、1.07 万亿元、1.89 万亿元、5 918 亿元和 6 645 亿元,货币供应量和银行信贷迅速增加,因此在我国基础货币下降的情况下,导致 2009 年前 5 个月货币供应量和信贷激增的主要因素是货币乘数。2009 年初,我国货币乘数开始反弹,1 月的货币乘数上升到 3.83,2 月、3 月、4 月、5 月的货币乘数进一步上升,分别为 4.04、4.269 7、4.349 3、4.465 4,货币乘数一直持续上升。因此前几个月货币乘数的放大作用是货币供应量和信贷增加的主要推动力,货币乘数上升反映了市场信心恢复,金融机构愿意增加贷款,投资者也愿意借款。

从我国 2009 年 6 月的数据来看,我国金融机构人民币各项贷款较上月新增 15 304 亿元,货币供应量上升了 20 652.69 亿元,上升幅度较大。从 6 月的央行资产负债表来看,货币供应量和新增存贷款的大幅度上升主要是基础货币和货币乘数上升共同作用的结果。6 月我国基础货币是 123 929.74 亿元,比 5 月增加了 1 151.83 亿元,广义货币乘数为 4.590 6,比 5 月上升了 0.1252。因此与上半年前几个月不同的是,6 月货币供应量和新增贷款的激增是基础货币和货币乘数同时上升的结果。

3.2009 年下半年:货币与信贷过度扩张得到有效遏制。2009 年 7 月、8 月、9 月新增贷款分别为 3 359 亿元、4 104 亿元和 5 167 亿元,基础货币增加分别为 816.12 亿元、-209.79 亿元和 8 870.57 亿元。7 月基础货币增加幅度较小,8 月基础货币下降,9 月基础货币增加较大。7 月、8 月货币和信贷的增加主要是由于货币乘数上升的缘故。从 7 月的数据来看,货币乘数为 4.594 1,比 6 月略有上升,8 月货币乘数继续上升,达到 4.630 8。9 月底我国银行体系的超额准备金率是 2.06%,比第二季度末有所上升,货币乘数有所下降,2009 年 9 月货币乘数为 4.388 1,但 9 月货币和信贷的增长主要依赖于基础货币的变动,9 月基础货币比 8 月增加了 8 870.57 亿元,银行体系流动性上升,上升幅度较大,有利于信贷的扩张。

2009 年 10 月货币乘数又有所上升,为 4.56,11 月、12 月货币乘数下降,分别为 4.45 和 4.24,10 月、11 月、12 月的新增贷款分别为 2 530 亿元、2 948 亿元和 3 798 亿元,基础货币的增加分别为 -4 630.31 亿元、4 898.13 亿元和 10 310.54 亿元。因此 10 月基础货币下降,货币信贷增加主要是货币乘数上升导致的,11 月、12 月货币和信贷增加主要是基础货币上升导致的。又根据中国人民银行货币政策报告,2009 年 12 月底我国银行体系的超额准备金率是 3.13%,比第三季度末有所上升,因此 12 月货币乘数会下降,货币的扩张能力下降。

从 2009 年下半年的数据来看,基础货币和货币乘数出现了交替变化的状况,说明货币和信贷过度扩张的状况得到了有效遏制,货币信贷变化波动幅度有所收窄。

总之,基础货币和货币乘数变动影响货币供应量,货币供应量增加必然会反映到银行信贷的增加上,控制基础货币和货币乘数是中国人民银行调控的两种主要途径,中国人民银行能够通过货币政策的工具调控基础货币,但超额准备金率主要是由商业银行控制的,不是中国人民银行完全能够控制的,但通过对基础货币和货币乘数的调控,中国人民银行可以调节货币和银行信贷的变动。

(资料来源:《中国证券报》,2010 年 9 月 16 日。)

第三节 中央银行与货币政策

货币政策(Monetary Policy)是根据政府确定的目标,通过中央银行对货币供给管理来调节信贷和利息率,以影响宏观经济活动水平的经济政策。要了解货币政策的作用过程,首先要了解现代银行体系。

一、银行体系

现代银行体系主要由中央银行、商业银行和其他非银行金融机构组成。中央银行体系结构及其主要业务可以由图3-7表示。

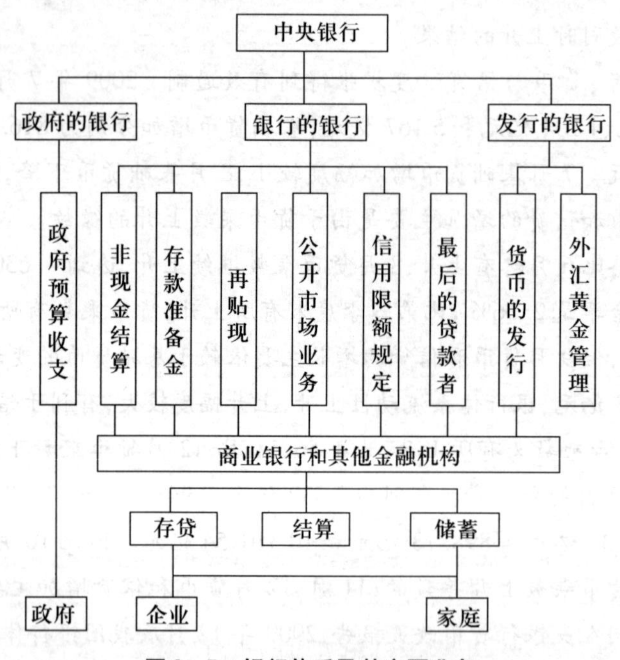

图3-7 银行体系及其主要业务

(一)商业银行及其职能

商业银行是银行体系的基本单位,是一种属于私人所有追求利润的金融机构。在西方国家里,商业银行体系主要有两种形式:一种由为数不多的几家大银行组成,但每一家大银行都有许多分行;另一种是由许多独立的银行组成,其中有的银行有数百个分行,有的银行只有一个办事处。英国的商业银行体系属于第一种形式,而美国商业银行体系则属于第二种形式。

商业银行执行下述职能:

(1)存款。这是商业银行吸收外来资金的负债业务,包括以下几种类别:活期存款(这是商业银行存款的主要业务)、信用卡、定期存款和储蓄存款、可转让存款单、回购协议。

(2)放款。这是商业银行运用资金提供短期信用以取得利润的资金业务,主要有以下几种形式:票据贴现、抵押放款、通知放款、证券投资。

(3)委托业务。这是商业银行接受客户的要求,办理各种委托事项以取得手续费的中介业务,主要有以下几种:办理汇兑和承兑业务、办理收款和付款业务、代买代卖有价证券、贵金属等业务、代管财产,如有价证券、贵金属等业务。

在西方国家里,商业银行不是唯一的金融机构。除了商业银行外,还有互助储蓄银行、储蓄信贷协会、货币市场互助基金、投资机构等。但是,商业银行是唯一接受活期存款和提供支票服务的机构,因而也是唯一能够影响存款货币的机构。

(二)中央银行及其职能

中央银行是由政府拥有的、用于控制管理银行体系的银行,这是一国最高的金融机构。如美国的联邦储备体系、英国的英格兰银行、日本的日本银行、我国的中国人民银行。

中央银行作为一个国家的中央金融机构,是一国发行的银行、银行的银行、政府的银行。作为一国货币发行的银行,控制着国家的货币供给;作为银行的银行,中央银行可通过自己的划拨清算系统为商业银行的存款户之间的支票结算进行清算。更主要的,中央银行通过规定各商业银行的法定准备金额度来管理银行体系。作为政府的银行,一方面代表国家制定并执行有关金融法规,代表国家监督管理和干预各项有关经济和金融活动,另一方面还为国家提供多种金融服务。

中央银行的具体职能有:

(1)调节和控制商业银行。这是中央银行的最重要职能,包括管理全国的货币制度、控制货币供应和信用状况、密切关注货币制度能否按经济目标运行。中央银行是国家的货币权力当局,是制定和执行货币政策的最高主管机构。

(2)拥有货币发行权。中央银行是发行银行,通货的唯一的和最终的来源。现在纸币发行同黄金量无关,而是以国库券、公债等政府债券作为根据。

(3)发行和买卖政府债券。中央银行是政府的银行(国家的银行),代理政府发行和买卖政府债券是其主要职能之一。中央银行为政府管账记账,政府收入存入中央银行;出现赤字,财政部向中央银行借款。政府是中央银行最重要的客户。

(4)对商业银行存放款。中央银行是银行的银行,接受商业银行的存款,作为商业银行的储备金,向商业银行发放贷款,支持商业银行的业务活动。商业银行作为中央银行第二类最重要的客户,要听取中央银行关于金融问题和货币政策方面的意见。

(三)其他金融机构

在现代金融体系中,还有许多非金融机构,如保险公司、信托投资公司、邮政储蓄机构等。

二、中央银行的货币政策

(一)货币政策及其作用机制

所谓货币政策(Monetary Policy),就是一国的货币当局(中央银行)有意识地行使它的权力,诱导货币供给的扩张或收缩,从而影响国民收入。

货币政策之所以能够调节经济,影响国民收入,作用机理在于投资作为总需求的重要组成部分,能够在很大程度上影响国民收入水平,而投资又主要取决于货币市场上由货币需求和货币供给共同决定的均衡利息率。因此,中央银行可以通过其政策工具来控制货币供给量,从而影响利息率、投资、总需求,最终引起国民收入的变化,这一过程如图 3-8 所示。

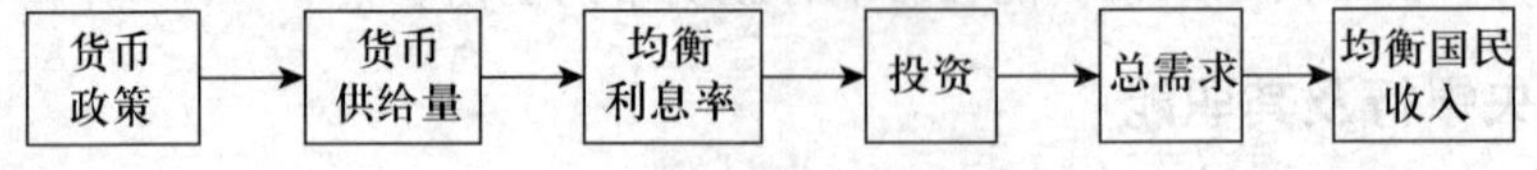

图 3-8 货币政策的作用机制

具体来讲,当总需求不足导致经济萧条时,中央银行实行扩张性货币政策,即通过其手中的货币政策工具来增加货币供给量,从而降低均衡利息率、刺激投资、增加总需求,进而增加均衡国民收入;当总需求过度膨胀而导致经济过度高涨时,中央银行通过其手中的货币政策工具来减少货币供给量,从而提高均衡利息率、抑制投资、抑制总需求,进而减少均衡国民收入。

从货币政策的作用机制及作用过程可以看出,货币政策对经济的调节政策存在时滞性。对于货币政策的效果在后面章节还要论述,这里我们重点考察货币政策工具。

(二)中央银行的货币政策工具

中央银行通常运用以下工具来变动货币供应量。

(1)公开市场业务(Open Market Operations)。公开市场业务又称公开市场活动,是指中央银行在金融市场上买进或卖出政府债券,以增加或减少银行准备金的一种政策手段。西方经济学认为这是中央银行稳定经济最重要、最灵活的政策手段。在经济萧条时期,中央银行买进政府债券,把货币投放市场。这样,一方面卖出债券的企业和家庭得到货币,把它存入商业银行,增加银行存款,通过货币创造乘数作用使存款货币成倍增加,引起利息率降低;另一方面,中央银行买进政府债券,还会导致债券价格提高,引起利息率下降。利息率下降会引起投资增加,从而又引起收入、价格和就业的上升。反之,在通货膨胀时期,采取相反操作会抑制与消除通货膨胀。

(2)再贴现率政策(Discount Rate Policy)。贴现是银行放贷的办法之一,一般是持有票据人把商业票据卖给银行,得到现金。现在通常把中央银行向商业银行贷款叫贴现,其贷款利率叫贴现率。商业银行经过贴现得到的票据,可向中央银行再贴现,这样中央银行就能够通过调整再贴现率来调节金融市场。这种措施又叫中央银行的利息率政策或贴现率政策或再贴现率政策。贴现值的计算是复利的逆运算,公式为:

$$贴现值 = 到期票据值(未到期票据额折算值) \times \frac{1}{(1+贴现率)^n}$$

式中,n 表示时间或次数。

中央银行调整贴现率,也是“逆经济风向”行事。在经济衰退时,中央银行采用降低贴现率措施,可促使商业银行向中央银行贴现,鼓励商业银行扩大贷款,刺激投资需求。反之,在通货膨胀时,中央银行要提高贴现率,限制或收缩给商业银行借款,使商业银行减少贷款,于是货币供给减少,利息率提高,抑制投资及总需求,消除通货膨胀。

(3)调整法定准备金率(Changing Reserve Rate)。中央银行有权决定和改变商业银行以及其他金融机构存于中央银行的法定准备金率。准备金率的高低对不同的银行类型、存款种类、存款期限和数量有差别,法定准备金率有最低限和最高限。调整法定准备金率是一种强有力的手段,不经常使用。

银行的货币创造同法定准备金率成反比。法定准备金率高,银行能够创造的货币少;法定准备金率低,银行能够创造的货币多。因此,调整法定准备金率会影响货币供给与利息率。

具体做法是:在经济衰退时期,降低法定准备金率,使银行可以创造更多的货币,增加货币供给量,降低利息率,刺激总需求的扩大,从而收入、就业和价格都提高。在通货膨胀时期,提高法定准备金率,使银行减少可创造的货币,减少货币供给量,提高利息率,压缩总需求,使得收入、就业和价格都降低。

以上三项政策是央行货币政策的三大工具,可以单独运用,也可以配合使用。通常情况下,中央银行通过公开市场业务和再贴现率的相互配合来调节宏观经济活动水平。只有在特殊情况下,才使用准备金率政策。

知识链接

中央银行对商业银行的货币控制还包括其他措施,如道义上的劝告、借款垫头规定、指令性贷款指标控制等。所谓道义上的劝告,就是中央银行运用其威信,指导商业银行的行动。借款垫头规定,就是人们在购买证券时,必须自行垫付一定比例的货币现金,不能百分之百地用借款购买,以此来遏制借款人的借款数量。垫头比例越大,借款数量就越小。指令性贷款指标是中央银行下达给各商业银行的贷款额度,以把握全国的信贷规模,及时地扩大、维护或收缩货币供应量。

拓展阅读

中国的中央银行体系

一、中国中央银行体系的沿革和建立

新中国成立很长一段时期内，我国基本上是一家银行，即中国人民银行，它既执行中央银行职能，掌握金融政策、发行货币、代理国库等，又办理一般银行的存款、贷款、汇兑等业务。随着经济体制的改革，我国银行开始了向中央银行体系的过渡。

(1)逐步分设专业银行，为中央银行体系的建立打下了基础。1978 年 2 月，党的十一届三中全会原则通过的《中共中央关于加快农业发展若干问题的决定(草案)》中规定恢复中国农业银行。1979 年 2 月，国务院批准人民银行《关于改革中国银行体制的请示报告》，确定扩大中国银行的权限，并从中国银行总管理处成为中国银行总行，同时成立国家外汇管理局总局。1982 年 8 月，国家外汇管理总局改为国家外汇管理局。1983 年，中国人民保险公司成为直属国务院的经济实体。1981 年 12 月，中国投资银行成立，它是国家指定向国外筹集资金，办理投资信贷的专业银行。1985 年 11 月，经国务院批准，建设银行的信贷计划纳入中国人民银行的信贷体系。

(2)分设中国工商银行，形成中央银行体系。在陆续分设专业银行的同时，中国人民银行仍然保持以前国家银行的特点，一方面执行中央银行的任务，另一方面又办理工商信贷和城镇储蓄业务。针对这种情况，国务院于 1983 年 9 月 11 日决定，由中国人民银行专门执行中央银行的职能，另设中国工商银行办理工商信贷和城镇储蓄业务。1984 年，中国工商银行正式设立，标志着中国中央银行体系基本形成。

二、中国人民银行的地位、目标和职责的确立

第十届全国人民代表大会常务委员会第六次会议于 2003 年 12 月 27 日通过了修订后的《中国人民银行法》，在总则中规定了中国人民银行的地位、目标和职责。

第一条　为了确立中国人民银行的地位，明确其职责，保证国家货币政策的正确制定和执行，建立和完善中央银行宏观调控体系，维护金融稳定，制定本法。

第二条　中国人民银行是中华人民共和国的中央银行。

中国人民银行在国务院领导下，制定和执行货币政策，防范和化解金融风险，维护金融稳定。

第三条　货币政策目标是保持货币币值的稳定，并以此促进经济增长。

第四条　中国人民银行履行下列职责：

(一)发布与履行其职责有关的命令和规章；

(二)依法制定和执行货币政策；

(三)发行人民币，管理人民币流通；

(四)监督管理银行间同业拆借市场和银行间债券市场；

(五)实施外汇管理，监督管理银行间外汇市场；

(六)监督管理黄金市场；

(七)持有、管理、经营国家外汇储备、黄金储备；

(八)经理国库；

(九)维护支付、清算系统的正常运行；

(十)指导、部署金融业反洗钱工作,负责反洗钱的资金监测;

(十一)负责金融业的统计、调查、分析和预测;

(十二)作为国家的中央银行,从事有关的国际金融活动;

(十三)国务院规定的其他职责。

中国人民银行为执行货币政策,可以依照本法第四章的有关规定从事金融业务活动。

三、中央银行的管理体制

1998 年 11 月 15 日,党中央、国务院决定,对中国人民银行管理体制实行改革,撤销省级分行,跨省(自治区、直辖市)设置 9 家分行。其目的是,"使我国货币政策决策和实施进一步统一,从而进一步增加金融宏观调控的有效性。同时,有利于保证中央银行依法独立、公正地履行其金融监管职责,有利于在跨省范围内统一调度监管力量,有利于摆脱各方面的干预,严肃查处违规的金融机构和责任人,从而提高金融监管的效率。"

(资料来源:易纲、张帆:《宏观经济学》,中国人民大学出版社,2008 年版。)

本章小结

国民收入的决定不但与最终产品市场有关,而且也与市场有着密切的关系。为了全面了解国民收入的决定过程,必须了解货币市场的均衡过程及其调节机制。本章介绍了货币市场均衡及其调节的理论、中央银行与货币政策,系统阐述了货币与货币供给中货币的本质与智能、货币供给的构成、存款创造与货币供给、货币需求,简述了凯恩斯货币需求理论的发展、货币市场上利率决定等内容,介绍了货币市场一般均衡的内容,为后面的章节作铺垫。

概念复习

高能货币　货币乘数　投机需求　利率预期　流动性偏好　流动性陷阱

思考与练习

一、单选题

1. 在美国,绝大部分狭义的货币供给是(　　)。

A. 钞票　　B. 通货　　C. 活期存款　　D. 自动转账账户

2. 现代货币的本质特征在于(　　)。

A. 作为支付手段而被普遍接受　　B. 作为价值贮存手段

C. 作为商品计价单位　　D. 作为延期支付手段

3. 货币的交易需求不仅和收入有关,还和货币变为债券或储蓄存款的交易费用、市场利率有关,因此(　　)。

A. 交易需求随收入和交易费用增加以及利率提高而增加

B. 交易需求随收入和交易费用增加以及利率下降而增加

C. 交易需求随收入和交易费用减少以及利率提高而增加

D. 交易需求随收入和交易费用减少以及利率下降而增加

4. 流动性偏好曲线表明(　　)。

A. 利率越高,债券价值越低,人们预期债券价格越会下降,因而不愿购买更多债券

B. 利率越高,债券价值越低,人们预期债券价格回涨可能性越大,因而越是愿意购买更多债券

C. 利率越低,债券价值越高,人们为购买债券时需要的货币就越多

D. 利率越低,债券价值越高,人们预期债券还可以上升,因而希望购买更多债券

5. 传统货币数量论与凯恩斯主义和货币主义的货币理论的区别之一是(　　)。

A. 前者认为货币是中性的,后者认为货币不是中性的

B. 前者认为货币不是中性的,后者认为货币是中性的

C. 两者都认为货币是中性的

D. 两者都认为货币不是中性的

6. 市场利率提高,银行准备金会(　　)。

A. 增加　　B. 减少

C. 不变　　D. 以上几种情况都有可能

7. 商业银行的储备如低于法定储备,它将(　　)

A. 发行股票以筹措资金　　B. 增加贷款以增加资产

C. 提高利率以吸引存款　　D. 收回部分贷款

8. 商业银行之所以会有超额储备,是因为(　　)。

A. 吸收的存款太多　　B. 未找到合适的贷款对象

C. 向中央银行申请的贴现太多　　D. 以上几种情况都有可能

9. 货币乘数大小与多个变量有关,这些变量是(　　)。

A. 法定准备率　　B. 现金存款比率

C. 超额准备率　　D. 以上都是

10. 中央银行在公开市场上买进政府债券的结果将是(　　)。

A. 银行存款减少　　B. 市场利率上升

C. 公众手里的货币增加　　D. 以上都不是

11. 金融创新是(　　)。

A. 商业银行开设 NOW 账户　　B. 新建了商业银行

C. 政府加强对金融中介机构的管制　　D. 计算机运用于银行的管理

12. 如果所有的银行都持有百分之百的准备金,那么简单的货币乘数就是(　　)。

A. 0　　B. 1　　C. 10　　D. 无限大

13. 引起简单倾向乘数大于现实中倾向乘数的最主要原因是(　　)。

A. 存在通货外流　　B. 合意准备率的变化

C. 银行资产组成的变化　　D. 金融创新

14. 假设贷款以准备金的形式回到银行的趋势加强，即通货外流减少，那么（　　）。

A. 简单的货币乘数将变小　　B. 简单的货币乘数将变大

C. 现实的货币乘数将变小　　D. 现实的货币乘数将变大

二、多选题

1. 下列影响货币需求的有（　　）。

A. 一般物价水平　　B. 银行利率水平

C. 公共支付习惯　　D. 物品和劳务的相对价格

2. 下列各项是近似货币的例子有（　　）。

A. 大额定期存款　　B. 旅行支票

C. 隔夜回购协议　　D. 储蓄存款

3. 中央银行主要职能有（　　）。

A. 制定货币政策　　B. 为成员银行保存储备

C. 发行货币　　D. 为政府赚钱

4. 中央银行的三大政策工具有（　　）。

A. 法定准备率　　B. 公开市场业务

C. 再贴现率　　D. 道义劝告

5. 中央银行变动货币可通过（　　）。

A. 变动法定准备率以变动货币乘数　　B. 变动贴现率以变动基础货币

C. 公开市场业务以变动基础货币　　D. 以上都不能

三、简答题

1. 什么是货币需求？人们需要货币的动机有哪些？

2. 什么叫货币供给？

3. 什么是鲍莫尔—托宾模型？

4. 金融中介机构如何创造流动性？

四、计算题

1. 若货币交易需求为 $L_1=0.20Y$，货币投机性需求 $L_2=2\,000-500r$。

问题：

（1）写出货币总需求函数；

（2）当利率 $r=6\%$，收入 $Y=10\,000$ 亿美元时货币需求量为多少？

（3）若货币供给 $M_s=2\,500$ 亿美元，收入 $Y=6\,000$ 亿美元时，可满足投机性需求的货币是多少？

（4）当收入 $Y=10\,000$ 亿美元，货币供给 $M_s=2\,500$ 亿美元时，货币市场均衡时利率为多少？

2. 假设经济中物价水平为1.5，实际国民生产总值为2 400亿元，货币供给量为600亿元。

问题：

(1)货币流通速度是多少?

(2)根据货币数量论,货币量增加到800亿元时会产生什么影响?

案例分析

货币的需求动机

骆明和小欣是一对感情不错的情侣,今年同时从一所名牌大学毕业。骆明应聘到某国家机关工作,待遇很可观,每个月可以拿2 000元左右工资,可惜遇到住房政策的改革,不能分到房子了,这是美中不足。而小欣应聘到一家国际贸易公司,做对外贸易工作,它的工资和奖金加在一起,每个月大概有4 000元。看来这对情侣的前途一片光明。不过前几天,他们为了将来存钱的问题着实大吵了一架。

骆明认为现在他们刚刚大学毕业,虽然单位都不错,工资也不低,但将来用钱的地方还很多,所以要从毕业开始,除了留下平常必需的花费以及预防发生意外事件的钱外,剩下的钱要定期存入银行,不能动用,这样可以获得稳定的利息收入,又没有损失的风险。小欣可能是受外企工作环境的影响,她觉得上学苦了这么多年,一直过着很节俭的日子,现在终于自己挣钱了,考虑那么多将来干什么,更何况银行利率那么低。她说发下工资以后,先要买几件名贵服装,再美美地吃上几顿,然后她还想留下一部分钱用来炒股票,等着股市形势一好,立即进入。大学时看着别人炒股票她一直很羡慕,这次自己也要试试。但骆明却认为中国股市行情太不稳定,运行不规范,所以最好不进入股市,如果一定要做,那也只能投入很少的钱。

思考与分析：

1. 根据上面两个人的争论,说明有哪些货币需求动机。

2. 分析上述货币动机导致的货币需求的决定因素,并给出货币的总需求函数。

第四章　产品市场与货币市场的均衡

名人名言

金银天然不是货币，但货币天然是金银。

——马克思

学习目标

通过本章的学习，要求学生掌握 *IS—LM* 模型的含义、形成过程及变化，运用该模型解释宏观财政政策与货币政策的效果，分析财政政策的挤出效应。

第一节　产品市场的均衡：IS 曲线

一、IS 曲线的形成

产品市场的均衡是指产品市场上社会总支出等于总收入，或者说，社会上的总支出正好把生产出来的产品全部买完，产品市场上的总供给等于总需求。

借助收入—支出（$Y-AE$）模型，可以推导出 IS 曲线，如图 4－1 所示。

图 4－1(a)即为收入—支出模型，其纵轴代表总计划支出，横轴代表国民收入。

图 4－1(b)的纵轴代表利息率，横轴代表国民收入，IS 曲线将在该图中形成。

当利息率为 i_0 时，总计划支出为 AE_0，与之相应的国民收入为 Y_0，在图 4－1(b)中形成一点 $A_0(i_0,Y_0)$。再假设利息率水平由 i_0 上升到 i_1，这将导致投资支出的减少，在其他条件不变的情况下，这使得总计划支出减少。总计划支出的减少，使得总计划支出曲线由 AE_0 向下移动到 AE_1，相应地，均衡国民收入由 Y_0 减少到 Y_1，于是，我们可以在图 4－1(b)上标出点 $A_1(i_1,Y_1)$。如果我们不断地变换利息率水平 i，实际上就能在图 4－1(a)上画出不同的总支出曲线，从而能够得到不同的均衡产出水平 Y，并在图 4－1(b)上标出相应的利息率和产出水平的组合点。当我们把所有这些利息率和产出水平组合点连接起来时，就得到了一条 IS 曲线。

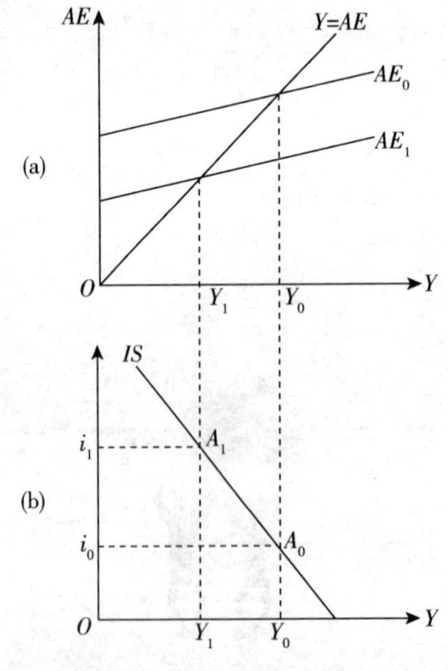

图 4－1　IS 曲线的形成

二、IS 曲线的含义

IS 曲线是一条投资—储蓄曲线，是表示社会经济活动中产品市场均衡的曲线。它反映的是在产品市场上，当投资和储蓄相等时，利息率和国民收入的关系。这条曲线上任何一点都代表一定的利息率和国民收入的组合，在这样的组合下，投资和储蓄都是相等的，即 $I=S$，从而产品市场是均衡的，因此这条曲线称为 IS 曲线。

（一）IS 曲线的数学表达式

IS 曲线的数学表达式是从下面三个函数中推导出来的：

1. 储蓄与投资的关系

在简单的两部门经济模型中，使产品市场保持均衡的条件是储蓄等于投资。

$$I=S$$

2. 投资与利息率的关系（投资函数）

$$I=e-dr$$

3. 储蓄与收入的关系（储蓄函数）

$$S=-a+(1-b)Y$$

由上三式整理可以推导出下面的计算公式：

$$Y=\frac{a+e-dr}{1-b}$$

或者将上式化为：

$$r=\frac{a+e}{d}-\frac{1-b}{d}Y$$

以上两式就是 IS 曲线的数学表达式。

（二）IS 曲线的斜率

由于利息率下降意味着一个较高的投资水平，从而有一个较高的储蓄和收入水平，因此，IS 曲线斜率是负值（向右下方倾斜）。IS 曲线的斜率的大小，或者说倾斜的程度，取决于投资函数和储蓄函数的斜率，即投资需求对利息率变动的反应程度（d）和边际消费倾向（b）。这从 IS 曲线的数学表达式中可以说明，它表明均衡的国民收入与利息率之间存在反方向变化。IS 曲线的斜率取决于 d 和 b。

1. d 值越大，IS 曲线的斜率就越小（曲线越平坦）

d 是投资对利息率变动的反应程度，表示利息率变动一定幅度时投资的变动程度。

如果 d 的值变动大，即投资变动对利息率变化敏感，那么国民收入对利息率的变化也相应地越敏感，IS 曲线的斜率较小，IS 曲线较平缓，表示利息率较大的变动会引起国民收入较小的变动；相反，如果 d 值变动小，表示利息率较小的变动则会引起国民收入较大的变动。

2. b 值越大，IS 曲线的斜率也越小（曲线越平坦）

b 是边际消费倾向。如果 b 的值较大，IS 曲线的斜率较小，IS 曲线较平缓，表示利息率的变动对国民收入的影响较大；相反，如果 b 的值越小，表示利息率的变动对国民收入的影响较小。

三、IS 曲线的移动

（一）利息率、产出（收入）对 IS 曲线的影响

由于利息率和产出（或者收入）分别是纵坐标和横坐标，所以，这两个变量的变动只意味着 IS 曲线上的点的移动，而不会导致整条 IS 曲线的移动。

（二）投资需求变动对 IS 曲线的影响

如果其他条件不变，投资者对投资前景乐观，信心十足，使得自发性投资水平上升，在每一利息率水平上，增加投资需求，IS 曲线向右移动。

（三）储蓄函数变动对 IS 曲线的影响

如果其他条件不变，人们的储蓄意愿增强，使得自发性消费水平下降，则每一储蓄水平所需求的国民收入减少，IS 曲线向左移动。

（四）政府购买对 IS 曲线的影响

同样，在 IS 曲线上任取一点 A，假设利息率不变，然后让政府购买增加。政府购买是外生变量，是商品总需求的一部分，所以，政府购买增加，则总需求增加，而总产出等于总需求，所以，总产出也增加。而这一切都是可以在利息率不变的情况下发生的，所以说，政府购买增加，A 点向右平移。由于 A 点是 IS 曲线上的任意一点，所以，A 点向右平移就意味着 IS 曲线向右平移。同理，政府购买减少，IS 曲线向左移动。

（五）税率变动对 IS 曲线的影响

这里所说的税率是指针对个人征收的税率，即个人所得税。税率提高，则个人可支配收入下降，导致消费需求下降，从而总需求减少。由于产出等于总需求，因此总产出减少。所以，税率上升，IS 曲线左移；同理，税率下降，IS 曲线右移。如图 4－2 所示。

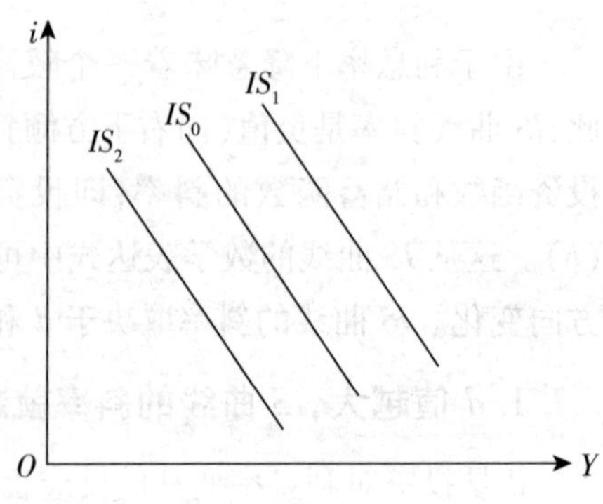

图 4－2 IS 曲线的移动

拓展阅读

IS—LM 模型的创立

IS—LM 模型是由著名的经济学家希克斯创立并完善推广的。希克斯于 1904 年生于英国,毕业于牛津大学,1932 年获博士学位;1952—1964 年任牛津大学教授;1964 年晋升勋爵;1972 年获诺贝尔经济学奖。

1936 年,希克斯在一篇论文中研究了凯恩斯体系,该论文经修改后以《凯恩斯与古典学派》为题于 1937 年发表。论文中的 IS—LM 分析对凯恩斯体系进行了修正,被认为是当时许多修正凯恩斯的《就业、利息和货币通论》中最有影响的一种。

按照希克斯的看法,凯恩斯的利息理论就像他批判过的"古典学派"的利息理论一样,是不确定的,是模糊不清的。按照凯恩斯的利息理论,利率取决于流动性偏好和货币数量。要知道流动性偏好,就必须知道收入水平;而要知道收入水平,又必须知道利率。希克斯认为,不知道收入水平,就不能确定流动性偏好,也就不能确定利率。

希克斯在对凯恩斯体系进行修正时,通过 IS—LM 分析把凯恩斯的四个基本概念,即消费函数、资本边际效率、流动性偏好和货币数量结合成一个整体,为解释收入决定提供了新的和更为一般的均衡方法。

按照希克斯的观点,社会储蓄和投资的愿望决定资本市场的均衡,而储蓄和投资又必须同收入水平和利率水平相适应。由此,在以纵轴表示利率、横轴表示收入的坐标平面上,可以作出 IS 曲线。IS 曲线上的每一点都表示储蓄等于投资,并且同既定的利率和收入水平相适应。因此,IS 曲线表明了利率、收入水平、投资和储蓄之间的关系。IS 曲线由左向右下方倾斜,它的斜率基本上取决于凯恩斯的资本边际效率曲线的斜率。按照凯恩斯理论,资本边际效率大于利率时,投资就会发生。但是,在一定时期中,随着投资的增加,一方面会提高供给品价格,另一方面又会降低预期收益,其结果将会导致资本边际效率的下降。因此,在以纵轴代表利率、横轴代表投资的坐标平面上做出的资本边际效率曲线,便由左向右下方倾斜。

按照希克斯的观点,流动性偏好和货币数量决定货币市场的均衡,而人们持有的货币数量既决定于利率,又决定于收入水平。由此,在以纵轴表示利率、横轴表示收入的坐标平面上,可以作出一条 LM 曲线,L 表示流动性偏好,M 表示货币数量。LM 曲线上的每一点都表示持有现金的愿望和货币数量相等,即货币需求和货币供给相一致,并且同既定的利率和收入水平相适应。因此,LM 曲线表明了利率、收入水平、流动性偏好和货币数量之间的关系,曲线上每一点都表示在既定的货币供给恰好等于货币需求的情况下的收入和利率的组合。LM 曲线由左向右上方延伸,这表明为满足交易动机而持有的货币 L_1 随着收入的增加而增加,从而减少了为满足投机动机而持有的货币 L_2。随着利率的提高,人们会减少 L_2 的持有而增加证券的持有。在坐标平面上,在低利率和低收入的位置上,即在 LM 曲线的左下端,

LM 曲线具有完全弹性，呈水平状，反映了凯恩斯所描述的“流动性陷阱”。在高利率和高收入的位置上，即在 *LM* 曲线的右上端，*LM* 曲线缺乏弹性，呈垂直状，反映了这样一个事实：*LM* 曲线只表明利率和收入水平同货币市场的均衡相一致，并不表明收入的均衡水平。货币数量的增加所引起的收入增加有一个限度。

通过上述分析，希克斯对收入的均衡做出了新的解释。他认为，收入的均衡水平是由 *IS* 曲线和 *LM* 曲线的交点决定的。也就是说，凯恩斯体系的四根支柱，即消费函数、资本边际效率、流动性偏好和货币数量，同时决定了收入的均衡水平。

西方经济学家对希克斯的 *IS—LM* 模型分析的评价很高，认为这项把瓦尔拉斯的微观方法用于凯恩斯的宏观理论的研究，是对西方经济学的一大贡献。后来，美国凯恩斯主义代表人物汉森进一步推广了希克斯的 *IS—LM* 分析。因此，在现代西方经济学的论著中，这一分析常常被叫做“希克斯—汉森综合”或“希克斯—汉森模型”。后来，萨缪尔森又对 *IS—LM* 分析的意义做了新的评价，认为它除了能把收入决定理论和货币理论结合在一起，把财政政策和货币政策结合在一起，还能把恩格斯的宏观经济理论与弗里德曼的货币主义综合起来。

（资料来源：胡放之、童光荣：《宏观经济学》，上海财经大学出版社，2012 年版。）

第二节　货币市场的均衡：*LM* 曲线

一、*LM* 曲线的形成

借助均衡利息率的决定与变动的图形，可以推导出 *LM* 曲线，如图 4－3 所示。

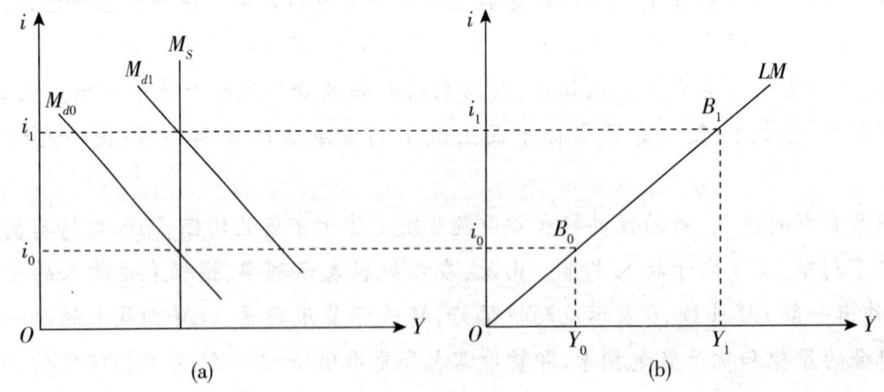

图 4－3　*LM* 曲线的形成

图 4－3(a) 即为均衡利息率的决定与变动的图形，其纵轴代表利息率，横轴代表货币数量。

图 4－3(b) 的纵轴代表利息率，横轴代表国民收入，*LM* 曲线将在该图中形成。

当国民收入为 Y_0 时的货币需求曲线为 M_{d0}，货币供给曲线为 M_S，与之相应的利息率为 i_0，于是在图 4－3(b)中形成一点 $B_0(i_0,Y_0)$。

再假设在货币供给量不变的情况下，国民收入由 Y_0 增加到 Y_1。由于货币需求是国民收入的增函数，国民收入的增加使得货币需求增加，此时的货币需求曲线会从 M_{d0} 向右移动到 M_{d1} 的位置，使得利息率水平由 i_0 上升到 i_1，于是在图4－3(b)中又形成一点 $B_1(i_1,Y_1)$。如果我们按照相同的办法，假定货币供给量不变，使收入水平不断地变换，就能在图 4－3(b)上画出一系列相应的货币需求曲线，并得到一系列的均衡利息率水平。当我们把这一系列的均衡利息率水平和相应的收入水平形成的组合点连接起来的时候，就得到了一条 *LM* 曲线。

二、LM 曲线的含义

LM 曲线是一条流动偏好——货币供给曲线，它表示在货币供给量一定，且货币供求均衡的条件下，不同利息率与相应的产出水平组合点的轨迹。它反映的是在货币市场达到均衡，即货币需求和货币供给相等时，利息率和国民收入的关系。这条曲线上任何一点都代表一定的利息率和国民收入的组合，在这样的组合下，货币需求和货币供给都是相等的，即 $L=M$，从而货币市场是均衡的，因此这条曲线称为 *LM* 曲线。

(一) LM 曲线的数学表达式

货币市场实现均衡，即货币需求与供给相等时，公式是：

$$M=L=L_1+L_2=L_1(Y)+L_2(R)=kY-hr$$

经整理可以推导出下面的计算公式：

$$Y=\frac{hr}{k}+\frac{M}{k}$$

或者将上式转化为：

$$r=\frac{kY}{h}-\frac{M}{h}$$

上两式就是 *LM* 曲线的数学表达式。

(二) LM 曲线的斜率

当货币市场达到均衡时，利息率与国民收入水平同方向变动。因此，*LM* 曲线斜率是正值(向右上方倾斜)。*LM* 曲线的斜率的大小，或者说倾斜的程度，取决于货币的投机需求曲线和交易需求曲线的斜率。

(1)当货币交易需求函数一定时，*LM* 曲线的斜率取决于货币的投机需求。如果货币的投机需求对利息率的变动敏感度高，则利息率变动幅度较小，*LM* 变动幅度就较大，于是 *LM* 曲线较平缓；相反，如果货币的投机需求对利息率的变动敏感度低，则利息率变动幅度较大，*LM* 变动幅度就较小，于是 *LM* 曲线较陡峭。

(2)当货币投机需求函数一定时,LM 曲线的斜率取决于货币的交易需求。如果货币的交易需求对国民收入的变动敏感度高,则收入较小的变动会引起利息率的较大变动,于是 LM 曲线较陡峭;相反,如果货币的交易需求对收入的变动敏感度低,则交易需求曲线较平缓,于是 LM 曲线也较平缓。

三、LM 曲线的移动

(一)货币投机需求的变动对 LM 曲线的影响

货币投机需求曲线移动,会使 LM 曲线发生方向相反的移动,即如果投机需求曲线右移(即投机需求增加),而其他情况不变,则会使 LM 曲线左移。这是因为当货币供给不变时,货币投机需求增加,货币市场上将出现供不应求,导致利息率上升,收入下降,从而使 LM 曲线向左上方移动;反之,货币投机需求减少,则 LM 曲线向右下方移动。

(二)货币交易需求的变动对 LM 曲线的影响

如果其他条件不变,货币交易需求增加,货币市场上将出现供不应求,同样会导致利息率上升,收入下降,从而使 LM 曲线向左上方移动;反之,货币投机需求减少,则 LM 曲线向右下方移动。

(三)货币供给量的变动对 LM 曲线的影响

货币供给量变动将使 LM 曲线发生同方向变动,即货币供给增加,LM 曲线向右下方移动;货币供给减少,使 LM 曲线向左上方移动。

(四)物价水平的变动对 LM 曲线的影响

物价水平的变动引起 LM 曲线发生相反方向的移动。即物价水平的上升,对应于实际货币供给下降,使 LM 曲线向左上方移动;反之,则 LM 曲线向右下方移动。如图 4-4 所示。

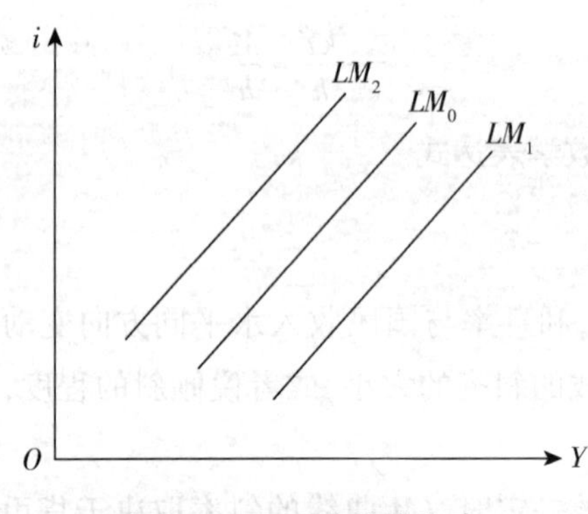

图 4-4 LM 曲线的移动

拓展阅读

LM 曲线向右上方倾斜的假设条件

LM 曲线向右上倾斜的假定条件是货币需求随利率上升而减少,随收入上升而增加。如果这些条件成立,则当货币供给既定时,若利率上升,货币投机需求量减少(即人们认为债券价格下降时,购买债券从投机角度看风险变小,因而愿买进债券而少持币),为保持货币市场上供求平衡,货币交易需求量必须相应增加,而货币交易需求差只有在收入增加时才会增加。于是,较高的利率必须和较高的收入相结合,才能使货币市场均衡。如果这些条件不成立,则 LM 曲线不可能向右上倾斜。例如,古典学派认为,人们需要货币,只是为了交易,并不存在投机需求,即货币投机需求为零。在这种情况下,LM 曲线就是一条垂直线。反之,凯恩斯认为,当利率下降到足够低的水平时,人们的货币投机需求将是无限的(即认为这时债券价格太高,只会下降,不会再升,从而买债券风险加大,因而人们手头不管有多少货币,都再不愿去买债券),从而进入流动性陷阱,则 LM 曲线呈水平状。由于西方学者认为,人们对货币的投机需求一般既不可能是零,也不可能是无限大,是介于零和无限大之间。因此,LM 曲线一般是向右上方倾斜的。

第三节 产品市场与货币市场的同时均衡:IS—LM 模型

一、IS—LM 模型的含义

IS 曲线说明的是产品市场的均衡,LM 曲线说明的是货币市场的均衡。但是只有当产品市场和货币市场同时均衡时,整个社会的经济才能够达到均衡。IS—LM 模型将产品市场和货币市场结合起来,运用 IS 曲线和 LM 曲线,分析研究两种市场如何同时达到均衡,以确定两种市场同时均衡时的利息率与国民收入的组合。

二、产品市场与货币市场的同时均衡

把 IS 曲线和 LM 曲线放在同一个图像中,则两条曲线的交点所形成的利息率和国民收入就是实现货币市场和产品市场同时均衡的利息率和国民收入。IS 曲线与 LM 曲线相交的交点就得到产品市场和货币市场同时均衡的图形,如图 4-5 所示。

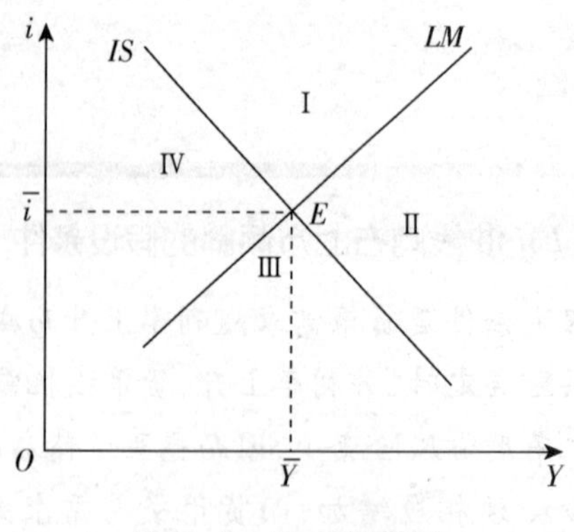

图 4－5　*IS*—*LM* 模型

在图 4－5 中,纵轴代表利息率,横轴代表国民收入。*IS* 曲线和 *LM* 曲线相交于 *E* 点。它既是 *IS* 曲线上的一点,也是 *LM* 曲线上的一点,因此,*E* 点为均衡点,表示该点代表的利息率与国民收入的组合($\bar{i}$,$\bar{Y}$)。即当利息率为 $\bar{i}$、国民收入为 $\bar{Y}$ 时,产品市场与货币市场同时达到均衡,也就是在此时,投资等于储蓄,货币供给等于货币需求,于是整个社会经济处于均衡状态。任何偏离 *E* 点的利息率和国民收入的组合,都不能实现产品市场和货币市场的同时均衡。

三、产品市场与货币市场从不均衡到均衡的调整

在图 4－5 中,*IS* 曲线和 *LM* 曲线把坐标平面分成了四个区域:Ⅰ、Ⅱ、Ⅲ、Ⅳ。这四个区域内的所有利息率与国民收入的分组合都是非均衡的组合,即区域内的每一个点都是非均衡点。这四个区域内的非均衡状况总结如下:

区域	产品市场	货币市场
Ⅰ	$I<S$	$L<M$
Ⅱ	$I<S$	$L>M$
Ⅲ	$I>S$	$L>M$
Ⅳ	$I>S$	$L<M$

产品市场不均衡将导致国民收入的变动:若 $I<S$,则国民收入减少;若 $I>S$,则国民收入增加。

货币市场不均衡将导致利息率的变动:若 $L<M$,则利息率下降;若 $L>M$,则利息率上升。

据此,说明产品市场与货币市场从不均衡到均衡的调整过程,如图 4－6 所示。

在图 4－6 中,假设利息率与国民收入的组合点为 *A*,*A* 点位于Ⅳ区域内,此时产品市场上 $I>S$,货币市场上 $L<M$,都处于非均衡状态。$I>S$ 使得国民收入增加,国民收入从 *A* 点沿平行于横轴的箭头向右移动;同时 $L<M$ 使得利息率下降,利息率从 *A* 点沿平行于纵轴的箭

头向下移动。由于产品市场上 $I>S$ 和货币市场上 $L<M$ 的共同作用，引起利息率与国民收入的组合沿对角线的箭头向右下方移动到 B 点。此时，B 点位于 LM 曲线上，意味着货币市场达到均衡，但是产品市场仍然不均衡（$I>S$）。于是，国民收入继续增加，利息率与国民收入的组合沿着平行于横轴的箭头向右移动到 C 点。C 点位于Ⅲ区域内，此时产品市场上 $I>S$，货币市场上 $L>M$，这使得国民收入增加，利息率上升，结果利息率与国民收入的组合由 C 点沿对角线的箭头向上移动到 D 点，如此下去，直到利息率与国民收入的组合最终移动到能使产品市场与货币市场同时达到均衡的 E 点，于是，实现了产品市场与货币市场从不均衡到均衡的调整。

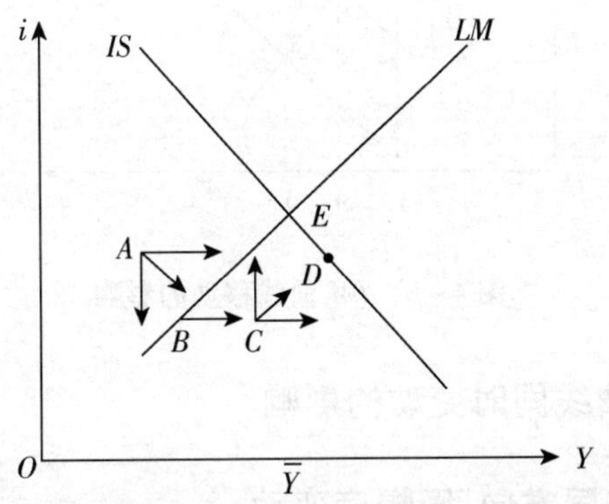

图 4-6 产品市场与货币市场从不均衡到均衡的调整

其他三个区域内的任何一个非均衡点，从不均衡到均衡的调整过程及原理与 A 点相似。

四、产品市场与货币市场均衡收入与均衡利息率的变动

（一）IS 曲线变动的影响

假设 LM 曲线不变，若 IS 曲线向右移动，则利息率与国民收入的均衡组合增大；若 IS 曲线向左移动，则利息率与国民收入的均衡组合减小，如图 4-7 所示。

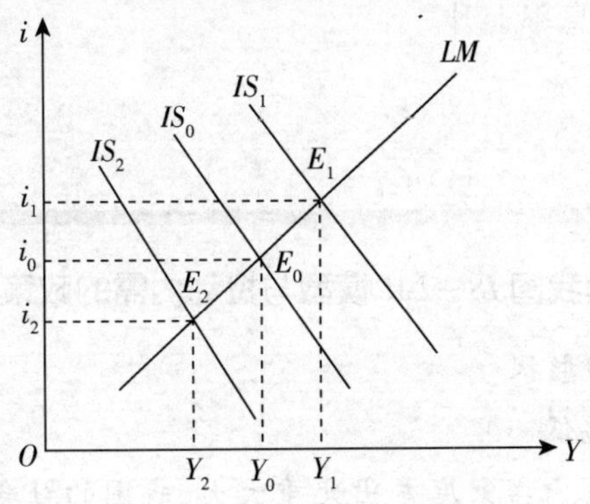

图 4-7 IS 曲线移动的影响

（二）LM 曲线变动的影响

假设 IS 曲线不变，若 LM 曲线向右移动，则均衡利息率下降，均衡国民收入增加；若 LM 曲线向左移动，则均衡利息率上升，均衡国民收入减少，如图 4－8 所示。

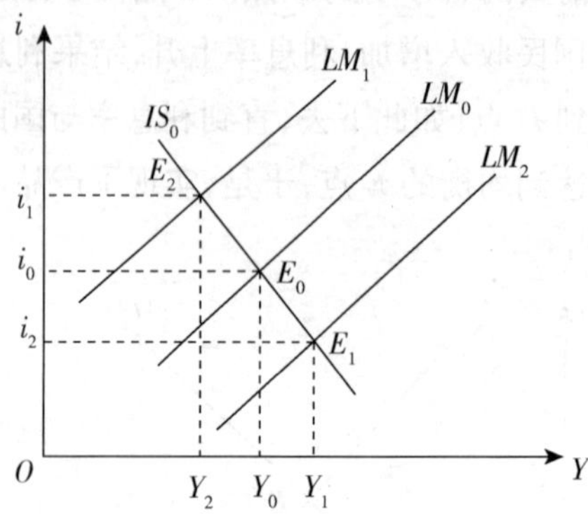

图 4－8　LM 曲线移动的影响

（三）IS 曲线与 LM 曲线同时变动的影响

1. IS 曲线与 LM 曲线同方向、同幅度变动

此时，均衡利息率不变，IS 曲线与 LM 曲线向右移动，则均衡国民收入增加；若 IS 曲线与 LM 曲线向左移动，则均衡国民收入减少。

2. IS 曲线与 LM 曲线同方向、不同幅度变动

若 IS 曲线与 LM 曲线同时向右移动，则均衡国民收入增加，而均衡利息率的变动，依据 IS 曲线与 LM 曲线变动的幅度而定。若 IS 曲线移动幅度较大，则均衡利息率上升；若 LM 曲线移动幅度较大，则均衡利息率下降。

若 IS 曲线与 LM 曲线同时向左移动，则均衡国民收入减少，而均衡利息率的变动，也视 IS 曲线与 LM 曲线变动的幅度而定。若 IS 曲线移动幅度较大，则均衡利息率下降；若 LM 曲线移动幅度较大，则均衡利息率上升。

拓展阅读

当前我国 IS—LM 模型与拉动内需的政策效果

一、当前我国 IS 曲线的形状

1. 边际消费倾向严重偏低

由于住房支出和教育支出占家庭支出比重太大，我国的社会保障体系不够完善及我国传统的勤俭节约观念等因素的制约，我国居民当前的边际消费倾向严重偏低。

2. 投资对利率的变化很不敏感

由于我国银行利率仍未实现市场化，企业对资金的供求不能影响利率高低，利率的高低也不能直接调整企业对资金的需求，加之我国现行的银行信贷资金管理体制，信贷资金的去向在很大程度上受政府的主导。这些因素弱化了利率政策的传导作用，导致当前我国投资对利率的变化很不敏感。

3. *IS* 曲线较陡峭

随着经济的发展、制度的健全和人民生活水平的提高，这条曲线将不断趋向平坦。

二、当前我国 *LM* 曲线的形状

1. 货币需求收入弹性较高

在我国的狭义货币需求中，交易需求占了很大比重，老百姓因交易动机和谨慎动机而产生了大量的货币需求，而且这部分需求主要受国民收入影响。

2. 货币需求利率弹性偏低

预防性货币需求对利率基本是无弹性的。在我国，这一部分货币需求表现为对医疗、养老保障及对子女教育的预期等，这一部分需求不会因为利率的一般变动而改变。而投机性货币需求，在我国尚不完善的证券市场上，居民已经具备了一定的投资意识，只是能用于投资的资金有限，能投资的渠道也比较局限。

3. *LM* 曲线极其陡峭

随着证券市场的完善，投资渠道的拓宽，投资行为的规范，这条曲线将不断趋向平坦。

三、当前拉动内需政策的效果分析

1. 当前积极的财政政策效果分析

由财政政策效果的 *IS—LM* 模型可知：对于既定的财政政策，*IS* 曲线越陡峭，财政政策效果越大；*LM* 曲线越陡峭，财政政策效果越小。国务院出台的拉动内需的十项措施属于积极的财政政策。用 *IS—LM* 模型分析可知：一方面，陡峭的 *IS* 曲线决定当前我国拉动内需的十项措施将产生积极、强烈的效果；另一方面，陡峭的 *LM* 曲线又会制约这种效果。

2. 当前适度宽松的货币政策效果分析

由货币政策效果的 *IS—LM* 模型可知：对于既定的货币政策，*IS* 曲线越陡峭，货币政策效果越小；*LM* 曲线越陡峭，则货币政策效果越小。去年 9 月份以来，中央银行连续大幅度的双率下调政策，算是实施适度宽松的货币政策。用 *IS—LM* 模型分析可知：一方面，陡峭的 *LM* 曲线会决定我国当前适度宽松的货币政策能取得较大的效果；另一方面，陡峭的 *IS* 曲线又会制约宽松的货币政策的效果，使我国当前货币政策效果大打折扣。

（资料来源：彭晓莲：《经济危机下宏观政策的 *IS—LM* 模型分析》，载《统计与决策》2009(14)。）

第四节 宏观经济政策的有效性及政策协调

虽然宏观财政政策和货币政策都能起到调控经济的效果，但从 IS—LM 模型可以看出，政策效果的大小却因 IS 曲线和 LM 曲线的斜率不同而大有差别。

一、财政政策的有效性

财政政策的有效性指政府收支变化使 IS 曲线移动对国民收入变动的影响。显然，这种影响的大小，随 IS 曲线和 LM 曲线的斜率不同而有所区别。

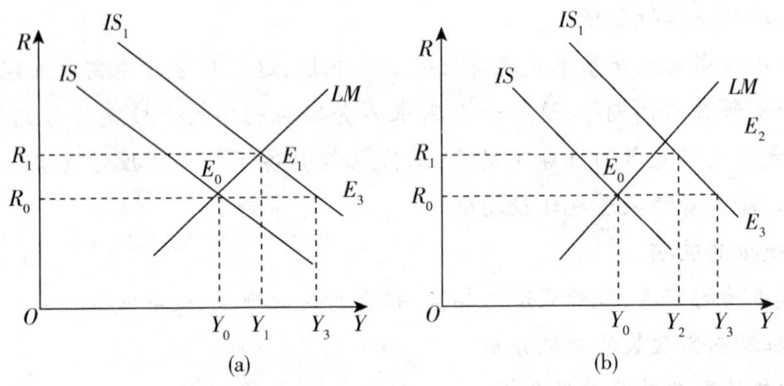

图 4－9 财政政策的有效性 1

在 LM 曲线不变时，IS 曲线斜率的绝对值越大，即 IS 曲线越陡峭，则移动 IS 曲线时收入变化就越大，即财政政策效果越大。反之，IS 曲线越平坦，则 IS 曲线移动时收入变化就越小，即财政政策效果越小，如图 4－9 所示。

图 4－9(a)和(b)中，假定 LM 曲线即货币市场均衡情况完全相同，并且起初的均衡收入和均衡利率也完全相同。现假定政府实行一项扩张性财政政策(增加政府支出或减少税收)，增加同样一笔支出，使 IS 曲线右移到 IS_1，右移的距离都是 E_0E_3。假若利率不上升，则两种情况下国民收入都会从 Y_0 增加到 Y_3，但是，在政府支出增加使 IS 曲线右移而货币供给量不变(LM 未变)时，利率不可能不上升。利率的上升会抑制私人投资；这就是所谓的“挤出效应”。由于存在政府支出挤出私人投资的问题，因此，新的均衡点只能分别处于 E_1 和 E_2，收入分别也只能增加到 Y_1 和 Y_2。从图 4－9(a)和(b)可见，$Y_0Y_1(a) < Y_0Y_2(b)$，亦即图 4－9(a)表示的财政政策效果小于图(b)。原因在于图 4－9(a)中 IS 曲线比较平坦，而图(b)中 IS 曲线比较陡峭。而 IS 曲线斜率大小主要由投资的利率弹性所决定，IS 曲线越平坦，表示投资的利率弹性越大，即利率变动所引起的投资变动越大。若投资对利率变动的反应较敏感，一项扩张性财政政策使利率上升时，就会使私人投资下降很多，亦即挤出效应较

大。因此，IS 曲线越平坦，实行扩张性财政政策被挤出的私人投资就越多，从而使国民收入增加得就越少，即政策效果越小。而 IS 曲线越陡，财政政策的挤出效应就越小，因而政策效果就越大。

在 IS 曲线不变时，财政政策效果又随 LM 曲线斜率不同而不同。LM 曲线斜率越大，即 LM 曲线越陡，则移动曲线时收入变动就越小，即财政政策效果就越小；反之，LM 曲线越平坦，则财政政策效果就越大，如图 4－10 所示。

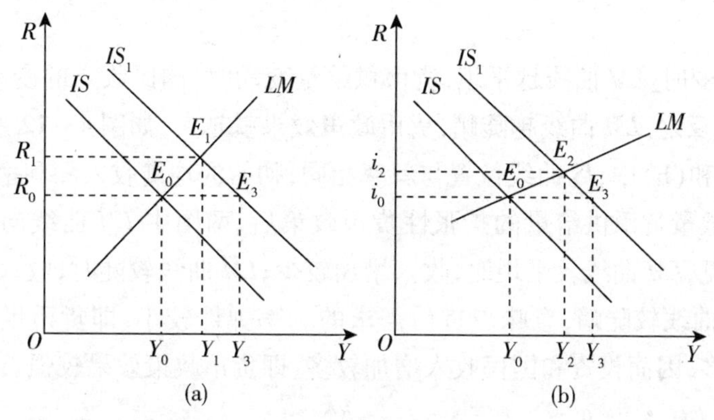

图 4－10 财政政策的有效性 2

在图 4－10 中，假定 IS 曲线斜率相同，最初的均衡收入和利率也都相同，但 LM 曲线的斜率不同。在这样的情况下，政府实行一项扩张性财政政策使 IS 曲线右移到 IS_1，右移的距离都是 E_0E_3，但由于"挤出效应"的不同，国民收入分别增加 Y_0Y_1 和 Y_0Y_2。显然，图 4－10(a)表示的政策效果小于图(b)。

二、货币政策的有效性

变动货币供给量的政策对总需求的影响从而对国民收入的影响，即货币政策的有效性，同样取决于，IS 曲线和 LM 曲线的斜率。

在 LM 曲线斜率不变时，IS 曲线越平坦，LM 曲线移动对国民收入变动的影响就越大；反之，IS 曲线越陡峭，LM 曲线移动对国民收入变动就越小，如图 4－11 所示。

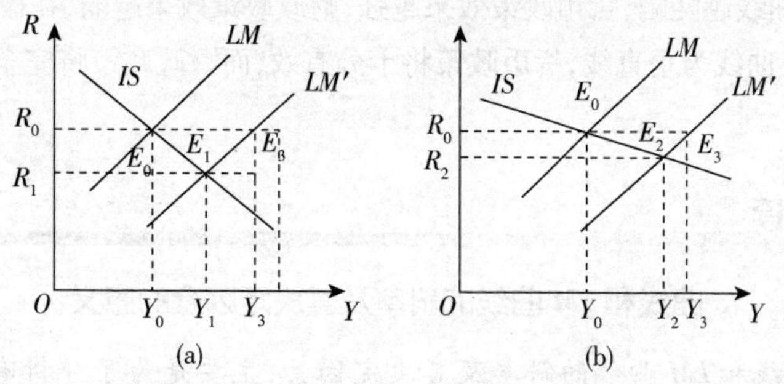

图 4－11 货币政策的有效性 1

图 4－11(a)和(b)中,*LM* 曲线斜率相同,*IS* 曲线斜率不同,初始的均衡收入和利率相同。中央银行实行增加同样数量货币供给量的扩张性货币政策,*LM* 曲线右移相同距离 E_0E_3,从图中可见,*IS* 曲线较陡时,收入增加较少;*IS* 曲线较平缓时,收入增加较多。这是因为 *IS* 曲线较陡,投资的利率弹性较小,当 *LM* 曲线由于货币供给量增加而向右移动使利率下降时,投资不会增加很多,从而国民收入水平也不会有较大增加。反之,*IS* 曲线较平坦时,投资利率弹性较大,货币供给量增加使利率下降时,投资会增加很多,从而使国民收入水平有较大增加。

在 *IS* 曲线不变时,*LM* 曲线越平坦,货币供给量变动时,国民收入的变动就越小,即货币政策效果就越小;反之,*LM* 曲线越陡峭,货币政策效果就越大,如图 4－12 所示。

图 4－12(a)和(b)中,*IS* 曲线位置与斜率相同,初始的均衡收入和利率也相同。中央银行实行增加同样数量货币供给量的扩张性货币政策后,两图中 *LM* 曲线向右移动相同距离 E_0E_3。从图中可见,*LM* 曲线较平坦时,收入增加较少;*LM* 曲线较陡时,收入增加较多。这主要是因为,若 *LM* 曲线较陡峭,意味着货币需求的利率弹性较小,即货币供给量稍有增加就会使利率下降较多,因而投资和国民收入增加较多,即货币政策效果较强。

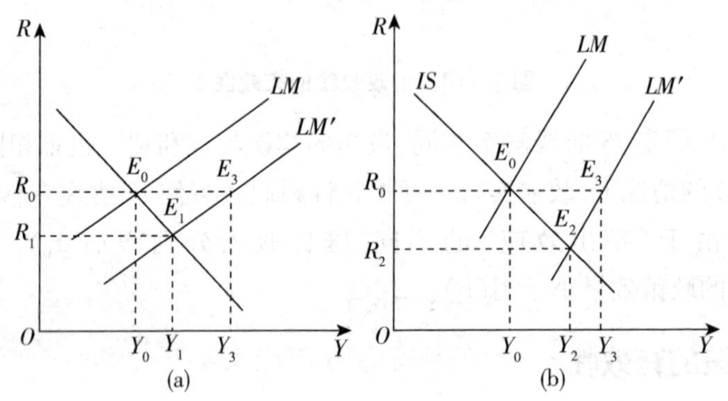

图 4－12 货币政策的有效性 2

总之,*LM* 曲线越平坦,*IS* 曲线越陡峭,财政政策效果越强,货币政策效果越弱,在极端情况下,如果 *IS* 曲线为垂直线而 *LM* 曲线为水平线,财政政策将十分有效,而货币政策将完全无效。*IS* 曲线越平坦,*LM* 曲线越陡峭,货币政策效果越强,财政政策效果越弱,在极端情况下,如果 *IS* 曲线为水平线而 *LM* 曲线为垂直线,货币政策将十分有效,而财政政策将完全无效。

拓展阅读

IS 曲线和 *LM* 曲线的斜率及其决定因素的意义

分析研究 *IS* 曲线和 *LM* 曲线的斜率及其决定因素,主要是为了分析有哪些因素会影响财政政策和货币政策效果。在分析财政政策效果时,例如分析一项增加政府支出的扩张性财政政策效果时,如果增加一笔政府支出会使利率上升很多(这在 *LM* 曲线比较陡峭时就会这样)，或利率每上升一定幅度会使私人部门投资下降很多(这在 *IS* 曲线比较平坦时就会是这样)，则政府支出 *IS—LM* 模型的“挤出效应”就大，从而扩张性财政政策效果较小，反之则相反。可见，通过分析 *IS* 曲线和 *LM* 曲线的斜率以及它们的决定因素就可以比较直观地了解财政政策效果的决定因素：使 *IS* 曲线斜率较小的因素(如投资对利率较敏感，边际消费倾向较大从而支出乘数较大，边际税率较小从而也使支出乘数较大)。

以及使 *LM* 曲线斜率较大的因素(如货币需求对利率较不敏感以及货币需求对收入较为敏感)，都是使财政政策效果较小的因素。在分析货币政策效果时，例如分析一项增加货币供给的扩张性货币政策效果时，如果增加一笔货币供给会使利率下降很多(这在 *LM* 曲线陡峭时就会是这样)，或利率上升一定幅度会使私人部门投资增加很多(这在 *IS* 曲线比较平坦时就会是这样)，则货币政策效果就会很明显，反之则相反。可见，通过分析 *IS* 曲线和 *LM* 曲线的斜率以及它们的决定因素就可以比较直观地了解货币政策效果的决定因素：使 *IS* 曲线斜率较小的因素以及使 *LM* 曲线斜率较大的因素，都是使货币政策效果较大的因素。

三、宏观经济政策的协调

从 *IS—LM* 模型的分析中可以看出，一般来说，尽管宏观经济政策都可以起到调控经济的作用，但要使经济政策更好地达到预期的效果，最好还是把财政政策与货币政策配合起来协调使用。

财政政策与货币政策可以有多种配合形式，其政策效应，有的是事先可预计的，有的则必须根据财政政策和货币政策何者更强有力而定，因而是不确定的。一般来说，当经济严重萧条时，可以将扩张性财政政策与扩张性货币政策配合使用，从而更有力地刺激经济。因为扩张性财政政策使总需求增加，但也会提高利率水平，这时，采用扩张性货币政策就可以抑制利率的上升，以消除或减少扩张性财政政策的挤出效应，使总需求大幅度增加，从而迅速摆脱萧条。例如，20 世纪 60 年代初美国经济萧条，为克服衰退，美国政府一方面减税，同时采用“适应性的”货币政策，使产量增加时利率基本保持不变，政策效果相当显著。

当经济过度繁荣，通货膨胀严重时，也可以把紧缩性财政政策与紧缩性货币政策配合使用。因为，紧缩性财政政策尽管可以使总需求减少，但同时会使利率下降，而紧缩性货币政策又会使利率上升，从而不使利率的下降起到刺激总需求的作用。在 20 世纪 60 年代末 70 年代初，美国经济生活中通货膨胀率过高而失业率较低，为控制通货膨胀，美国政府实行了紧缩财政与紧缩货币相结合的政策。

经济萧条但又不太严重时，政府可以用扩张性财政政策刺激总需求，同时又用紧缩性货币政策控制通货膨胀。而当经济中出现通货膨胀但又不太严重时，可以用紧缩性财政政策压缩总需求，同时采用扩张性货币政策降低利率以免总需求过度紧缩而引起衰退。20 世纪 70 年代末 80 年代初，美国政府曾经采用紧缩性货币政策来控制较为严重的通货膨胀，同时又运用减税、投资补贴等扩张性财政政策来刺激总需求，以摆脱经济萧条。

最后需要注意的是，在考虑如何协调使用两种政策时，不仅要看当时的经济形势，还要考虑政治上的需要。因为不同的经济政策影响的是总需求中不同的部分,也就是影响不同的经济部门,从而影响不同的人,所以,政府在做出混合使用各种政策的选择时,必须考虑各行业、各阶层人群的利益如何协调的问题。例如,同样是扩张性财政政策,如果增加政府军事购买则有利于军工部门,若减少个人所得税则有利于一般公众,若增加转移支付则有利于低收入阶层,而投资补贴则有利于资本家。因此,经济政策的选择涉及诸多复杂的社会政治问题。

拓展阅读

中国储蓄水平对利率的反应程度

20 世纪 90 年代前半期,因为中国存在着通货膨胀,人民币的名义利率被确定在较高的水平上。而且为应对通货膨胀,在名义利率之外,政府还确定了一个鼓励居民储蓄的保值贴补率。到了 1996 年 4 月,鉴于通货膨胀明显回落,又有 3 万多亿元的巨额储蓄存款躺在银行里,中央银行宣布停办保值储蓄业务,拉开此后一系列降息大戏的序幕。

1996 年 5 月 1 日,中央银行第一次降息,存款利率平均下调 0.98 个百分点,同时取消了 1982 年开始的 8 年期储蓄存款。但降息后储户并不为所动,中央银行于 8 月 23 日第二次降息,存款利率平均下调 1.5 个百分点。

1997 年前 9 个月,由于通货膨胀压力继续缓解,一年期存款实际利率达到 1990 年以来的最高水平。10 月 23 日,中央银行第三次降息,存款利率平均下调 1.1 个百分点。但这一年,全国城乡居民储蓄存款仍比上年净增两成,储蓄余额达 46 000 亿元。

1998 年前两个月,物价在上年仅 0.8% 涨幅的基础上继续下跌。3 月 25 日,中央银行第四次小幅降低利率。由于 2 月 20 日发行的国债利率较同期储蓄利率高得多,降息当日,很多储蓄所的国库券被抢购。

1998 年 7 月 1 日,第五次降息,存款利率平均下调 0.49 个百分点。此时活期与 3 个月定期存款利率已创新中国成立以来最低,但实际利率仍然超过 8%,远高于实际平均水平。与两年前首次降息相比,中长期定期储蓄利率实际上已减少了一半以上,但当月末,居民存款余额却顽强冲到 50 000 亿元。12 月 7 日,第六次降息,一年期名义利率降到 3.78%。由于全年通货膨胀率为 -1.5010,实际利率仍达 4% 以上。

利率下降、存款猛增的状况很像西方经济学描述的"流动性陷阱"现象。之所以如此,原因有三:一是名义利率虽然下降,但实际利率并未下降多少;二是除了储蓄之外,其他投资渠道有限;三是中国住房制度、医疗制度、养老金制度、教育收费制度等同时面临改革,人们对未来预期的不确定性增强,因而储蓄倾向增强。

(资料来源:张成武、俞颖灏:《西方经济学》,上海财经大学出版社,2007 年版。)

本章小结

产品市场的均衡点的轨迹构成了 *IS* 曲线。该曲线在"国民收入—利息率"坐标系中是一条向下倾斜的曲线,其含义是:在物价水平不变的前提下,利息率上升则国民收入减少,利息率下降则国民收入增加。

影响 *IS* 曲线移动的因素有投资需求、储蓄意愿、政府购买和税率。

货币市场的均衡点的轨迹构成了 *LM* 曲线。该曲线在"国民收入—利息率"坐标系中是一条向上倾斜的曲线,其含义是:在货币供给不变的前提下,国民收入增加,利息率上升,国民收入减少,利息率下降。

影响 *LM* 曲线移动的因素有货币投机需求、货币交易需求、货币供给量和物价水平。

IS—LM 模型将产品市场和货币市场结合起来,运用 *IS* 曲线和 *LM* 曲线,分析研究两种市场如何同时达到均衡,以确定两种市场同时均衡时的利息率与国民收入的组合。

IS—LM 模型包括产品市场与货币市场从不均衡到均衡的调整和总均衡的变动两种情况。

IS—LM 分析使得有关宏观财政与货币政策的讨论比使用简单的工具所可能进行的讨论更加丰富。宏观财政与货币政策的有效性取决于 *IS* 曲线和 *LM* 曲线的确切形状。因此,政府要想宏观经济政策发挥充分影响,需要灵活组合财政与货币政策。

概念复习

IS 曲线　*LM* 曲线　*IS—LM* 模型　挤出效应

思考与练习

一、选择题

1. *IS* 曲线上的每一点都表示(　　)。

A. 投资等于储蓄的收入和利率的组合　B. 投资等于储蓄的均衡的货币量

C. 货币需求等于货币供给的均衡货币量　D. 产品市场和货币市场同时均衡的收入

E. 以上说法均不正确

2. 一般说来,*IS* 曲线的斜率(　　)。

A. 为负值　B. 为零

C. 为正值　D. 等于 1

E. 大于 1

3. 政府支出的增加使 IS 曲线(　　)。

A. 向左移动　B. 向右移动

C. 保持不动　D. 斜率增加

E. 斜率减少

4. *LM* 线上的每一个点都表示(　　)。

A. 货币供给等于货币需求的收入和利率的组合

B. 货币供给大于货币需求的收入和利率的组合

C. 产品需求等于产品供给的收入和利率的组合

D. 产品需求大于产品供给的收入和利率的组合

E. 货币供给小于货币需求的收入和利率的组合

5. 一般地说,*LM* 曲线斜率( )。

A. 为正　　B. 为负

C. 为零　　D. 可正可负

E. 为 -1

6. 一般来说,位于 *LM* 曲线左方的收入和利率的组合,都是( )。

A. 货币需求大于货币供给的非均衡组合　　B. 货币需求等于货币供给的均衡组合

C. 货币需求小于货币供给的非均衡组合　　D. 产品需求等于产品供给的均衡组合

E. 产品需求大于产品供给的非均衡组合

7. 在 *IS* 曲线和 *LM* 曲线相交时,表明( )。

A. 产品市场均衡而货币市场非均衡　　B. 产品市场非均衡而货币市场均衡

C. 产品市场和货币市场处于非均衡　　D. 产品市场和货币市场同时达到均衡

E. 处于充分就业均衡

8. 在 *IS* 曲线不变的情况下,货币量减少会引起( )。

A. 收入增加,利率下降　　B. 收入增加,利率上升

C. 收入减少,利率下降　　D. 收入减少,利率上升

E. 以上说法均不正确

9. *IS—LM* 模型研究的是( )。

A. 在利息率与投资不变的情况,总需求对均衡的国民收入的决定

B. 在利息率与投资变动的情况,总需求对均衡的国民收入的决定

C. 将总需求与总供给相结合,研究总需求与总供给对收入和价格水平的决定

D. 在利率、投资和价格水平变动的情况下总需求对均衡收入的决定

E. 以上说法均不正确

10. 根据 *IS—LM* 模型,引起沿着总需求曲线向上移动的原因是( )。

A. 自发支出不变,名义货币供给不变,物价水平上升

B. 自发支出不变,名义货币供给不变,物价水平下降

C. 名义货币供给与物价水平不变,自发支出增加

D. 名义货币供给与物价水平不变,自发支出减少

二、计算题

1. 假设货币需求为 $L=0.2Y-10r$,货币供给为 200 美元,$c=60+0.8Y$,$t=100$,$i=150$,$g=100$。

问题:求 *IS* 和 *LM* 方程。

2. 已知货币供给量 $M=220$,货币需求方程为 $L=0.4Y+1.2/r$,投资函数为:$I=195-2\,000r$,储蓄函数为:$S=-50+0.25Y$。假设价格水平 $P=1$。

问题:求均衡的收入水平和利率。

3. 假设一个具有家庭和企业的两部门经济中,消费 $c=100+0.8Y$,投资 $i=150-6r$,实际货币供给 $m=150$,货币需求 $L=0.2y-4r$(单位都是亿美元)。

问题:

(1)求 IS 与 LM 曲线;

(2)求产品市场和货币市场同时均衡时的利率和收入。

案例分析

从1965年初到1966年末,美国驻越南军队由不足2.5万人剧增到35万人以上,卷入越南战争的程度急剧加深。军队的增加使得军费开支扶摇直上,从1965年到1966年,美国政府支出增加了550亿美元。利用 IS—LM 模型进行预测,这将对产出和利率产生什么样的影响呢?如图4-13所示,政府支出增加使 IS 曲线由 IS_1 右移至 IS_2,而 LM 曲线不变。因为,以不变价格计算,货币供给量 M_1 几乎没有变动:1965年为5910亿美元,1966年为5850亿美元,这样,IS—LM 模型预测经济从点 E_1 移至 E_2,GDP 增加,利率上升。这也正是1965年至1966年的实际情况:GDP 从24710亿美元增至26 160亿美元;增加了1450亿美元(是政府支出增加额550亿美元的数倍)。3个月期国库券利率从3.95%升至4.88%。

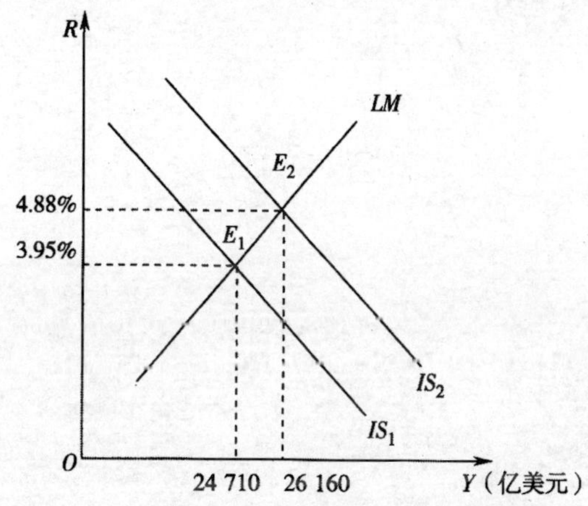

图4-13 政府支出增加对产出和利率的影响

当时经济学家们都认为,应提高税收以避免经济过热,并使 IS 曲线重新向左移动以降低利率。但不幸的是,约翰逊总统认为,通过提高税收来支撑越来越不受人们欢迎的战争,在政治上是行不通的。因此,直到1968年仍未提高税收。而到那时,过热的经济已经造成了通货膨胀和前所未有的高利率。

(资料来源:张建伟、王帅:《西方经济学》,人民邮电出版社,2011年版。)

思考与分析:

你认为要解决案例中所面临的经济过热问题,应该采取何种措施?

第五章　总需求—总供给模型

名人名言

创新，可以从需求的角度而不是从供给的角度给它下定义为：改变消费者从资源中获得的价值和满足。

——德鲁克

学习目标

通过本章的学习，要求学生明确总需求—总供给模型的含义，理解总需求、总供给的推导过程，掌握总需求、总供给与一般价格水平的关系以及总需求、总供给的变动对均衡的影响。

第一节　总需求函数

一、总需求函数

(一)总需求

在微观经济学中,市场对某产品的需求指该市场在每一价格水平上对该产品的需求量,而这里讲的总需求(Aggregate Demand,AD),是指整个经济社会在每一价格总水平上对产品和劳务的需求总量。

(二)总需求函数

总需求由消费需求、企业投资、政府购买和净出口组成:$AD = C + I + G + (X - M)$。其中国外需求由国际经济环境决定,而政府需求主要是一个政策变量,因此消费需求和投资需求是决定总需求量的基本因素。

正如在其他条件不变时,若某商品价格上升,市场对该商品需求量会下降一样,经济社会对商品的总需求也会随价格总水平上升而下降。总需求与价格总水平之间的这种依存关系,就是总需求函数(Aggregate Demand Function)。或者说,总需求函数是产品市场和货币市场同时达到均衡时的一般价格水平 P 与国民收入 Y 之间的依存关系。总需求函数可以表示为:

$$Y = f(P)$$

在其他条件不变的情况下,当一般价格水平 P 提高时,均衡国民收入 Y 就减少;当一般价格水平 P 下降时,均衡国民收入 Y 就增加,两者的变动方向相反。

二、总需求曲线的推导

(一)一般价格水平影响总需求的机制

1. 利率效应

价格总水平上升将导致利率上升,进而导致投资和总支出水平下降。价格水平上升时,人们需求更多货币从事交易。假定价格水平为100%时,需要3 000亿美元从事交易。价格水平上升为120%时,就需要3 600亿美元从事交易。总之,即使人们实际收入没有变化,如果价格水平上升了,进行商品和劳务的交易就需要更多的货币。价格水平越高,商品和劳务越贵,所需支付的现金就越多,所开的支票金额也越大。可见,货币需求是价格水平的增函数。如果货币供给没有变化,价格上升使货币需求增加时,利率必然上升,因为利率是货币供给和需要相均衡的结果。利率上升使投资水平下降,因而,总支出水平和收入水平也下降。价格总水平变动引起利率同方向变动,进而使投资和产出水平反方向变动的情况,称为利率效应(Interest Rate Effect)。

2. 实际余额效应

物价总水平上升,以货币表示的资产的购买力下降,并导致总需求变化。在经济社会中,人们都掌握有一定数量的现金和存款,这是他们所拥有的资产或者说财富的重要组成部分。价格水平的变动改变着这些资产的购买力,从而改变了这些财富的实际数量。价格水平上升,表示人们实际所有财富减少了,他们的消费和投资支出水平就会下降;价格水平下降了,表示人们的财富增加了,他们的消费和投资支出水平就会上升。这种情况,可称为实际余额效应(Real Balance Effect)。这种效应也使总支出水平和物价总水平成反方向变化。

利率效应和实际余额效应表明,国内物价总水平上升,必然使国内总支出水平下降;反之,国内物价总水平下降,必然使国内总支出水平上升。

(二)总需求模型

假定一般价格水平的变动只产生利率效应,没有财富效应,则总需求模型可以构造如下:

$$\begin{cases} I(r) = S(Y) \\ \dfrac{M_0}{P} = L_1(Y) + L_2(r) \end{cases}$$

(三)总需求曲线的推导

在图 5-1 中,设初始的价格水平为 P_1 时,LM_1 曲线与 IS 曲线交点 E_1 点所对应的收入为 Y_1,Y_1 实际上就是与价格水平 P_1 相对应的总需求,这样,(P_1, AD_1) 便构成总需求曲线上的一点,即图 5-1 中 D_1 点。现在,令价格水平下降到 P_2。价格水平的下降,意味着实际货币供给增加,导致 LM 曲线向右平移到 LM_2,并与 IS 曲线相交于 E_2 点,使总需求增加到 D_2,(P_1, AD_2) 构成总需求曲线上的另一点,即图 5-1 中的 D_2 点。假定总需求曲线是线性的,连接 D_1、D_2 两点就可以得到一条总需求曲线。

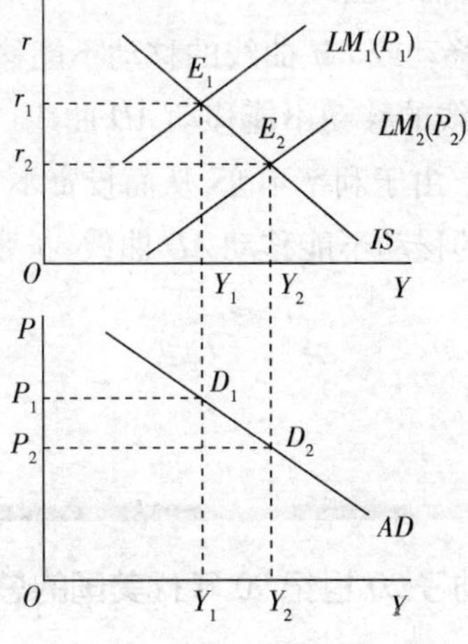

图 5-1 总需求曲线的推导

三、总需求曲线的特征与移动

(一)总需求曲线向右下方倾斜

总需求曲线向右下方倾斜的原因主要有以下四个：

(1)价格水平上升时,实际货币供给下降,货币供给小于货币需求,导致利率上升,投资下降,总需求量减少(价格变动的利率效应——左移 *LM* 曲线)；

(2)价格总水平上升时,资产的实际价值下降,人们实际拥有的财富减少,为了保持一定量的财富,人们必然增加储蓄,减少消费(价格变动的财富效应——左移 *IS* 曲线)；

(3)价格总水平上升时,居民的名义收入水平增加,居民进入更高的纳税等级,从而增加居民的税收负担,减少可支配收入,进而减少消费(左移 *IS* 曲线)；

(4)国内物价水平上升,在汇率不变条件下,使进口商品的价格相对下降,出口商品的价格相对上升,导致进口增加,出口减少(左移 *IS* 曲线)。

通常总是假定消费函数比较稳定,即一般价格水平的变动不影响消费水平,故价格水平的变动只影响利率与投资,即仅仅移动 *LM* 曲线,而不移动 *IS* 曲线。

(二)总需求的变动或总需求曲线的移动

总需求既然是 *IS*、*LM* 曲线交点所对应的收入,那么,任何移动 *IS*、*LM* 曲线的因素,都有可能引起总需求的变动,即移动总需求曲线。

(1)如果经济处于中间区域,任何移动 *IS*、*LM* 曲线的因素,都将移动总需求曲线。

消费、投资、政府购买和出口等注入因素的增加导致的 *IS* 曲线的右移、货币供给量的增加导致的 *LM* 曲线的右移,将右移总需求曲线;而储蓄、税收与进口等漏出因素的增加所导致的 *IS* 曲线左移、货币供给量的减少所导致的 *LM* 曲线左移,将左移总需求曲线。

因此,扩张性财政政策与货币政策,将增加总需求,右移总需求曲线;紧缩性财政政策与货币政策,将减少总需求,左移总需求曲线。

(2)特殊情况下,*IS* 曲线的移动或 *LM* 曲线的移动不能移动 *AD* 曲线。

第一,在凯恩斯区域,*LM* 曲线的移动不能移动 *AD* 曲线:货币供给的增加,不会降低利率(因为利率已经降到最低水平)。由于利率不变,从而投资不变,进而总需求不变。

第二,在古典区域,*IS* 曲线的移动不能移动 *AD* 曲线:扩张性财政政策产生了 100% 的挤出效应,以至于总需求不变。

拓展阅读

谁推动了 20 世纪 90 年代美国的总需求

前美国总统克林顿把 1996 年美国经济的明显回升和活跃归功于自己,但分析家则认为应主要归功于消费者。

在1996年的大部分时间里，美国人慷慨地支出于住房、汽车、电冰箱和外出吃饭，这使得在当年1月份时看来有停止危险的经济扩张又得以持续下去。在这一过程中，消费者基本上没理会过分扩大支出的警示信号。经济学家说，数据表明消费者的无节制支出是主要力量。劳工部估算，经济创造了23.9万个就业计划，远远大于预期的水平。

在各个行业中，就业增加最大的是零售业，它在当年6月份增加了7.5万个就业机会，其中有将近一半是餐饮业创造的。在汽车、中间商、加油站、旅馆和出售建筑材料及家具的商店中，工作岗位的增加也是强劲的。

大多数经济学家还一致认为，1996年支出迅速增加主要是由暂时的因素引起的，如低利率、高于预期水平的退税以及汽车制造商的回扣等。确定消费者支出过程中的一个无法预料的事是股票市场，股票市场使较多消费者感到可以有持续的高涨。经济学家多年来一直在解决市场投资的纸面获益能在多大程度上引起消费者支出更多这个问题，而且，他们仍然没有得出一个一致的答案。但是，他们说，20世纪90年代初期的牛市给消费者更多地支出提供了某种刺激。

在微观经济部分我们学过，需求是与价格相联系的一个变量，它与价格呈反方向变动的关系。需求的这一规律表现在总需求这一变量上，就是整个社会对商品的总需求量随价格总水平的上升而下降。所以，总需求曲线也是一条向右下方倾斜的曲线。

在价格不变的情况下消费、投资、政府支出和净出口需求增加时，社会的总需求增加了。这里我们分析了美国经济繁荣的主要原因是老百姓强劲消费拉动了美国的经济增长。由于消费增加，必须增加总供给，企业投资增加，劳动者的就业增加，就业增加使收入增加，而收入增加又促进消费的增加，形成一种良性的循环。当然当时的克林顿政府也采用扩张性的宏观经济政策，使消费或投资等增加。

（资料来源：吴萍：《宏观经济学》，西南财经大学出版社，2013年版。）

第二节 总供给曲线

一、总供给的含义和一般价格水平影响总供给的过程

（一）总供给的定义

总供给（Aggregate Supply，AS）是指一国在每一一般价格水平上愿意且能够销售的最终产品和劳务的总量。

（二）一般价格水平影响总供给的过程或者机制

一般价格水平影响总供给水平的过程分为三个阶段。

1. 一般价格水平变化影响实际工资水平

在名义工资不变的情况下，实际工资与一般价格水平变化负相关，即实际工资 $=\frac{W}{P}$。

2. 实际工资变动影响实际就业量

实际工资变动会影响劳动市场上的供求变动。一般说来，劳动供给是实际工资的增函数，劳动需求是实际工资的减函数。劳动供给与劳动需求共同决定实际就业量。

3. 就业量的变化引起产量或总供给的变化

就业量增加时，供给量（产量）随之增加。

一般价格水平影响总供给水平的过程可以这样表示：$P \rightarrow \frac{W}{P} \rightarrow N(N_d, N_s) \rightarrow Y$。

二、宏观生产函数

（一）假设社会仅使用资本和劳动两种要素进行生产

假设社会仅使用资本和劳动两种要素进行生产，则宏观生产函数可以表示为：

$Y=Af(N,K)$（A 表示技术水平）。该函数说明，经济社会的产出取决于该社会的技术水平、就业量和资本存量。

（二）短期宏观生产函数

收入决定理论主要限于短期分析。在短期，假定资本存量和技术水平不变，总产量仅取决于就业量，即总产量是就业量的函数，则有短期宏观生产函数：$Y=f(N)$。

短期宏观生产函数具有两个基本性质：一是总产量随就业量的增加而增加；二是总产量的增加受边际报酬递减规律的制约，随就业量的增加而呈现出递减的增长趋势。因此，如果以横轴表示就业量，纵轴表示总产量，总供给曲线就是一条向右上方倾斜且凹向横轴的曲线。如图 5－2 所示。

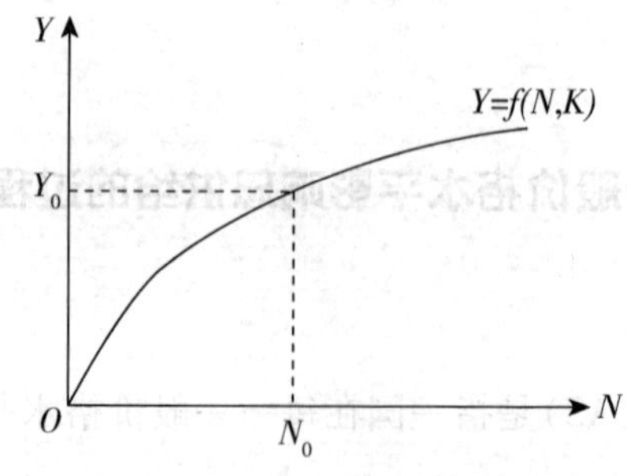

图 5－2 总供给曲线

三、就业量的决定

劳动总就业量决定于劳动需求和劳动供给的均衡。

(一)劳动需求函数与劳动需求曲线

1. 劳动需求函数

劳动的需求决定于劳动的边际产品 MP_L，是劳动的边际产品的函数。在微观经济学的生产要素价格决定原理中，厂商对劳动的需求决定于劳动的边际产品价值或边际收益产品。由于劳动边际产品价值随劳动投入增加而递减，因此厂商对劳动的需求曲线是向右下方倾斜的。同样，作为厂商的劳动总需求曲线也是向右下方倾斜的。在完全竞争的市场上，在短期内，厂商为了获得最大利润，就会使用尽量多的劳动力，即实际工资等于劳动的边际产品：

$$W/P = MP_L$$

式中，W 为货币工资率(指单位劳动时间的工资，如每小时的货币工资)，P 为价格水平，W/P 为实际工资率，MP_L 为劳动边际产品。由于 MP_L 随劳动数量增加而递减，因此，只有实际工资率 W/P 下降时，企业才肯多用劳动量。这就是说，劳动需求量是实际工资率的减函数：实际工资率低，则劳动的需求量大，反之亦然。因此，劳动需求函数可以表示为：

$$N_d = N_d\left(\frac{W}{P}\right)$$

2. 劳动需求曲线

由于厂商对劳动的需求量总是确定在实际工资等于劳动的边际产量这种状态下。因此，厂商对劳动的需求曲线与劳动的边际产量曲线重合。劳动的边际产量曲线受边际报酬递减规律的作用向右下方倾斜，故厂商对劳动的需求曲线也向右下方倾斜，从而市场劳动需求曲线也向右下方倾斜。如图 5-3 所示。

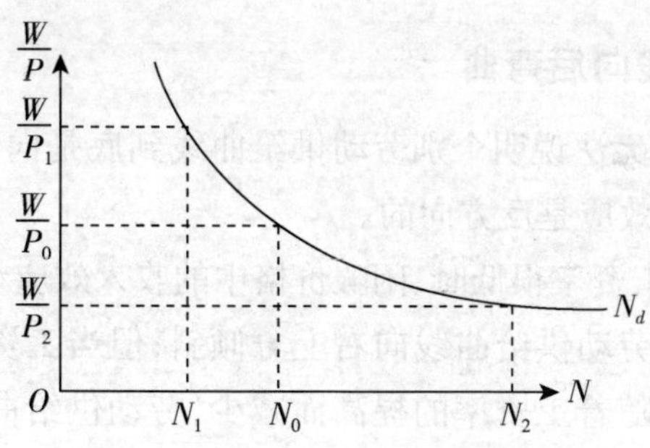

图 5-3　劳动需求曲线

(二)劳动供给函数与劳动供给曲线

1. 假定

第一,人在一天中所能自由支配的时间(24 小时生理活动所必需的时间)总是用于劳动与闲暇两个用途。因此,劳动时间与闲暇时间此消彼长。

第二,闲暇是一种好的商品,其效用 $E_m > 0$;劳动本身是沉重、单调和乏味的,具有负的效用,仅仅是谋生的手段。

第三,闲暇的价格或机会成本就是劳动的价格,就是工资率。如果 1 小时劳动的工资率为 10 元,则 1 小时闲暇的价格就是 10 元:享受 1 小时闲暇,就放弃了通过劳动可能获得的 10 元收入。

2. 闲暇的价格效应 = 替代效应 + 收入效应

(1)闲暇价格变动的替代效应

闲暇价格变动的替代效应是指闲暇价格(工资率)变动以后,调整消费者的收入,使他现在所得到的效用与闲暇价格(工资率)变动以前所得到的效用无差异时(希克斯替代效应),该消费者对闲暇需求量的变动。

闲暇价格变动的替代效应与闲暇价格负相关:闲暇价格即工资率提高,对闲暇的需求量就减少,从而劳动的供给量就增加。即工资上涨→闲暇的相对价格上升→闲暇需求量下降→劳动供给量上升。

(2)闲暇价格变动的收入效应

闲暇价格变动的收入效应,是指闲暇价格(工资率)变动引起消费者的收入变动,最终引起该消费者对闲暇需求量的变动。闲暇价格变动的收入效应与闲暇价格正相关:闲暇价格(工资率)提高,使消费者的收入增加,对闲暇的需求量增加(闲暇的 $E_m > 0$),从而劳动的供给量就减少,即工资上涨→消费者的收入上升→闲暇需求量上升→劳动供给量下降。

3. 个别劳动供给曲线向后弯曲

(1)闲暇价格效应本身无法说明个别劳动供给曲线到底是向右上方倾斜还是向右下方倾斜,因为替代效应与收入效应是反方向的。

(2)经验数据表明,当工资率很低时,闲暇价格中的收入效应小于替代效应,劳动供给会随着工资率的提高而增加,劳动供给曲线向右上方倾斜;但当工资率很高时,收入效应常常大于替代效应,劳动供给将随着工资率的提高而减少,劳动供给曲线向右下方倾斜。因此,个别劳动供给曲线向后弯曲。如图 5 – 4 所示。

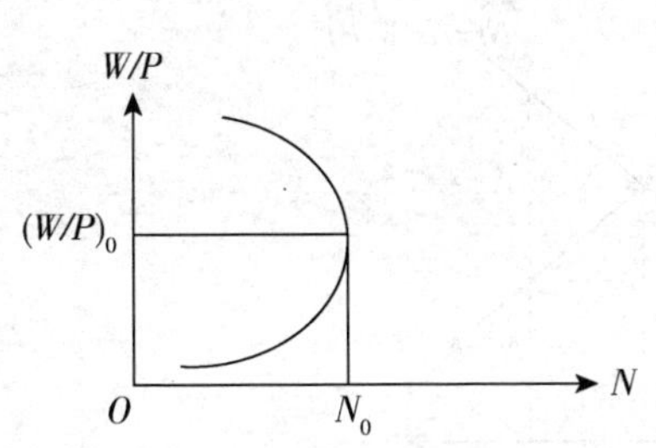

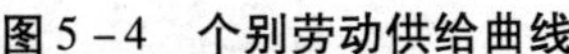

图 5-4 个别劳动供给曲线

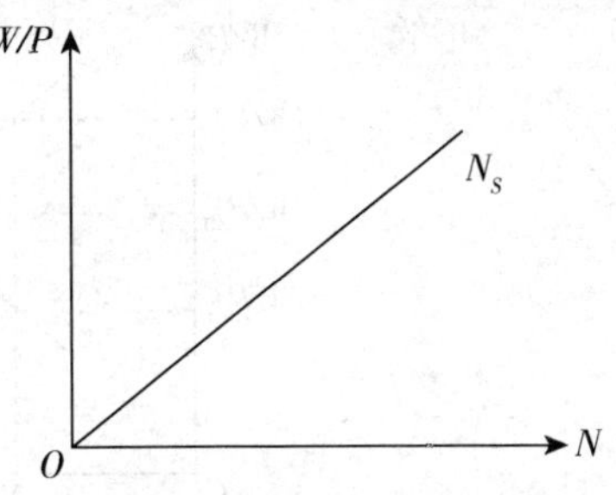

图 5-5 市场劳动供给曲线

4. 市场劳动供给曲线向右上方倾斜的原因

第一,不同劳动者对临界工资率的具体水平有不同的看法:当一些人认为现行工资率很高,随着工资率的进一步上升,这些人减少劳动供给时,另一些人则认为现行工资率仍然很低,随着工资率的进一步上升,这些人将继续增加劳动供给量。

第二,随着工资率的上升,自愿失业者会加入到雇佣劳动队伍中来。

因此,市场劳动供给量是实际工资的增函数:$N_s = N_s(\frac{W}{P})$。市场劳动供给曲线向右上方倾斜。如图 5-5 所示。

(三)均衡就业量的决定

1. 均衡就业量的含义

劳动供给与劳动需求相等,即劳助市场出清时的就业量就叫均衡就业量。此时,所有愿意按现行工资率工作的人都找到了工作,故均衡就业量又叫充分就业量。

2. 劳动市场就业量决定模型:

$$\begin{cases} N_d = N_s \\ N_d = N_d(\frac{W}{P}) \\ N_s = N_s(\frac{W}{P}) \end{cases}$$

3. 均衡就业量的决定过程

如图 5-6 所示,N_D 和 N_s 分别为市场劳动力需求曲线和市场劳动力供给曲线,N_D 和 N_s 相交所决定的工资率$(\frac{W}{P})_0$ 和就业量 N_0 分别为均衡工资率和均衡就业量。

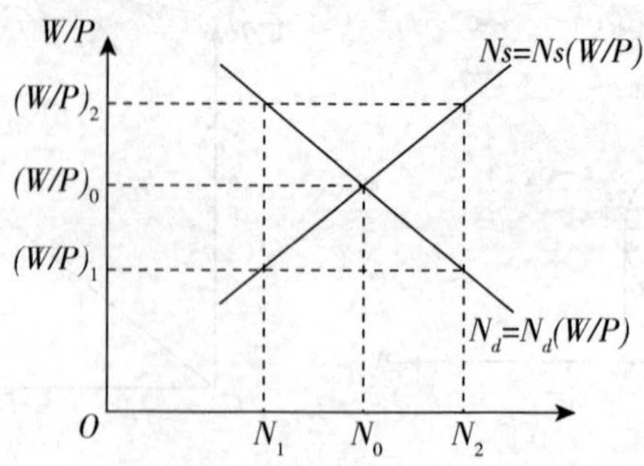

图 5－6　均衡就业量的决定

在任何高于$(\frac{W}{P})_0$的工资率下，如处于$(\frac{W}{P})_2$时，都会存在过度的劳动力供给，因为较高的工资率既会减少企业的劳动力需求数量，也会增加愿意供给的劳动力数量。在自由竞争的劳动力市场上，这种工资率不会持久，因为失业工人的存在将会对工资率产生一种向下挤压的力量。当然，工资率也不会长久地低于$(\frac{W}{P})_0$，如处于$(\frac{W}{P})_1$状态。因为工资率为$(\frac{W}{P})_1$时，劳动力需求超过劳动力供给，存在劳动力短缺的问题，企业为得到足够的劳动力，将不得不提高工资率，直到$(\frac{W}{P})_0$。我们可以断定，在特定的劳动力供给曲线、劳动力需求曲线和竞争性的劳动力市场下，将有且仅有一个单一的工资率，这个工资率就是经济中的均衡工资率。

四、货币工资、实际工资与一般价格水平之间的关系

实际工资$=\frac{货币工资}{P}$。曲线如图 5－7 所示。

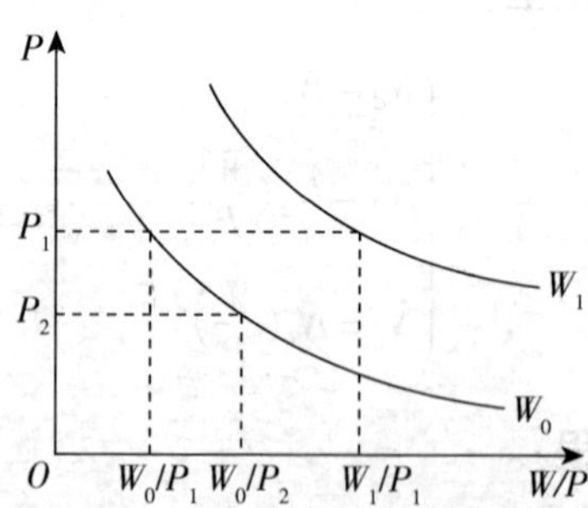

图 5－7　货币工资、实际工资与一般价格水平之间的关系

在图 5－7 中，货币工资曲线向右下方倾斜，在货币工资曲线既定条件下，实际工资随着价格的降低而增加。如果价格不变，货币工资增加，即货币工资曲线向右移动，实际工资相应增加。

五、古典(长期)总供给曲线

假定劳动市场完全竞争,货币工资弹性,就业量始终是充分就业量,收入始终是充分就业收入。

(一)古典(长期)总供给曲线的推导

古典总供给曲线是在充分就业产量水平上垂直的供给价格弹性等于零的供给曲线。如图5-8所示。

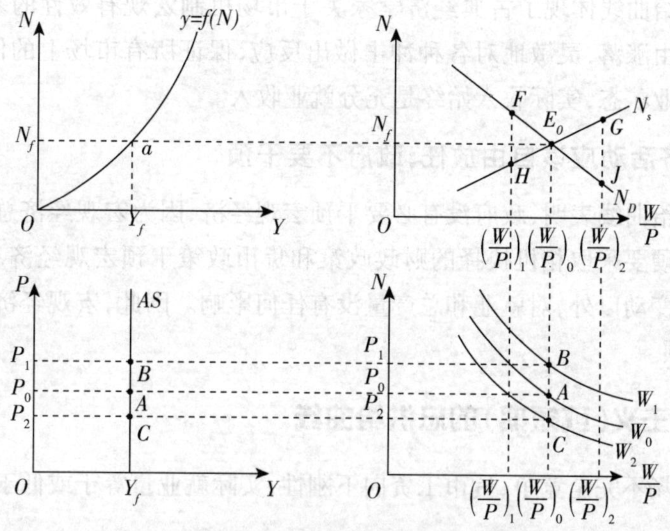

图5-8 古典总供给曲线的推导

在图5-8中,初始的价格水平为P_0,初始的货币工资为W_0,与实际工资为$(\frac{W}{P})_0$对应的就业量N_f正好就是均衡就业量,此时的实际收入就是充分就业收入Y_f。因此,与价格水平P_0对应的总供给为Y_f,显然,A点(P_0,Y_f)一定是总供给曲线上的一点。

现在价格上升到P_1,如果货币工资不变,则实际工资下降到$(\frac{W}{P})_1$,此时,劳动市场上的供给小于需求。为了雇佣到足够的劳动量,企业必然提高货币工资直到W_1,使实际工资$(\frac{W_1}{P_1})$等于均衡实际工资$(\frac{W}{P})_0$。均衡工资下的就业量就是充分就业量N_f,与充分就业量对应的收入就是充分就业收入Y_f。可见,B点(P_1,Y_f)也一定是总供给曲线上的一点。

如果价格从P_0处下降到P_2,货币工资不变,仍然为W_0,则实际工资上升到$(\frac{W}{P})_2$,此时,劳动市场上的供给大于需求。为了找到工作,工人必然降低货币工资直到W_2,使实际工资$(\frac{W_2}{P_2})$等于均衡实际工资$(\frac{W}{P})_0$。于是就业量为充分就业量N_f,收入就是充分就业收入Y_f。可见,与价格水平P_2对应的总供给也是Y_f,C点(P_2,Y_f)也一定是总供给曲线上的一点。

连接 A、B、C 三点所形成的一条与表示收入的横轴垂直的总供给曲线就是古典总供给曲线，因为古典经济学家相信市场机制的宏观有效性，认为宏观经济总是会处于充分就业状态。

由于几乎所有的经济学家都相信，在长期，经济总是处于充分就业状态。因此，古典总供给曲线又叫做长期总供给曲线。

（二）古典（长期）总供给曲线的含义

1. 充分就业水平是一种常态

垂直的总供给曲线体现了古典经济学家关于市场机制宏观有效性的基本观点：价格和货币工资可以自由涨落，灵敏地对各种冲击做出反应，保证所有市场上的供求相等，使经济始终处于充分就业状态，实际收入始终是充分就业收入。

2. 宏观经济活动应该自由放任，政府不要干预

垂直的总供给曲线表明，政府没有必要干预宏观经济，因为宏观经济总是处于充分就业状态。如果政府硬要采取相机抉择的财政政策和货币政策干预宏观经济，除了引起价格等名义变量值发生变动以外，对就业和总产量没有任何影响。因此，宏观经济活动应该自由放任，政府不要干预。

六、凯恩斯主义（或短期）的总供给曲线

假定劳动市场不完全竞争，货币工资向下刚性，实际就业量等于或低于充分就业量。

（一）凯恩斯主义（或短期）的总供给曲线的推导

凯恩斯主义（或短期）的总供给曲线的推导如图 5－9 所示。

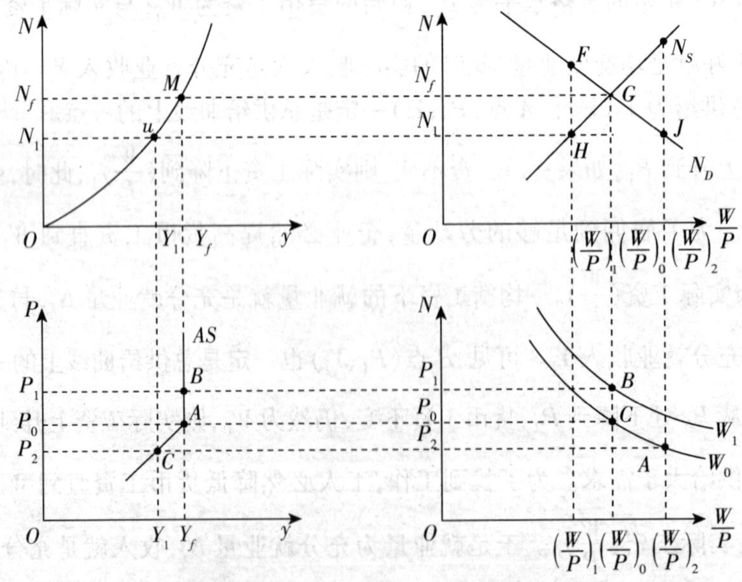

图 5－9　短期总供给曲线的推导

在图5-9中,初始的价格水平为P_0,初始的货币工资为W_0,与实际工资为$(\frac{W}{P})_0$对应的就业量N_f正好就是均衡就业量,此时的实际收入就是充分就业收入Y_f。因此,与价格水平P_0对应的总供给为Y_f,显然,A点(P_0,Y_f)一定是总供给曲线上的一点。

现在价格上升到P_1,如果货币工资不变,则实际工资下降到$(\frac{W}{P})_1$,此时,劳动市场上的供给小于需求。为了雇佣到足够的劳动量,企业必然提高货币工资直到W_1,使实际工资$(\frac{W_1}{P_1})$等于均衡实际工资$(\frac{W}{P})_0$。均衡工资下的就业量就是充分就业量N_f,与充分就业量对应的收入就是充分就业收入Y_f。可见,B点(P_1,Y_f)也一定是总供给曲线上的一点。

如果价格从P_0下降到P_2,货币工资不变,仍然为W_0,则实际工资上升到$(\frac{W}{P})_2$,此时,尽管劳动市场上的供给大于需求,但由于种种原因,货币工资并不下降。此时的实际工资$(\frac{W_0}{P_2})$高于均衡实际工资$(\frac{W}{P})_0$。实际就业量由需求方决定,为N_1,低于充分就业量N_f,从而实际收入为Y_1,低于充分就业收入Y_f。这样,与价格水平P_2对应的总供给为Y_1,C点(P_2,Y_1)也一定是总供给曲线上的一点。

连接A、B、C三点所形成的一条先向右上方倾斜,然后在充分就业收入水平上垂直的曲线,就是凯恩斯主义的总供给曲线或短期总供给曲线,因为凯恩斯主义者不相信市场机制的宏观有效性,认为宏观经济至少在短期常常会处于低于充分就业状态。

(二)货币工资向下刚性的原因

1. 长期劳动契约

无论是工人寻找一个合适的工作,还是厂商雇佣一个合适的工人,都要花费成本(交易费用)。为了节约这种成本,劳资双方都愿意达成一个时间比较长的劳动契约(美国一般为3年)。在契约期内,价格可能降低,但货币工资不变,实际工资因此上升,劳动需求随之减少,最终使实际就业量小于充分就业量。

2. 政府的最低工资法规,导致非熟练工人的大量失业

厂商雇佣劳动的原则是劳动的边际产量等于实际工资,即$MP_L=\frac{W}{P}$。在货币工资既定的条件下,价格水平下降,实际工资就会高于劳动的边际产量。为了最大化自己的利润,由于政府最低工资法规的存在,厂商如果不能降低货币工资的话,必然减少劳动的雇佣量,从而使大量的非熟练工人失业。

3. 工会组织

强大的工会组织往往使厂商即使在价格下降时也不能降低货币工资。在很多时候,即

使失业增加,工会也坚持高工资。资方有时发现,满足工会的要求,比蒙受经久不决的劳资谈判或工人的罢工之苦要好一些,即使这样做可能对公司的长期健康发展不利。

4. 效率工资理论

支付给工人的能提高工人劳动效率、降低产品的平均成本且高于市场工资水平的工资叫效率工资(Efficiency Wage)。

亨利·福特在1914年开办他的汽车厂时,他支付给工人的工资为一天5美元,是当时市场平均工资的2倍多。他想用高工资使他的工人努力工作。许多现代公司采用了同样的方法。

当一个厂商降低所有工人的工资时,他常常担心最好的雇工最有可能离他而去。将工资定在高于市场出清水平上,不仅可以留住优秀的雇员,还可以对偷懒者进行有效的惩罚:如果工人偷懒时被发现并且被开除,他不得不失业一定时间,因为在高工资下劳动需求将减少,而且他不得不接受其他厂商提供的较低工资。而如果劳动市场是完全竞争的,偷懒的成本将相当小些。工人如果偷懒时被发现并且开除,立即可以找到同样工资的工作,因为不存在非自愿失业。

(三)20世纪90年代凯恩斯主义的总供给曲线

在20世纪90年代,大多数凯恩斯主义者相信,在充分就业收入之前,短期总供给曲线比较平坦地向右上方倾斜;在充分就业收入后,短期总供给曲线则变得相当陡峭。如图5-10所示。

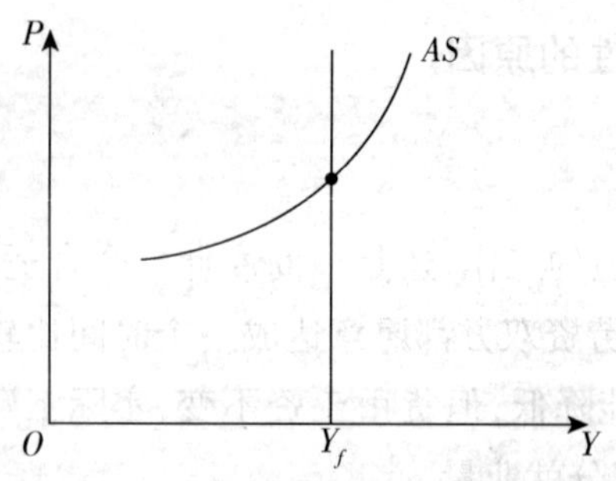

图5-10 正统凯恩斯主义总供给曲线

(四)凯恩斯主义总供给曲线的含义

(1)由于有效需求不足和货币工资的刚性,经济体系可能出现低于充分就业状态。

(2)相机抉择的总需求管理政策对就业与总产量有一定的影响。

当经济处于低于充分就业状态时,政府可以而且有必要采取相机抉择的财政政策和货币政策干预宏观经济活动,以增加就业和收入。即总需求管理政策具有一定的真实效应。

(3)在不同的就业或收入水平下,总需求管理政策对就业与总产量的影响程度不同。

在充分就业收入之前,总需求的变动对产出具有重大且持久的影响,对价格的影响则相当小。因为当时有大量的闲置资源,总需求的增加在增加厂商产量的同时,几乎不会提高资源或要素的价格(失业)。要素价格不变,使得产品的平均成本不变。因此,总需求的增加必然大量地增加产量,较少提高价格水平。在充分就业收入以后,总需求的增加主要是提高价格水平,很少会增加产量。因为充分就业以后,要增加产量,就必须提高货币工资,使那些自愿失业者参加工作,从而必然极大地增加边际成本,提高一般价格水平,而产量的增加却十分有限。故总供给曲线相当陡峭。此时,政策的作用比较小。

七、正统凯恩斯主义总供给曲线的移动

(一)潜在产出变动对总供给曲线的影响

(1)潜在产出(Potential Output)是指劳动市场与产品市场均衡时的产出,或者是指在资源(要素)和技术水平既定的条件下,一国所能提供的最大的可持续产出,也叫做充分就业产出(Full-employment Output)。

(2)潜在产出的决定因素:一国所拥有的要素的数量、质量和技术水平。

(3)潜在产出增长时,总供给曲线向右移动。如图 5-11 所示。

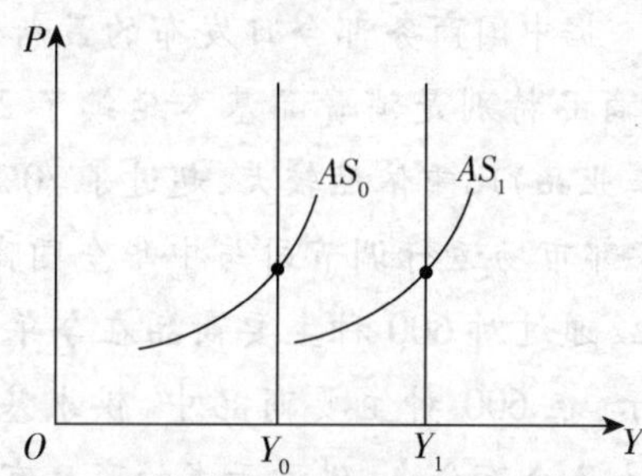

图 5-11 潜在产出增长引起的总供给曲线移动

(二)投入品价格变动对总供给曲线的影响

投入品价格的上升,会引起产品的平均成本增加。只有在较高的价格水平上,厂商才愿意提供跟以前相同数量的产出。故投入品价格的上升,将导致总供给曲线上移。如图 5-12 所示。

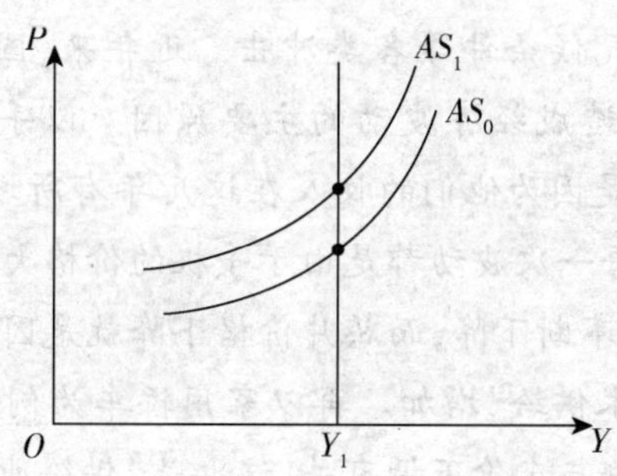

图 5-12 投入品价格上升引起的总供给曲线上移

在现实生活中,总供给的变动常常是由成本上升和潜在产出增长共同造成的。因此,总供给曲线常常向右上方移动,如图5-13所示。

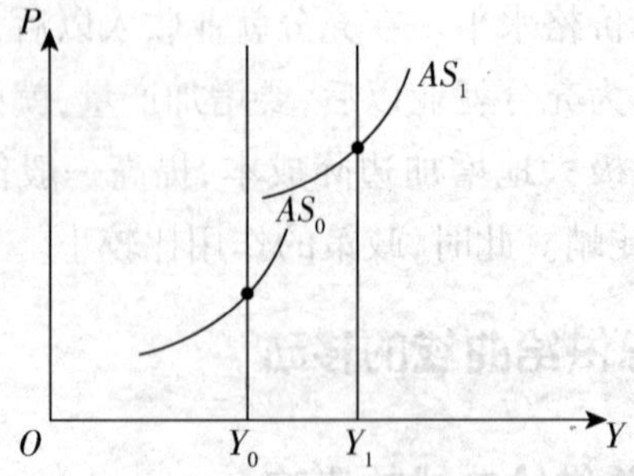

图5-13 潜在产出增加和投入品价格上升共同引起的总供给曲线的移动

拓展阅读

总供给冲击——以中国商品供求波动为例

中新社北京3月25日电 据中国商务部今日发布的最新信息,2005年上半年,统筹国内外市场供需情况,绝大多数商品特别是消费品基本延续了2004年下半年市场的供求局面,供过于求的商品(主要为工业品)比重依然较大,超过了70%。

这份调查结果是近期商务部市场运行调节司与中华全国商业信息中心,会同各地商务主管部门及有关大型商业企业,通过对600种主要商品在今年上半年的全国市场供求情况进行分析后得出的。调查显示,在600种主要商品中,供求基本平衡的商品有160种,占26.8%,比去年下半年增加了1.3个百分点;供过于求的商品有439种,占73.2%,比去年下半年减少了1.3个百分点;没有供不应求的商品。调查还指出,当前中国消费品市场的一个突出特点是供求波动性加大。

理论分析:凡是可能引起社会总生产能力或成本变化的因素,都可以称为总供给冲击。从理论角度看,为刺激需求,既可以从需求方着手,如降低利率、加速折旧或者采取投资补贴等,也可以从供给方着手,如增加要素供给、降低要素价格等。通常所谓的正向供给冲击,可以包括资源价格下降、环境管制放松、有助于节能或污染控制的重大技术创新、劳工待遇标准放低以及适合农业生产的气候条件等各类冲击。近年来,国外已有学者指出,供给冲击(尤其是技术性供给冲击)是造成经济波动的主要原因。以手机为例,现在大多数人购买(尤其是更换)手机并不仅仅是因为他们的收入在这几年有所增加,而是因为手机价格大幅度下降,可以说,手机市场的每一次波动都是由于手机的价格大幅下降所致。手机价格之所以下降,就是由于芯片的价格不断下降,而芯片价格下降就是因为制造芯片的新技术不断出现,或者说是由于芯片的"技术供给"增加。再以家用轿车为例,近几年家用轿车销售火爆,汽车销售市场的每次波动也都与车价下调有关,这也是"供给冲击"作用的表现。

概述而言,造成本案例中这一现象的主要因素有:

第一，居民消费升级的欲望增强，对手机、汽车等热点消费品需求的集中释放，短期内造成某些型号产品市场供求的波动。技术水平导致的商品价格下降等对居民消费有相当的刺激作用，也推动了供给的增加。

第二，随着全球经济一体化，中国市场更大范围、更深程度地融入全球市场，中国市场的发展与世界经济的大环境紧密相连，大宗贸易产品受国际市场影响加大，国际市场价格的波动会在一定程度上影响国内市场的供应。

第三，在市场机制作用下，一些行业经过几年激烈的竞争后开始改变经营策略，从以低水平的价格战谋求更大的市场份额转到提高产品质量和服务以引起消费者的青睐。除了价格之外，通过提高质量和服务等也可以刺激消费，并促使供给的增加。

（资料来源：斯蒂格利茨：《经济学》，中国人民大学出版社，2010 年版。）

第三节　总需求—总供给模型与国民收入的关系

一、一般价格水平与收入的决定

（一）总需求—总供给模型（*AD-AS* 模型）

为了研究一般价格水平与收入的决定，必须将总需求与总供给两者联系起来，构建总需求—总供给模型：

$$\begin{cases} AD = AS \\ AD = AD(P) \\ AS = AS(P) \end{cases}$$

求解该模型，就可以得到均衡的一般价格水平与收入。

（二）一般价格水平与收入的决定过程或决定机制

一般价格水平与收入的决定过程，如图 5－14 所示。

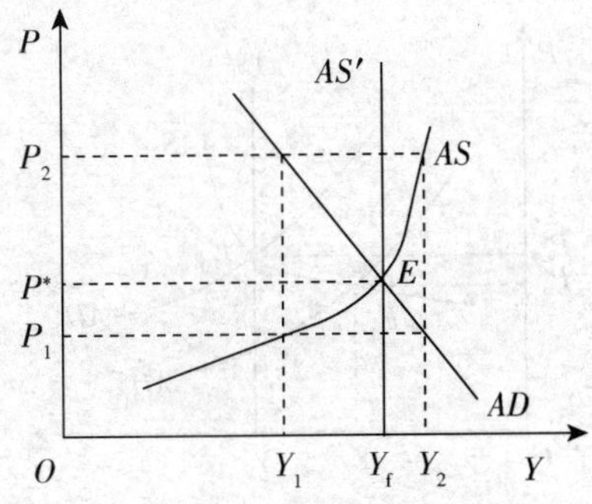

图 5－14　均衡时的一般价格水平与收入

在图5－14中，AS表示短期总供给曲线，AS'表示长期总供给曲线，AD表示总需求曲线。均衡时即总供给曲线与总需求曲线的交点E所决定的一般价格水平与收入分别为P^*、Y_f。如果一般价格水平为P_1，相对应的收入为Y_1，小于均衡收入。这时总需求大于总供给，导致一般价格水平上升。一般价格水平的上升，一方面使实际货币供给量减少，从而使利率提高，投资下降，总需求减少；另一方面使实际工资下降，从而使劳动需求增加，就业增加，总供给增加。这两方面的作用，最终使一般价格水平由P_1上升到P^*，收入由Y_1增加到Y_f，总需求和总供给重新相等，经济恢复均衡状态。

如果一般价格水平为P_2，相对应的收入为Y_2，大于均衡收入。这时总需求小于总供给，导致一般价格水平下降。一般价格水平的下降，一方面使实际货币供给量增加，从而使利率下降，投资增加，总需求增加；另一方面使实际工资上升，从而使劳动需求减少，就业减少，总供给减少，最终使一般价格水平由P_2下降到P^*，收入由Y_2减少到Y_f，总需求和总供给重新相等，经济恢复均衡状态。

短期总供给曲线与总需求曲线在长期总供给曲线上的E点相交，此时的均衡，是三市场即产品市场、货币市场、劳动市场的同时均衡。因为总需求曲线是根据$IS—LM$模型推导出来的，所以总需求曲线上的点代表产品市场和货币市场的同时均衡。在图5－14中，长期总供给曲线AS'也经过短期总供给曲线AS与总需求曲线AD的交点E，而长期总供给曲线所对应的收入是充分就业收入Y_f，此时的劳动市场也实现了均衡。这种产品市场、货币市场与劳动市场的同时均衡，是一种理想的经济状态。

二、一般价格水平与收入的变动

既然一般价格水平与收入是由总需求与总供给共同决定的，那么总需求和总供给的变化，即总需求曲线和总供给曲线的移动，就会导致一般价格水平与收入发生变动。

（一）总需求减少引起的低于充分就业均衡及其对策

消费、投资和净出口的减少都会导致总需求曲线向左平移。在总供给曲线不变的情况下，总需求曲线左移将产生两个结果：一是就业和收入减少、二是一般价格水平下降。如图5－15所示。

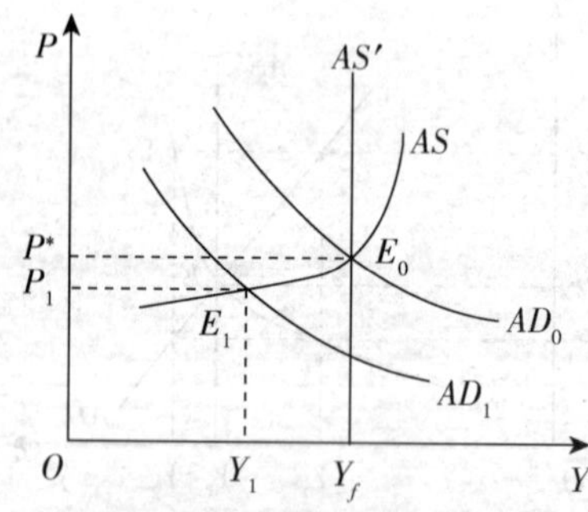

图5－15 低于充分就业均衡状态

在图 5-15 中,初始的总需求曲线 AD_0 与短期总供给曲线 AS 相交于点 E_0,此时的收入为充分就业收入 Y_f,一般价格水平为 P^*。现在总需求减少,总需求曲线由 AD_0 左移到 AD_1,总需求曲线 AD_1 与短期总供给曲线 AS 相交于点 E_1,一般价格水平下降到 P_1,收入减少到 Y_1,此时的实际就业量小于充分就业量。

当经济处于低于充分就业均衡状态时,政府可以采取扩张性财政政策或货币政策,右移总需求曲线,增加就业与收入,实现充分就业均衡。

(二)总需求增加引起的通货膨胀及其对策

由于短期总供给曲线在充分就业以后比较陡峭,在总供给曲线不变的情况下,总需求增加或总需求曲线右移将产生两个结果:一是就业与收入的少量增加;二是一般价格水平的大幅度上升。如图 5-16 所示。

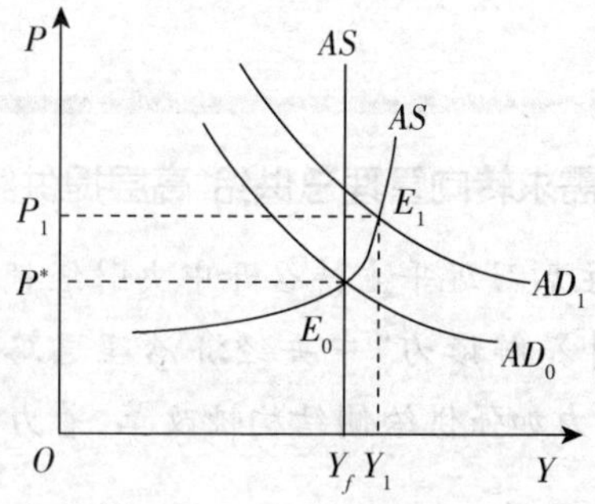

图 5-16 通货膨胀

在图 5-16 中,初始的总需求曲线 AD_0 与短期总供给曲线 AS 相交于点 E_0,此时的收入为充分就业收入 Y_f,一般价格水平为 P^*。现在总需求增加,总需求曲线由 AD_0 向右平移到 AD_1,AD_1 与 AS 相交于点 E_1,一般价格水平由 P^* 上升到 P_1,发生通货膨胀。此时,政府可以采取紧缩性财政政策和货币政策,左移总需求曲线,降低通货膨胀率。

(三)总供给减少引起的滞胀(Stagflation)和凯恩斯主义需求管理政策的失灵

如果短期总供给曲线受到供给方面的冲击(如原材料价格上升或工资提高以及垄断等因素)左移时,就会形成收入减少、价格水平上升的"滞胀"局面。如图 5-17 所示。

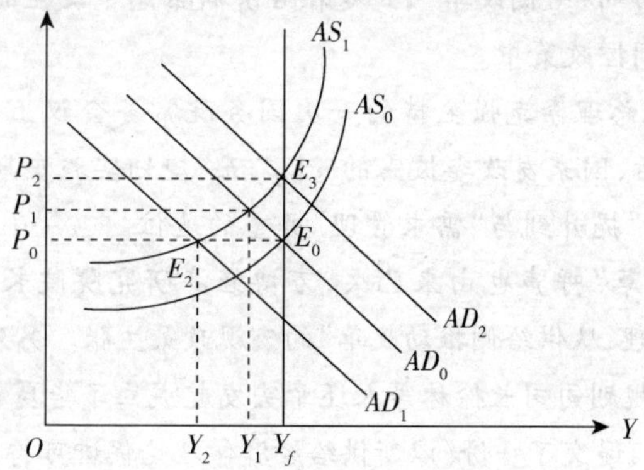

图 5-17 经济滞胀和需求管理政策的失灵

在图 5－17 中，初始的短期总供给曲线 AS_0 与总需求曲线 AD_0 相交于点 E_0，此时的收入为充分就业收入 Y_f，一般价格水平为 P_0。现在由于种种原因，总供给减少，短期总供给曲线由 AS_0 向左平移到 AS_1，AS_1 与 AD_0 相交于点 E_1，一般价格水平由 P_0 上升到 P_1，而收入下降到 Y_1，低于充分就业收入。这种现象被称为"滞胀"。

面对"滞胀"，凯恩斯主义的相机抉择的需求管理政策左右为难。如果政府采取紧缩性政策，将总需求曲线左移到 AD_1，可以降低价格，但同时使失业增加，收入减少到 Y_2，经济更加萧条；如果政府采取扩张性政策，将总需求曲线右移到 AD_2，虽然会增加就业与收入，但同时使一般价格水平上升到 P_2，加剧通货膨胀。因此，"滞胀"宣告了凯恩斯主义需求管理政策的失灵。

拓展阅读

从管理总需求转向管理总供给 高层提供给侧改革

2015 年 11 月 10 日，国家主席习近平主持召开中央财经领导小组第十一次会议，会上首次提出"供给侧改革"。这被外界解读为"中央经济治理思路现重大转变"。习近平表示："在适度扩大总需求的同时，着力加强供给侧结构性改革，着力提高供给体系质量和效率，增强经济持续增长动力。"

对此，民生宏观研究院院长管清友向《华夏时报》记者表示，中国目前的经济困境不同于任何一个国家、任何一个时代，既不可以简单地搞凯恩斯主义的需求管理，也不可以单靠撒切尔夫人和里根那套供给管理。两者都是拯救中国经济不可或缺的锦囊，"需求管理是基础，要适度，供给改革才是核心，要加强。"

市场人士分析认为，政府关注点从管理总需求转向管理总供给，意味着"三驾马车"概念将慢慢淡化，"供给侧改革"或将成为"十三五"期间经济改革的重心。

改革土壤

近年来，伴随着投资增速下降、人口红利减少、劳动力成本上升、外贸持续萎缩等，经济被迫进入中高速发展。而"供给侧改革"，正是在经济新常态下诞生的一种新的话语体系，并频频出现在了国家宏观调控政策中。

2014 年 4 月，国务院总理李克强主持的一次国务院常务会议上，"着力增加有效供给"的说法被重点提及。其后，国家发改委披露的"十二五"规划实施中期评估报告中，第一次在官方表述中将"供给管理"提升到与"需求管理"并重的地位。

而民间对"供给侧改革"呼声也由来已久，万博经济研究院院长滕泰曾建言"新供给主义"，提出"淡化总需求管理，从供给侧推动改革"的宏观政策主张。另外，新供给经济学派发起人之一贾康、国家发改委规划司司长徐林等人还牵头发起成立了华夏新供给经济学研究院，并于 2013 年年中向相关部门递交了一份《以新供给经济学理论促进可持续发展建议稿》。

所谓"供给侧改革"，就是从生产、供给端入手，不同于需求侧管理的通过提高社会需求来促进经济增长。

“需求侧管理认为需求不足导致产出下降，所以拉动经济增长需要‘刺激政策’来提高总需求，使实际产出达到潜在产出。”国信证券分析师董德志解释说，两者对于如何拉动经济增长有着截然不同的理念。

过去，我国的经济政策主要集中在“需求端”发力，凯恩斯主义的需求管理成为盛行的理论和政策取向，主要表现为财政和货币政策的调整，如2008年全球经济危机期间，不到5年时间里，决策部门不仅推出4万亿计划，还11次调整利率、22次调整存款准备金。而从去年到今年，又像进入一个新的轮回。

“就像开车，你不能一会儿急踩刹车一会儿又猛加油门，经济无法保持平稳运行。”关于调控手法，不止一位经济学人士向《华夏时报》记者以此类比。而如今，“有效供给”被中央明确提出，发出了强烈的信号：经济主要矛盾发生变化，“投资出口占比太大，消费占比太小”的时代正在远去，而“供给跟不上需求”正凸显经济增长的重要障碍。

最明显的例子是，中低端消费品供给严重过剩，如衣服鞋帽玩具等消化不了；而高品质消费品供给不足，中国居民在海外疯狂扫货。而供给侧管理认为，市场可以自动调节使实际产出回归潜在产出，所以不需要所谓“刺激政策”来调节总需求，拉动经济增长需要提高生产能力即提高潜在产出水平，其核心在于提高全要素生产率。

两大任务

目前，我国经济结构中，除了高端服务业、新兴产业的供给不足，还有一个大的问题是产能过剩。

10月10日，中央财经办公室主任刘鹤到广东调研时强调，要更加重视供给侧调整，加快淘汰僵尸企业，有效化解过剩产能。

不过，如果过于快速地解决多个行业、多个地区的产能过剩也有可能引发通缩、失业、经济动力不足等一系列风险。管清友认为，经济危机的实质是“过剩”，不解决产能过剩，就不可能走出危机。很多决策者对去产能闻之色变，认为去产能就是“破”，意味着砸机器、倒牛奶；但事实上，去产能也是“立”，通过并购重组，可以有效缓解去产能的阵痛，同时重塑企业活力。

11月初，管清友和朱振鑫在一篇流传甚广的文章《应对当前经济形势的八条对策》中明确提出，解决当下经济的问题，要“平衡需求侧扩张与供给侧改革之间的关系”。

习近平在上述会上也明确表示：“要促进过剩产能有效化解，促进产业优化重组。要化解房地产库存，促进房地产业持续发展。”

对此，分析人士认为，“供给侧改革”根本上有两大任务：一是将资源要素从产能过剩的、增长空间有限的产业中释放出来；二是为提供中高端消费服务的“朝阳产业”输送更多的劳动力、资金、金融和技术。产业结构大变迁，意味着服务业的黄金时代已经悄然到来。

华夏新供给经济学研究院院长贾康认为，唯有实质性推进“攻坚克难”的全面改革，通过供给端创新打造支撑中国经济增长的新“混合动力体系”，才能推动中国经济迈上更长久的中高速增长平台。

呼吁减税

11月9日，李克强在经济形势专家企业负责人座谈会上强调，要发挥财政、货币、产业、价格等政策的作用……用好积极财政政策空间，合理加大减税力度，帮助企业渡难关、调结构、增后劲。

（资料来源：http://money.163.com/15/1114/08/B8CC60GD00252G50.html。）

本章小结

总需求是指整个经济社会在每一个价格水平下对产品和劳务的需求总量，它由消费需求、投资需求、政府支出和国外需求构成。总需求函数是产品市场和货币市场同时达到均衡时的物价水平 P 与国民收入 Y 之间的依存关系。描述这一函数的曲线称为总需求曲线，它是一条向右下方倾斜的曲线。扩张性的财政政策或货币政策会使总需求曲线向右移动，反之，则向左移动。

总供给是指经济社会在每一个价格水平上提供的商品和劳务的总量。总供给函数表示总产出量与一般价格水平之间的依存关系。描述这种关系的曲线称为总供给曲线。总供给曲线是根据生产函数和劳动力市场的均衡推导而得的。影响总供给的因素有就业量、技术进步、资本积累等。总供给曲线的斜率取决于劳动力市场对货币工资变动能作何反应的假定。当实际产出量不受价格影响时，总供给曲线是一条位于充分就业产出水平的垂直线。当名义工资具有向下的刚性时，总供给曲线是一条向右上方倾斜的曲线。

总需求与总供给均衡点决定均衡国民收入和均衡价格总水平，*AD* 线和 *AS* 线的任何移动都将导致均衡点的变动，从而导致均衡国民收入的变动。总供给不变，总需求变化时，在总供给曲线平坦的部分，国民收入与总需求同方向变化，价格水平不变；在总供给曲线竖直区域，总需求的变动会引起价格水平的同方向变动，而不会引起国民收入的变动；在总供给曲线向右上方倾斜部分，总需求的变动会引起国民收入与价格水平的同方向变动。在总需求不变时，总供给的增加及产量的增加会使国民收入增加，价格水平下降；而总供给的减少，即产量的减少会使国民收入减少，价格水平上升。

概念复习

总需求　总需求曲线　总供给　总供给曲线　劳动需求曲线　劳动供给曲线　劳动市场均衡　凯恩斯主义的总供给曲线　总需求—总供给模型

思考与练习

一、选择题

1. 总需求曲线 *AD* 是一条(　　)。

A. 向右下方倾斜的曲线　　B. 向右上方倾斜的曲线

C. 水平的直线　　D. 与横轴垂直的线

2. 总需求曲线向右下方倾斜是由于(　　)。

A. 价格水平上升时,投资会减少　　B. 价格水平上升时,需求会减少

C. 价格水平上升时,净出口会减少　　D. 以上几个因素都是

3. 总需求曲线是一条向右下方倾斜的曲线,表明(　　)。

A. 国民收入与价格水平呈同方向变动　　B. 国民收入与价格水平呈反方向变动

C. 价格水平越高,消费、投资越多　　D. 价格水平越低,消费越少

4. 总需求曲线表明(　　)。

A. 产品市场达到均衡时,总需求与价格水平之间的关系

B. 货币市场达到均衡时,总需求与价格水平之间的关系

C. 产品市场与货币市场同时达到均衡时,国民收入与利率之间的关系

D. 产品市场与货币市场同时达到均衡时,总需求与价格水平之间的关系

5. 长期总供给曲线表明(　　)。

A. 经济中的资源还没有得到充分利用　　B. 经济中的资源已得到了充分利用

C. 在价格不变时,总供给可以无限增加　　D. 经济中存在着严重的失业

6. 短期总供给曲线表明(　　)。

A. 总需求与价格水平同方向变动　　B. 总需求与价格水平反方向变动

C. 总供给与价格水平同方向变动　　D. 总供给与价格水平反方向变动

7. 总供给曲线垂直的区域表明(　　)。

A. 资源没有被利用　　B. 经济增长能力已达到了极限

C. 国民收入减少　　D. 国民收入增加

二、简答题

1. 决定总需求曲线斜率的主要因素有哪些?

2. 总需求曲线和单个商品的需求曲线有什么不同?

3. 导致总需求曲线和总供给曲线变动的因素是什么?

4. 凯恩斯学派关于劳动市场理论的主要观点是什么?

5. 请说明简单凯恩斯模型、*IS—LM* 模型和 *AS—AD* 模型这三个模型之间的内在联系。

6. 分析宏观经济均衡的条件。

7. 解释为什么未预料的通货紧缩会改变人们的收入再分配,从而进一步减少总需求。

三、计算题

1. 设一两部门的经济由下述关系式描述:消费函数 $C=100+0.8y$,投资函数为 $I=150-6r$,货币需求函数为 $L=0.2y-4r$,设 P 为价格水平,货币供给为 $M=150$。

试求:

(1)总需求函数。

(2)若 $P=1$,均衡的收入和利率各为多少?

(3)若该经济的总供给函数为 $AS=800+150P$,求均衡的收入和价格水平。

2. 假设有一经济社会是由三部门构成的。其消费函数为 $C=20+0.8(Y-T)$，投资函数为 $I=600-4\,000r$，政府支出 $G=420$，税收函数 $T=100+0.25Y$，名义货币供给 $M_s=345$，货币需求函数为 $M_d=25+0.4Y-4\,000r$。

试求：

(1) IS 曲线方程式；

(2) 当价格水平 $P=1$ 时，LM 曲线的方程式；

(3) 当价格水平 $P=1$ 时，产品市场和货币市场同时均衡时的利率和收入；

(4) 总需求曲线方程式。

3. 经济的充分就业产出水平为 700 亿美元，在 $P=2$ 时，总需求等于总供给。IS 方程为 $y=1\,000-30r$，这里 $C=30+0.8Y_d$，$I=150-6r$，$T_x=100$ 和 $G=100$。LM 曲线为 $y=500+20r$，这里 $M=200$，$P=2$，货币需求为 $0.2y-4r$。

试问：

(1) 当政府支出增加 15 亿美元、总需求扩大、价格水平上升到 2.22 时，IS、LM 方程如何变化？

(2) 求在 $P=2$ 和 $P=2.22$ 水平下的 r、C 和 I 水平。

(3) 政府支出的增加对产出构成有何影响？

案例分析

战争与经济

"大炮一响，黄金万两"。震惊世界的"9·11"事件之后，美英两国对阿富汗发动了军事打击。战争对经济产生了一些积极影响：不少人希望美国军火商能得到大量的坦克和飞机订单，通过军事支出的增加，引起总需求的增加，就业情况也会因许多人应征上前线而得到缓解，美国股市乃至经济借此一扫晦气。

专家分析认为，此次战争对美国经济的影响与海湾战争不同。20 世纪 60 年代末期，联邦政府的巨额国防开支和非国防开支，使本来已很强劲的私营部门总需求进一步增强，并积聚了很大的通货膨胀压力，这种压力在整个 20 世纪 70 年代也未能得到充分缓解。此后一直到 80 年代末期，大部分经济决策的主要任务就是抑制通货膨胀。相反，海湾战争却引发了一次经济衰退，这是"沙漠盾牌行动"初期消费者信心急剧下降所导致的结果。但由于当时军队所需的大部分物资并不是依靠投资在未来实现的，所以并没有产生通货膨胀。

但阿富汗战争同以往迥异。首先，不太可能像海湾战争那样动用大规模的地面部队。更重要的是，这场战争将主要通过非常规手段进行，与此相关的国防资源大多是军备库存中所没有的，需要新的开支计划，这对经济中的总需求产生积极的影响。

（资料来源：张成武、俞颖灏：《西方经济学》，上海财经大学出版社，2007 年版。）

思考与分析：

1. 解释一国的总需求主要是由哪几部分构成的。

2. 军费支出的增加对总需求会产生什么影响？影响总需求变动的因素主要有哪些？

第六章　失业与通货膨胀

名人名言

立志是事业的大门,工作是登门入室的的旅途。

——巴斯德

学习目标

通过本章的学习,学生应明确失业的含义、衡量与分类,理解充分就业的含义,了解失业的经济损失,明确通货膨胀的含义,熟悉通货膨胀的类别。重点掌握失业与通货膨胀的形成原因及其相互的关系。

第一节 失 业

一、失业的定义和衡量

(一)劳动年龄人口

凡在一定年龄范围内愿意工作而没有工作,并正在寻找工作的人都是失业者。

这里的"一定年龄范围"是指劳动年龄。按照我国法律,未成年人不能工作,另外又有法定退休年龄规定。所以劳动年龄人口意味着从总人口中减去上述两类人口。我国规定男性的劳动年龄为16~60周岁,女性为16~55周岁。

(二)劳动力人口和非劳动力人口

劳动年龄人口分为劳动力人口和非劳动力人口。其中,非劳动力人口包括在校学习的成年人、没有劳动能力的人、只愿在家做家务劳动的人、不论工资待遇怎样都不愿去工作的人,以及嫌工资待遇低选择不工作的人。非劳动力人口也被称为非就业人员,不算失业人员,因为他们不包括在劳动力人口的统计中。

(三)失业的界定

失业人口是劳动力人口中的一部分,劳动力人口包括就业人口和失业人口。劳动力人口中失业人员是指那些愿意并且积极寻找工作而没有找到工作的人。根据国际劳工组织(ILO)的定义,失业指在某个年龄以上,在特定考察期内没有工作而又有工作能力,并且正在寻找工作的人。这里包含三个条件:

(1)一定年龄以上有工作能力;

(2)没有工作;

(3)正在寻找工作。它们必须同时成立,才能满足对失业对象的定义要求。

由于就业人口、失业人口与非劳动力人口三者之间处于经常性变动中,给统计带来一些麻烦,因此,各国都对什么是失业有明确的界定。比如美国,属于失业范围的人包括:第一,新加入劳动力队伍第一次寻找工作,或重新加入劳动力队伍正在寻找工作已达4周以上的人;第二,为了寻找其他工作而离职,在找工作期间作为失业者登记注册的人;第三,被暂时辞退并等待重返工作岗位而连续7天未得到工资的人;第四,被企业解雇而且无法回到原工作岗位的人,即非自愿离职者。

(四)失业率与劳动力参工率

衡量一个经济中失业状况的最基本指标是失业率。失业率是失业人口占劳动力人口的

百分比,可以由下列公式来计算:

$$失业率 = \frac{失业人}{劳动力人口} \times 100\% = \frac{失业人口}{就业人口十失业人口} \times 100\%$$

与失业率相近的一个统计指标是劳动力参工率(labor-force participation rate),它是指劳动力人口在总的劳动年龄人口中占的比率,即一个经济中愿意就业者在适龄人口中所占比例。

$$劳动力参工率 = \frac{劳动力人口}{劳动年龄人口} \times 100\%$$

据美国劳工统计局(BLS)统计,2015 年 2 月美国 16 岁以上人口失业人数为 9 289.8 万,有 33% 的美国劳动力处在就业市场之外,成为自 1978 年以来的最高失业率记录。根据我们前面的分析和定义,我们可以计算得出:

$$劳动力人口 = \frac{9\,289.8}{30\%} = 30\,966(万人)$$

表 6-1 显示了 1990~2013 年我国官方公布的分地区城镇失业人数和失业率。与我国经济转型背景相适应,我国失业统计存在多方面特点或问题,还不能真实反映失业问题的严重程度。第一,失业统计范围仅包括城镇经济,没有包括农村。第二,城镇失业人数对象仅限于有城市户口的经济活动人口,没有包括来自农村但实际常住城市的劳动力对象。第三,失业统计中判断人们是否在就业服务机构求职登记为标准,如果没有在相关机构正式登记,就会被失业统计所遗漏。第四,没有包括下岗人员。

表 6-1 分地区城镇登记失业人员及失业率

地区	失业人员(万人)							失业率(%)						
	1990	2005	2009	2010	2011	2012	2013	1990	2005	2009	2010	2011	2012	2013
北京	1.7	10.6	8.2	7.7	8.1	8.1	7.5	0.4	2.1	1.4	1.4	1.4	1.3	1.2
天津	8.1	11.7	15.0	16.1	20.1	20.4	21.7	2.7	3.7	3.6	3.6	3.6	3.6	3.6
河北	7.7	27.8	34.5	35.1	36.0	36.8	37.2	1.1	3.9	3.9	3.9	3.8	3.7	3.7
山西	5.5	14.3	21.6	20.4	21.1	21.0	21.1	1.2	3.0	3.9	3.6	3.5	3.3	3.1
内蒙古	15.2	17.7	20.1	20.8	21.8	23.1	23.8	3.8	4.3	4.0	3.9	3.8	3.7	3.7
辽宁	23.7	60.4	41.6	38.9	39.4	38.1	39.6	2.2	5.6	3.9	3.6	3.7	3.6	3.4
吉林	10.5	27.6	23.4	22.7	22.2	22.3	22.6	1.9	4.2	4.0	3.8	3.7	3.7	3.7
黑龙江	20.4	31.3	31.4	36.2	35.0	41.3	41.4	2.2	4.4	4.3	4.3	4.1	4.2	4.4
上海	7.7	27.5	27.9	27.6	27.0	26.7	25.3	1.5		4.3	4.4	3.5	3.1	4.0
江苏	22.5	41.6	40.7	40.6	41.4	40.5	37.6	2.4	3.6	3.2	3.2	3.2	3.1	3.0
浙江	11.2	29.0	30.7	31.1	31.7	33.4	33.4	2.2	3.7	3.3	3.2	3.1	3.0	3.0
安徽	15.2	27.8	30.1	26.9	33.1	31.3	32.4	2.8	4.4	3.9	3.7	3.7	3.7	3.4

续表

地区	失业人员(万人)							失业率(%)						
	1990	2005	2009	2010	2011	2012	2013	1990	2005	2009	2010	2011	2012	2013
福建	9.0	14.9	15.2	14.5	14.6	14.5	14.7	2.6	4.0	3.9	3.8	3.7	3.6	3.6
江西	10.3	22.8	27.3	26.3	24.6	25.7	27.4	2.4	3.5	3.4	3.3	3.0	3.0	3.2
山东	26.2	42.9	45.1	44.5	45.1	43.4	42.2	3.2	3.3	3.4	3.4	3.4	3.3	3.2
河南	25.1	33.0	38.5	38.2	38.4	38.3	40.2	3.3	3.5	3.5	3.4	3.4	3.1	3.1
湖北	12.7	52.6	55.3	55.7	55.1	42.3	40.2	1.7	4.3	4.2	4.2	4.1	3.8	3.5
湖南	15.9	41.9	47.8	43.2	43.1	44.1	45.6	2.7	4.3	4.1	4.2	4.2	4.2	4.2
广东	19.2	34.5	39.5	39.3	38.8	39.6	38.0	2.2	2.6	2.6	2.5	2.5	2.5	2.4
广西	13.9	18.5	19.1	19.1	18.8	18.9	18.0	3.9	4.2	3.7	3.7	3.5	3.4	3.3
海南	3.5	5.1	5.3	4.8	2.9	3.6	3.9	3.0	3.6	3.5	3.0	1.7	2.0	2.2
重庆		16.9	13.4	13.0	13.0	12.4	12.1		4.1	4.0	3.9	3.5	3.3	3.4
四川	38.0	34.3	36.3	34.6	36.9	40.7	42.9	3.7	4.6	4.3	4.1	4.2	4.0	4.1
贵州	10.7	12.1	12.3	12.2	12.5	12.6	13.7	4.1	4.2	3.8	3.6	3.6	3.3	3.3
云南	7.8	13.0	15.4	15.7	16.0	17.4	18.1	2.5	4.2	4.3	4.2	4.1	4.0	4.0
西藏			2.0	2.1	1.0	1.6	1.6			3.8	4.0	3.2	2.6	2.5
陕西	11.2	21.5	21.5	21.4	20.9	19.5	21.1	2.8	4.2	3.9	3.9	3.6	3.2	3.3
甘肃	12.5	9.3	10.3	10.7	10.8	9.8	9.3	4.9	3.3	3.3	3.2	3.1	2.7	2.3
青海	4.2	3.6	4.1	4.2	4.4	4.1	4.2	5.6	3.9	3.8	3.8	3.8	3.4	3.3
宁夏	4.0	4.4	4.8	4.8	5.2	4.6	4.7	5.4	4.5	4.4	4.4	4.4	4.2	4.1
新疆	9.6	11.1	11.9	11.0	11.1	11.8	11.9	3.0	3.9	3.8	3.2	3.2	3.4	3.4

二、失业的类型

一般来说,失业按其形成的原因大体可分为以下几种类型。

(一)周期性失业

周期性失业(Cyclical unemployment)是指经济周期中的衰退所导致的失业。经济波动呈现周期性变动,高涨时期对劳动力需求大,衰退时期需求会相对减少。所以,部分劳动者会因需求下降而造成失业,并具有周期性变化特征。这种由于经济运行处于低潮、有效需求不足所导致的失业就是周期性失业。

这种失业产生的原因可以用紧缩缺口来说明。紧缩缺口是指实际总需求小于充分就业的总需求时,实际总需求与充分就业总需求之间的差额。可用图 6-1 来说明紧缩缺口与周期性失业的关系。

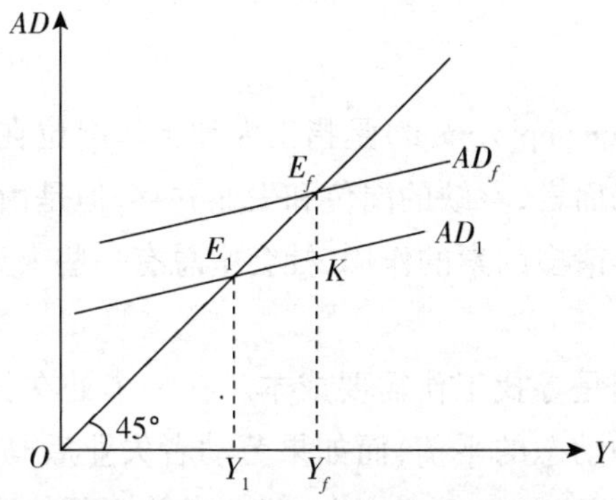

图 6－1　紧缩缺口与周期性失业

在图 6－1 中，横轴 Y 代表国民收入，纵轴 AD 代表总需求。当国民收入为 Y_f 时，经济中实现了充分就业，Y_f 为充分就业的国民收入。实现这一国民收入水平所要求的总需求水平为 AD_f，即充分就业的总需求。假设实际总需求为 AD_1，这一总需求水平决定的国民收入为 Y_1，$Y_1 < Y_f$，这就必然引起失业。$Y_1 < Y_f$ 是由于 $AD_1 < AD_f$ 造成的。因此，实际总需求 AD_1 与充分就业总需求 AD_f 之间的差额（图中的 E_fK），也就是紧缩缺口，是造成这种周期性失业的根源。这种失业由总需求不足引起，因而也称为“需求不足的失业”（Demand-deficient unemployment）。

（二）自愿失业

自愿失业（Voluntary Unemployment），是指劳动者不愿意接受现行货币工资和现行工作条件而引起的失业。

理论链接

在西方国家，造成自愿失业的原因有以下几种情况：①立法方面的原因；②社会风俗习惯；③工资福利方面进行的集体谈判不能达成协议；④工人的个性执拗；⑤为失业者支付的失业救济金过高，有的甚至比他们在职时获得的纳税后收入还要多，致使一些人宁愿失业，靠救济金生活；⑥人们过分挑选工作种类和工作条件；⑦准备升学以便将来得到更优越的工作；⑧贪图闲暇与安逸，等等。

我国的自愿失业现象：近几年在我国大中城市也出现了一些青年自愿失业者，表现在：有些行业和职业招工难，同时城镇每年有 200 多万青年失业。这部分青年失业，不能用劳动力供过于求、就业机会不足来解释，也不能用结构性失业来解释。这种现象是由于超前就业意识，使城市青年自愿失业。他们不惜延长失业持续时间，加大就业机会成本，在一般就业和理想就业之间进行苛刻选择。

（资料来源：MBA 智库百科 http://wiki.mbalib.com/wiki。）

（三）摩擦性失业

摩擦性失业（Frictional unemployment）是指工人和工作岗位在匹配过程中所形成的短期性失业。就整个劳动力市场而言，空缺的岗位和失业并存，但是由于信息的不通畅或者劳动者与岗位的匹配需要时间等诸多因素的作用，社会中总有一些人处于失业状态，这部分失业人口称为摩擦性失业。

产生摩擦性失业的原因是寻找工作需要成本。在一个处在长期均衡状态的经济中，岗位的空缺和失业会达到一种动态的平衡，而如果劳动者失业后马上就能发现和找到相应的空缺岗位，摩擦性失业率就等于零。但事实上，劳动者并不可能了解所有空缺岗位的信息，因为获得信息需要时间和成本，如买报看招聘广告、打电话询问、应聘的交通费用等。即使在网络经济高度发达的今天，搜寻工作岗位信息的成本可以降到最低限度，但上网仍然需要时间和费用，联系工作也需要花费代价和精力，这些都构成了寻找工作的成本。并且，在现实生活中，企业一般不可能就把工作给第一个求职的人，而求职的人也不大可能只寻找一次工作，双方都有可能认为“最好的在最后”，因而需要经历反复的考察和搜寻，一直到企业认为找到了满意的雇员而求职者也认为自己找到了满意的工作为止，因此岗位空缺与劳动者相匹配也需要时间和成本。因此，即使在有大量空缺岗位的社会中，失去工作的人也不可能马上找到工作，他们会暂时处在一种失业状态，摩擦性失业也就产生了。一般还把新加入劳动力队伍正在寻找工作而造成的失业，也归入摩擦性失业的范围之内。

（四）结构性失业

结构性失业（Structural unemployment）是指经济结构变化等原因造成的失业。在经济的发展过程中，随着需求结构的变动和技术进步，产业结构会处于不断变动的过程中，各产业部门的分化组合也会产生失业人口，这部分失业人口称为结构性失业。

结构性失业产生的主要原因是劳动力在各个部门之间的转移和流动需要成本，如重新职业培训、再教育等。当产业结构发生变动时，就业结构也会发生相应的变动，要求劳动力从夕阳产业部门转移出来，流入新兴的产业部门。但由于劳动力有其一时难以改变的技术结构，很难适应经济结构的这种变动，从而就会出现失业。特别表现为既有失业，又有职位空缺，失业者或没有适当技术，或知识结构陈旧，无法胜任现有的职位而造成现有职位的空缺。比如我国产业结构调整曾引起大量纺织工人转岗，而有些高科技产业，如生物工程、电脑软件等又很难招收到合适的人员。

结构性失业是各国经济发展中存在的一种普遍现象。随着技术的突飞猛进和产业结构的变动，大量的非技能劳动者无所适从，他们所熟悉的传统产业部门已被逐步淘汰，而他们不熟悉的新兴产业部门却欣欣向荣，因此对转移出来的劳动者进行再教育和培训，使他们达到新兴部门需要的人力资本的要求，已经成为各国政府和企业日益关注的事情。

结构性问题引起的失业规模大小与转移成本高低有直接联系。产业结构的变动导致了劳动力的结构性转移，这种转移需要成本，转移的成本越高，花费的时间越长，失业问题就越严重。在不考虑工作岗位搜寻成本的前提下,转移成本高低取决于两方面的因素:一是不同产业部门之间的差异程度。部门之间的差异程度越大,转移所需的成本也就越大,如纺织部门的工人转移到计算机软件生产部门。二是劳动者的初始人力资本及培训机制。劳动者初始人力资本较高的话,就比较容易接受新技能的培训,同时完善的培训机制也能降低转移成本。

三、充分就业和自然失业率

劳动市场上供求平衡时称为充分就业。由于存在非周期性失业,此时的失业率通常不是零。在市场经济条件下,零失业率实际上是不可实现的。劳动市场供求平衡时决定的失业率被称为自然失业率。也就是说,劳动市场供求平衡,仍然有一部分劳动力失业。

美国经济学家米尔顿·弗里德曼把摩擦性失业和结构性失业对应的失业率,称为自然失业率。这里的“自然”,是指经济中“潜在产出”(Potential output)得以实现的失业率;所谓“潜在产出”,是指资源得到充分利用,同时不会导致通货膨胀的产出水平。依据自然失业率的概念,即便资源得到充分利用,实现了充分就业(Full employment),也不等于没有失业。换言之,即便经济运行状态再好,实际失业率也不可能长期低于自然失业率。

自然失业率常用较长时期的平均失业率来测定。它不是一成不变的,而是随着经济运行状况及劳动力构成的变化而变化。例如,20 世纪 50 年代中期,美国官方认可的自然失业率为 4%;1973 年,美国官方认可的自然失业率为 5%;在 20 世纪 80 年代初期,自然失业率被定为 5.5% ~6% 之间。

四、失业理论

(一)传统经济学的失业理论

传统经济学认为,资本主义制度可以通过市场机制的自动调节解决各种矛盾,因此经济社会中不存在失业,充分就业是一个始终存在的倾向。

传统经济学认为,与充分就业有关的另一个问题是工资的决定。他们认为工资取决于两个原则,第一,工资等于劳动的边际产量;第二,单位时间工资的边际效用等于闲暇的边际效用。按照前者,工人劳动的边际产量是递减的,因此,随着就业人数的增加,工资减少而利润增加。这样企业家为了获得更多的利润而愿意增雇工人直至充分就业为止。按照后者,当劳动的供给增加从而工资下降,工资的边际效用小于闲暇的边际效用,劳动的供给与需求才达到均衡,因此工资的变动也必然使劳动的供求达到均衡,充分就业是一种始终存在的倾向。

(二)凯恩斯的失业理论

凯恩斯的失业理论称为有效需求不足失业论,它在现代西方经济学中占统治地位。凯恩斯经济学的基础是有效需求理论。他用有效需求不足理论来说明失业,并在此基础上提出解决失业问题的方法,以达到社会的充分就业。

所谓有效需求(Effective Demand),是指商品的总供给价格与总需求价格达到均衡状态时的总需求。总供给价格是指全体厂商雇用一定量工人进行生产时所要求得到的产品总量的最低限度卖价。总需求价格是全体厂商雇用一定量工人进行生产时预期社会对产品愿意支付的总价格。当总需求价格大于总供给价格时,厂商就会扩大生产,增雇工人;相反,当总需求价格小于总供给价格时,厂商就会缩减生产,解雇工人;只有在总需求价格等于总供给价格时,厂商才会既不扩大生产又不缩小生产,既不增雇工人又不解雇工人。这时总需求就是有效需求,它决定了就业工人的人数,即决定了整个社会的总就业量。

凯恩斯认为,有效需求是由消费需求与投资需求构成的。由于资本主义社会存在三大基本心理规律,即心理上的边际消费倾向、心理上的灵活偏好、心理上对资本未来收益之预期,导致经济存在消费需求不足和投资需求不足,从而形成失业。

既然有效需求不足是失业产生的根源。因此,凯恩斯认为,只要国家积极干预经济,设法刺激有效需求,就可能消除失业,实现充分就业。他提出的主要措施有:第一,刺激私人投资,为个人消费的扩大创造条件;第二,促进国家投资。主张国家调节利息率和实行"可控制的通货膨胀",以刺激私人投资,增加流通中的货币量以促进生产的扩大和商品供给的增加,还强调扩大军事开支对增加国家投资、减少失业所起的积极作用。

(三)20 世纪 80 年代以后的失业理论

按照古典经济学的劳动供求理论,失业率的变化将对实际工资率发生影响。然而,从美国 20 世纪 80 年代以来的失业率与实际工资率的统计来看,失业率的波动较大,而实际工资率的变化较小。在劳动市场上,劳动供给曲线比较稳定,虽然劳动需求曲线发生了移动,但实际工资率并不发生相应的变化。

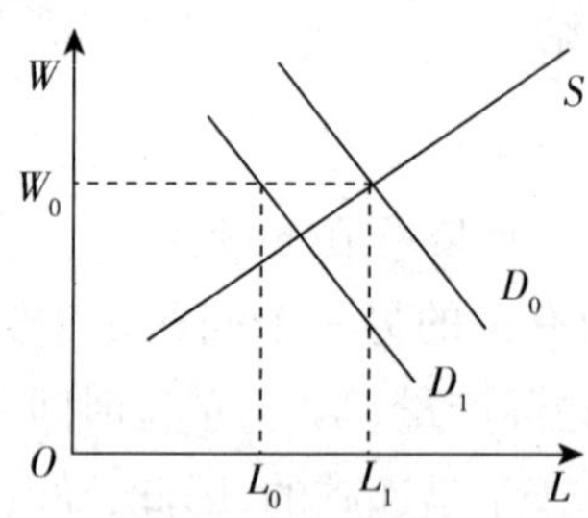

图 6-2 劳动的供求

如图 6-2 所示,劳动需求曲线从 D_0 移动到 D_1,就业量从 L_1 下降到 L_0,工资率 W_0 却保持不变。就业量两者间差距 L_1-L_0 为失业,而且是非自愿失业。这一结论即使在劳动供给曲线或工资率略有变化的情形下仍然成立。那么,为什么在劳动需求曲线发生移动的情况下,实际工资率却不随之降低呢?经济学者提出了各种理论加以解释,其中工资刚性理论和效率工资理论影响较大。

1. 工资刚性理论(Wage rigidity theory)

工资刚性理论认为,工资率具有向下刚性或黏性的特征,失业率并不会随劳动需求的变动而做出充分调整。对工资刚性存在的原因,有三种主要解释。

(1)劳动工资合同阻止了工资率降低。在一些行业中,由于工会的力量,往往可能签订较有利的工资合同。这些合同通常附加工资随生活费上涨而增加的条款,于是在经济衰退时期工资率并不随之削减。尽管宏观上看合同签订是彼此错开的,每个月都会有新的合同产生,但相对固定的合同期的确减缓了工资率调整的进程。虽然工会合同说法不能完全解释工资刚性,不过在一些行业中仍可看作使工资率相对稳定的重要因素。

(2)隐含合同论(Implicit Contract)。这种理论认为,除正式合同外,雇主与雇员之间可能达成工资率相对固定,不随经济波动调整的默契。这种默契被称为隐含合同,有别于正式合同。据说,工人一般是回避风险的,愿意为一个可支付稳定工资的厂商工作。隐含合同意味着工资率将不随劳动市场供求波动而变化。在经济不景气时,厂商可能支付给工人高于市场一般水平的工资。作为回报,在经济高涨时,工人也只能留在该企业,接受低于其他厂商的工资率。

(3)"局内人—局外人"理论(Insider-outsider Theory)。所谓"局内人",是指那些在特定企业工作的人,而"局外人"是那些想到该企业工作的人。这种理论认为,每个企业都需要一支受过特殊培训的劳动力队伍,而对新雇员(局外人)的培训通常是由在职工人(局内人)来完成的。在职工人担心培训了新工人,他们与企业讨价还价时地位就降低了,因而并不愿意与企业持合作态度。另一方面,如果企业对新雇员实行低工资,经培训后的雇员就可能被出高工资的企业"挖走"。因此,企业只能通过向新老雇员支付相同的报酬来解决这一矛盾。由此,"局内人—局外人"理论就解释了为什么存在较高失业率的情形下,仍然存在企业给新雇员支付较高工资的现象。

此外,政府普遍制定的最低工资法,也被认为是造成工资向下刚性的原因。

2. 效率工资理论(Efficiency wage theory)

效率工资理论认为,在一定限度内,企业通过支付给工人比劳动市场出清时更高的工资率,可以促使劳动生产率的提高,获得更多的利润。首先,较高的工资率可以保障劳动队伍的质量。在经济衰退时期,企业对劳动的需求降低,若削减工资水平,最有可能离去的往往是最好的雇员。较高的工资率是维持高质量劳动队伍稳定的重要条件。其次,工资率会影响劳动者的努力程度。雇主通常并不可能完全监督工人行为,工资就构成了工人偷懒被发现因而被解雇的机会成本。由于工资率越高,机会成本也越高。因此,较高的工资有利于减少偷懒的倾向。再次,工资影响劳动流动率。雇员离职的比率,称为劳动流动率(Labor Turnover Rate),降低工资率会使工人辞职的比率增加。特别是熟练工辞职率的上升。企业发现,尽管在经济衰退期削减工资会减少直接劳动成本,但这些节省并不足以抵消培训费用或雇用新熟练工成本的增加。

知识链接

企业间的效率工资可能是不一样的。一般来说,效率工资取决于两个因素:其他企业支付的工资与失业率水平。如果其他企业支付的工资较低,该企业也不需要支付过高的工资。因为对工人来说,被开除的成本增加了,这将使工人在不太高的工资下努力工作。同样,如果社会失业率增加,企业也不会以过高的工资诱使人们工作。换个角度说,效率工资理论表明,社会上没有哪个企业愿意率先降低工资,这样做只会降低士气,最好的雇员被其他企业吸引走。因此,社会工资的调整过程是缓慢的。

五、失业的代价

失业的代价是多方面的。对于个人和家庭而言,失业意味着收入减少,从而生活水平下降,同时还会带来精神和心理伤害;对社会来说,失业增加了社会福利支出,造成财政困难,同时,过高的失业率还可能发展为政治问题,影响社会的稳定;从整个经济看,失业在经济上最大的损失就是人力资源的浪费和产出水平的下降。美国经济学家阿瑟·奥肯在 20 世纪 60 年代根据美国的经验数据提出的奥肯定律(Okun's law),说明失业率与经济增长率之间反向的数量关系。根据奥肯定律,失业率每高出自然失业率 1 个百分点,实际 GDP 增长率将低于潜在 GDP 增长率 2 个百分点。

$$\text{实际 GDP 增长率} = 3\% - 2 \times \text{失业率变动}$$

式中,3% 为潜在 GDP 增长率,表示产出的趋势增长。这一增长率由人口增长、资本积累和技术进步等因素决定。失业率每增长 1% ,实际 GDP 增长率下降 2% 。

拓展阅读

萨伊定律与传统经济学的失业理论

法国经济学家萨伊认为商品的买卖,实际上只是商品与商品的交换,货币只是在瞬间起到媒介作用。因此产品总是用产品来购买的,买者同时也就是卖者,买就是卖,卖就是买,买卖是完全统一的。商品的供给会为自己制造需求,社会上的总供给与总需求必然是相等的。这样,资本主义社会就不会出现生产过剩的经济危机,这就是著名的"萨伊定律"。萨伊定律是假定人们出售商品后,立即购买商品,如果人们出售商品后并不立即把全部收入消费掉,而是将其中的一部分储蓄起来。在这种情况下供给与需求的均衡可以通过利息率的调整来实现。他们认为储蓄代表货币资本的供给,投资代表对资本的需求,利息率的调节作用使储蓄全部转化为投资,所以储蓄永远等于投资。具体来说,当货币资本的供给(储蓄)大于对货币资本的需求(投资)时,利息率会下降;反之,当货币资本的供给小于对货币资本的需求时,利息率就会上升。利息率的这种自动调节作用最终使储蓄等于投资,从而失业不会发生。

自从英国1825年发生第一次经济危机之后,西方社会经常存在大量失业的现象,传统经济学又如何解释呢?庇古认为这些失业属于摩擦性失业和自愿失业的范畴,而不是真正的失业,只是生产过程中局部的、暂时的失调,而不是真正的对劳动力需求的不足,因而这些失业的存在并不能否认社会常态是充分就业。

第二节　通货膨胀

一、通货膨胀及其衡量

(一)通货膨胀的含义

多数经济学家认为,通货膨胀是指一般物价水平有相当幅度持续上涨的现象。这个定义包含以下三层含义。

1. 通货膨胀是指物价水平普遍上涨的现象

通货膨胀并非指物价昂贵,而是反映物价总水平同以往相比出现了上升的趋势。它不是指某一种或几种商品价格上涨的现象,而是指所有商品的平均价格水平的上升。如果整个物价水平没有上升,只是某些商品价格上涨,那么这上涨部分可能被另一些商品的价格下降所抵消,就不会形成通货膨胀。

2. 通货膨胀是指物价水平的持续上升

通货膨胀不是指物价水平短期的或一次性的上升,而是指“持续”的上升,且其趋势不可逆转。

3. 通货膨胀是指物价水平有较大幅度的上升

如果每年物价水平上升幅度较小,即使是持续上升,也不能算作通货膨胀。通常所说的通货膨胀,是指一般物价水平有相当幅度的持续上升。但究竟上升多少才算相当幅度,并没有绝对的标准,要根据各国具体情况而定。

(二)通货膨胀的衡量

通货膨胀的程度通常用通货膨胀率来衡量。通货膨胀率是指从一个时期到另一个时期价格水平变动的百分比,用公式表示就是:

$$\pi_t = \frac{P_t - P_{t-1}}{P_t} \times 100\%$$

式中,π_t 为 t 时期的通货膨胀率,P_t 和 P_{t-1} 分别为 t 时期和 $(t-1)$ 时期的价格水平。这里的价格水平通常用价格指数来衡量，包括国民生产总值价格指数、消费者价格指数(CPI)和生产者价格指数(PPI)等。如果用消费物价指数来衡量价格水平，则通货膨胀率就是不同时期的消费物价指数变动的百分比。假设2014年为基年，2014年和2015年的CPI分别为125和130，则2015年的通货膨胀率为：

$$\pi_{2015}=\frac{CPI_{2015}-CPI_{2014}}{CPI_{2014}}\times 100\% =\frac{130-125}{125}\times 100\% =4\%$$

(三)通货膨胀的分类

按照价格上升的速度，经济学家们将通货膨胀划分为三种类型。

1. 温和的通货膨胀

温和的通货膨胀又称爬行的通货膨胀，指每年物价水平上升的速度在10%以内。许多国家都在不同程度上存在着这种温和的通货膨胀。一般说来，经济学家们并不特别担心温和的通货膨胀，有人甚至还认为这种缓慢而逐步上升的价格水平对经济和收入的增长有积极的刺激作用。

2. 快速的通货膨胀

快速的通货膨胀又称奔腾的通货膨胀，指年通货膨胀率在10%以上和100%以内。这时，货币流通速度提高和货币购买力下降，并且都具有较快的速度。经济学家们认为，这种通货膨胀出现后，由于价格上涨率高，公众预期价格还会进一步上涨，因而会采取各种措施来保卫自己，以免遭受通货膨胀的危害。这种举动会使通货膨胀进一步加剧。

3. 超速通货膨胀

超速通货膨胀又称恶性通货膨胀，指年通货膨胀率在100%以上。发生这种通货膨胀时，价格持续猛涨，人们都力图尽快地使货币脱手，从而大大加快了货币流通速度。结果，货币完全失去了人们的信任，货币购买力猛降，各种正常的经济联系遭到破坏，以致货币体系和价格体系最终完全崩溃，在严重的情况下，甚至还会出现社会动乱。如1922—1923年间，德国的物价成千亿倍地上涨，在1921年1月价格为0.3马克的一份报纸，两年后上涨到将近7 000万马克。如此高的通货膨胀率，威胁着人们的财产、职业和其他经济保障，人们在恐慌中企求政府用强硬措施来扭转局面，极权政治就此应运而生。超速通货膨胀正是德国产生纳粹政府的主要原因之一。

二、通货膨胀的原因

(一)长期分析：货币数量论的解释

根据货币数量论，经济中可得到的货币量决定货币的价值和物价水平，货币量增长是通货膨胀的主要原因。现代货币主义代表人物弗里德曼曾指出："通货膨胀永远而且处处是一种货币现象。”

持货币数量论观点的经济学家解释通货膨胀问题的基本思想是，每次通货膨胀都是货币供给量迅速增长的结果。这一理论的出发点和依据是费雪交易方程式：

$$MV = PY$$

式中，M 为货币供给量（假定全部用于流通）；V 为货币流通速度，被定义为名义收入与流通中的货币量之比，即一定时期（如一年）内平均一单位货币用于购买最终产品与劳务的次数；P 为价格水平；Y 为实际收入水平。

方程左边的 MV 反映的是经济中的总支出，而右边的 PY 为名义收入水平。由于经济中对商品与劳务支出的货币额就是商品和劳务的总销售价值，因而方程的两边相等。由交易方程式可以得到如下关系式：

$$\pi = m - y + v$$

式中，π 为通货膨胀率，m 为货币增长率，y 为产量增长率，v 为货币流通速度的变化率。

根据这个公式，可以看出通货膨胀来源于三个方面，即货币流通速度的变化、货币增长和产量增长。如果货币流通速度不变，而收入处于其潜在的水平上，显然可以得出结论：通货膨胀的产生主要是货币供给量增加的结果，或者说，货币供给的增加是通货膨胀的基本原因。

（二）短期分析：总供求角度

1. 需求拉动的通货膨胀

需求拉动的通货膨胀（Demand-pull inflation），指总需求超过总供给所引起的一般价格水平的持续显著上涨。需求拉动的通货膨胀理论把通货膨胀解释为“过多的货币追逐过少的商品”。图 6－3 常被用来说明需求拉动的通货膨胀。

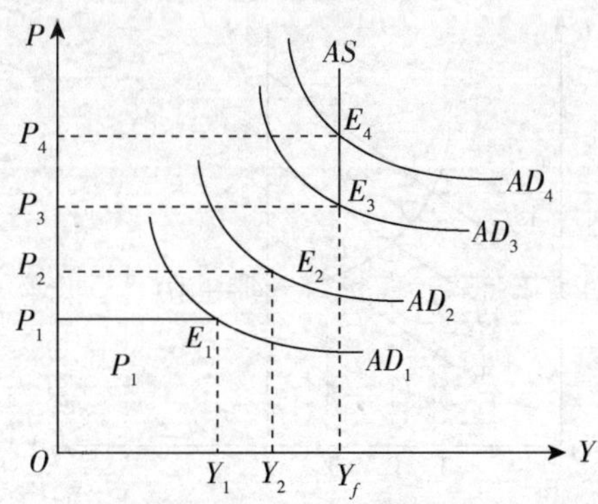

图 6－3 需求拉动的通货膨胀

图 6－3 中，横轴 Y 表示总产量（国民收入），纵轴 P 表示一般价格水平。AD 为总需求曲线，AS 为总供给曲线。总供给曲线 AS 的水平段表示，当总产量较低时，总需求的增加不会引起价格水平的上涨。

在图 6－3 中，产量从零增加到 Y_1，价格水平始终稳定。总需求曲线 AD_1 与总供给曲线 AS 的交点 E_1 决定的价格水平为 P_1，总产量水平为 Y_1。当总产量达到 Y_1 以后，继续增加总需求，就会遇到生产过程中一定程度上供给短缺的“瓶颈”现象，即由于劳动、原料、生产设备等的不足而使价格上升，生产成本提高又会引起价格水平的上涨。

图 6－3 中总需求曲线 AD 继续提高时，总供给曲线 AS 便开始逐渐向右上方倾斜，价格水平逐渐上涨。总需求曲线 AD_2 与总供给曲线 AS 的交点决定的价格水平为 P_2，总产量为 Y_2。当总产量达到最大，即为充分就业的产量 Y_f 时，整个社会的经济资源全部得到利用。总需求曲线 AD_3 同总供给曲线 AS 的交点 E_3 决定的价格水平为 P_3，总产量为 Y_f。价格水平从 P_1 上涨到 P_2 和 P_3 的现象被称作瓶颈式的通货膨胀。

在达到充分就业的产量 Y_f 以后，如果总需求继续增加，总供给就无法继续增加了，因而总供给曲线 AS 呈垂直形状。这时总需求的增加只会引起价格水平的上涨。例如，图 6－3 中总需求曲线从 AD_3 提高到 AD_4 时，它同总供给曲线的交点所决定的总产量并没有增加，仍然为 Y_f，但是价格水平已经从 P_3 上涨到 P_4。这就是需求拉动的通货膨胀。许多经济学家认为，不论总需求的过度增长来自消费需求、投资需求，或是来自政府需求、国外需求，都会导致需求拉动的通货膨胀。需求方面的原因或冲击主要包括财政政策、货币政策、消费习惯的突然改变，以及国际市场的需求变动等。

2. 成本推进的通货膨胀

成本推进的通货膨胀（Cost－push inflation）也称供给型通货膨胀，是指因生产成本增加而引起的通货膨胀。有些经济学家认为，通货膨胀的另一个重要原因在于成本和供给两个因素。由于工会组织和垄断公司的存在，使工资和利润易升不易降，形成“工资刚性”和“价格刚性”。工资或利润的不断增加，意味着生产成本增加，总供给曲线向上方移动，从而在总需求不变的条件下产生了通货膨胀。如图 6－4 所示。

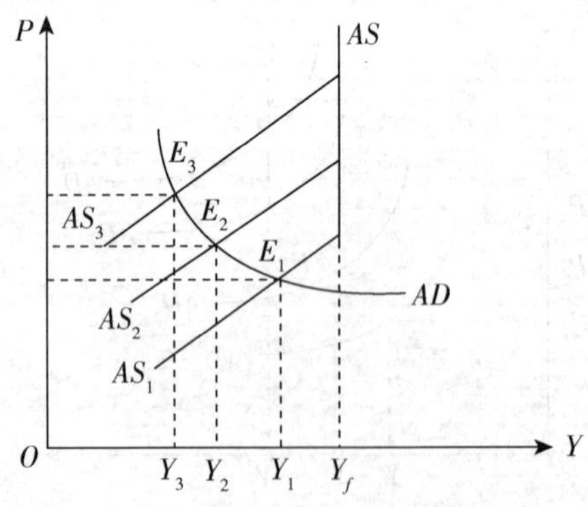

图 6－4　成本推进的通货膨胀

在图 6－4 中，总需求是既定的，没有变动，变动只出现在供给方面。总供给曲线为 AS_1 时，与总需求曲线 AD 的交点 E_1 决定的总产量为 Y_1，价格水平为 P_1。总供给曲线由于成本提高而移到 AS_2 时，总供给曲线与总需求曲线的交点 E_2 决定的总产量为 Y_2，价格水平为 P_2。

这时,总产量比以前下降,而价格水平比以前上涨。总供给曲线由于成本进一步提高而移动到 AS_3 时,总供给曲线和总需求曲线的交点 E_3 决定的总产量为 Y_3,价格水平为 P_3。这时的总产量进一步下降,而价格水平进一步上涨。

许多经济学家认为,在现实生活中,通货膨胀极少是单纯由需求拉动或成本推进的,大多数通货膨胀实际上包含了需求和供给两种因素共同作用的结果。因为过度需求会引起物价水平上升,而物价上升则会引起货币工资增加,工资成本的提高又会推动物价上升,两者轮番上涨,使通货膨胀持久延续下去。

3. 结构性通货膨胀

有些经济学家认为,在没有需求拉动和成本推进时,经济结构因素的变动也会引起一般物价水平的持续上涨。这种一般物价水平的上涨叫做结构性通货膨胀(Structural inflation)。这种理论从各生产部门之间劳动生产率的差异、劳动市场的结构特征和各生产部门之间收入水平的赶超速度等角度分析由于经济结构特点而引起通货膨胀的过程。

英国经济学家希克斯对扩展部门与非扩展部门进行了结构分析。他认为经济中可以分为扩展部门与非扩展部门。扩展部门正在扩大,需要更多的资源与工人,而非扩展部门则在收缩,资源与工人过剩。如果资源与工人能迅速地由非扩展部门流动到扩展部门,则这种结构性通货膨胀就不会发生。但在现实中,由于种种限制,非扩展部门的资源与工人不能迅速地流动到扩展部门。这样,扩展部门由于资源与人力短缺,资源价格上升,工资上升。而非扩展部门尽管资源与人力过剩,但资源价格并不会下降,尤其是工资不仅不会下降,还会由于攀比行为而上升。这样,就会由于扩展部门的总需求过度和这两个部门的成本增加,尤其是工资成本的增加而产生通货膨胀。

此外,各经济部门的劳动生产率不同(例如工业部门劳动生产率高,服务部门劳动生产率低),而各部门的工资水平由于攀比行为而向高工资水平看齐,也会使整个社会的工资增长率超过劳动生产率而引起通货膨胀。这种通货膨胀也是结构性通货膨胀。

美国经济学家詹姆斯·托宾分析了劳动市场结构特征所引起的通货膨胀。他认为,劳动市场的特点是失业与空位并存,即一方面有人没工作,另一方面又同时存在有工作无人做。这种情况是由于劳动力市场技术结构、地区结构、性别结构这些特征造成的劳动力不能迅速流动而引起的。在这种情况下,由于工资能上不能下的刚性,有失业存在,工资不能下降;有空位存在,则工资上升。这样,工资总水平的提高就会导致通货膨胀。

三、通货膨胀对经济的影响

通货膨胀是一个能够广泛扩散其影响的经济过程,每一个经济活动的参加者和经济单位都会在某种程度上受到它的影响。这里主要从利益再分配和产出两方面来考察通货膨胀的效应。

(一)再分配效应

如果通货膨胀率相当稳定,人们可以完全预期,那么,通货膨胀对收入或利益再分配方面影响很小。因为在这种可预期的通货膨胀之下,各种名义变量(名义工资、名义利息率等)都可以根据通货膨胀率进行调整,从而使实际变量(实际工资、实际利息率等)不变。

在通货膨胀不能完全预期的情况下,通货膨胀将影响收入分配。因为这时无法准确地根据通货膨胀率来调整各种名义变量,以及相应的经济行为。可以从以下三方面来分析这一问题:

第一,在债务人与债权人之间,通货膨胀将有利于债务人而不利于债权人。这是因为,债务契约根据签约时的通货膨胀率来确定名义利息率。当发生了未预期到的通货膨胀之后,债务契约无法更改,从而就使实际利息率下降,债务人受益,而债权人受损。这样,就会对贷款,特别是长期贷款带来不利的影响,使债权人不愿意发放贷款。贷款的减少会影响投资,使投资减少。这种不可预期的通货膨胀对住房建设贷款这类长期贷款最不利,从而也就会减少住房投资这类长期投资。

第二,在雇主与工人之间,通货膨胀将有利于雇主而不利于工人。这是因为,在不可预期的通货膨胀之下,工资不能迅速地根据通货膨胀率来调整,从而就在名义工资不变或略有增长的情况下使实际工资下降。实际工资的下降就会使利润增加,而利润的增加是有利于刺激投资的。这正是一些经济学家主张以通货膨胀来刺激经济发展的理由。

第三,在政府与公众之间,通货膨胀将有利于政府而不利于公众。这是因为,在不可预期的通货膨胀之下,名义工资总会有所增加(尽管并不一定能保持原有的实际工资水平),随着名义工资的提高,达到纳税起征点的人增加了,还有许多人进入了更高的税率等级。这样,政府的税收增加,而公众纳税数额增加,实际收入减少。这种情况不利于储蓄的增加,也会影响私人与企业投资的积极性。

(二)产出效应

通货膨胀对产出的影响可能出现三种情况:

第一种情况是,随着通货膨胀的出现,产出增加。这就是需求拉动的通货膨胀的刺激,促进了产出水平的提高。许多经济学家长期以来坚持这样的看法,认为温和的需求拉动通货膨胀对产出和就业将有扩张性的效应。假设总需求增加,经济复苏,造成一定程度的需求拉动的通货膨胀,在这种情况下,产品的价格会跑到工资和其他资源的价格的前面,由此扩大了企业的利润。利润的增加就会刺激企业扩大生产,从而减少失业,增加国民产出。这种情况意味着通货膨胀的再分配后果,会被更多的就业、增加的产出所获得的收益所抵消。例如,对于一个失业工人来说,如果他只有在通货膨胀条件下才能得到就业机会,显然,这受益于通货膨胀。

第二种情况是,成本推动的通货膨胀会引起产出和就业的下降。假定在原来的总需求水平下,经济实现了充分就业和物价稳定。如果发生成本推动的通货膨胀,则原来总需求所能购买的实际产品的数量将会减少。也就是说,当成本推动的压力抬高物价水平时,既定的总需求只能在市场上支持一个较小的实际产出。所以,实际产出会下降,失业会上升。美国在20世纪70年代的经济情况就证实了这一点。1973年末,石油输出国组织把石油价格翻了两番，成本推动的通货膨胀的后果是美国 1973—1975 年的物价水平迅速上升，与此同时，美国的失业率从 1973 年的不到 5% 上升到了 1975 年的 8.5% 。

第三种情况是，恶性或超速通货膨胀将导致经济崩溃。首先，随着价格持续上升，居民和企业都会产生通货膨胀预期，估计物价会再度升高。这样，人们为了不会让自己的储蓄和现有的收入贬值，宁愿在价格进一步上升前把它花掉，从而会产生过度的消费购买。因此，储蓄和投资都会减少，进而使经济增长率下降。其次，随着通货膨胀而来的生活费用的上升，会使劳动者要求提高工资。他们不但会要求增加工资以抵消过去价格水平上升所造成的损失，而且要求补偿下次工资谈判前可以预料到的通货膨胀带来的损失。于是，企业增加生产和扩大就业的积极性就会逐渐丧失。再者，企业在通货膨胀率上升时会力求增加存货，以便在稍后按高价出售以增加利润。这种通货膨胀预期还可能鼓励企业增加新设备。不过，企业这些行为到无法筹措到必需的资金（增加存货和购买设备都需要资金）时就会停止。因为，银行会在适当的时机拒绝继续为企业扩大信贷。而且，银行的利率也会上升，企业得到贷款会越来越难。当企业被迫减少存货时，生产就会收缩。最后，当出现恶性通货膨胀时，情况会变得更糟。当人们完全丧失对货币的信心时，货币就再不能执行它作为交换手段和储藏手段的职能。这时，任何一个有理智的人将不愿再花精力去从事财富的生产和正当的经营，而会把更多的精力用在如何尽快把钱花出去，或进行种种投机活动上。等价交换的正常买卖、经济合同的签订和履行、经营单位的经济核算，以及银行的结算和信贷活动等，都无法再实现，市场经济机制也无法再正常运行，经济将陷入大规模的混乱。

拓展阅读

从一段相声看需求拉上型通货膨胀

著名相声演员姜昆表演过一个相声段子，其大意是说：有一天，老百姓突然听说商品要涨价，于是就有人囤积性采购，最离奇的一位街坊竟然买了一大水桶酱油、一洗澡盆米醋、一抽屉味精和一屋子面粉。相声虽属虚构，但其中却暗含经济学原理。

如今人们预期会发生严重通货膨胀，为避免货币贬值，理性的应对措施就是实现购买很多商品，因为只要物品的存储成本低于未来物价上涨的幅度，实现囤积商品就能减少损失，当然预期是对未来的猜测，是有可能出错的，错误预期支配的行为，不仅不能减少损失，还有可能带来更大的损失。相声结尾，居委会大妈高喊一声："不涨价啦！"那位囤积很多商品的街坊后悔不已。这段相声暗含的道理是：如果我们每个人都像那个街坊那样笃信物价将要上升，就会从银行取钱到市场上抢购商品，使商品市场需求在极短时间内急剧上升，生产供给难以立刻对需求变动做出充分反应，这就会引发需求拉上型通货膨胀。这一现象的实质是：人们由于预期物价上涨而抢购，物价由于人们抢购行为而上涨，结果导致通货膨胀预期自我实现。

（资料来源：刘华：《经济学基础》，冶金工业出版社，2006 年版。）

第三节　失业与通货膨胀的关系

一、紧缩缺口与膨胀缺口

依据凯恩斯主义的理论,有效需求不足会造成失业,而过度需求会引起通货膨胀,其中的关系可以用国民经济的紧缩缺口和膨胀缺口的状况来解释。如图 6 - 5 所示。

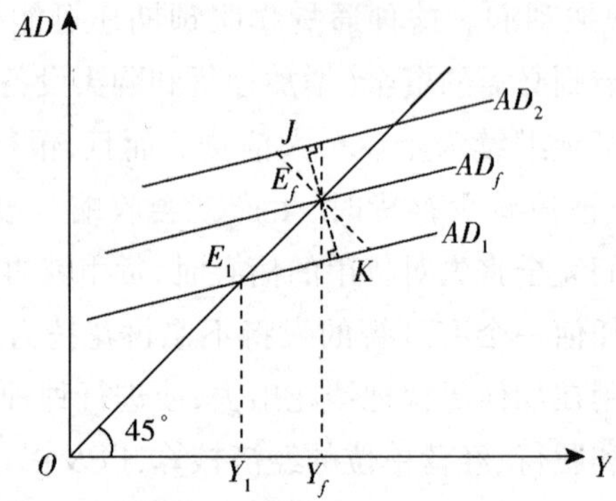

图 6 - 5　紧缩缺口与膨胀缺口

在图 6 - 5 中,纵轴 AD 代表总需求水平,横轴 Y 代表总供给水平或产量水平,45°线上的每一点表示总需求与总供给相一致,Y_f 表示充分就业时的总产量,即潜在的国民收入。AD_f 是实现充分就业均衡所要求的总需求曲线,与 45°线相交于 E_f 点。在 E_f 点上,既无失业又无通货膨胀,E_f 点为充分就业均衡点。

如果总需求不足,只有 AD_1 水平,均衡点为 E_1,那么,所实现的均衡产量为 Y_1,小于充分就业的产量 Y_f,此时存在着失业。AD_f 线与 AD_1 线之间的垂直距离 E_fK 为紧缩缺口,表示要实现充分就业均衡所必须增加的有效需求数额。

如果出现了过度需求,总需求高达 AD_2 水平,那么,由于所有资源已被充分利用,过多的总需求不会引起产量和就业的增加,而只能导致通货膨胀。所以 AD_f 线与 AD_2 垂直距离 E_fJ 为膨胀缺口,表示要达到充分就业收入水平、抑制通货膨胀所必须减少的总需求数额。

二、菲利普斯曲线

菲利普斯曲线(Phillips curve)是用来表示失业与通货膨胀之间反向变动关系的曲线,由新西兰经济学家菲利普斯提出。1958 年,菲利普斯根据英国 1861—1957 年间失业率和货币工资变动率的经验统计资料,提出了一条用以表示失业率和货币工资变动率之间交替关系的曲线。如图 6 - 6 所示。

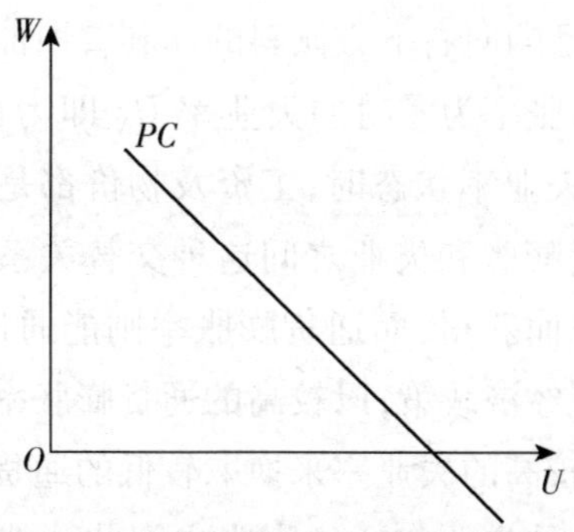

图 6-6 最初的菲利普斯曲线

图6-6中,横轴 U 代表失业率,纵轴 W 代表工资增长率。向右下方倾斜的菲利普斯曲线 PC 表明:当失业率较低时,货币工资增长率较高;反之,当失业率较高时,货币工资增长率较低,甚至是负数。为什么会存在这种反向的变动关系?一般解释是:存在较高失业率时,工人们可以选择的其他工作机会比较少,因而一般不会很强烈地要求工资上涨;另外,较高失业率意味着较低利润率,企业主会更有力地抵制工人要求涨工资的压力。

这一发现后来被发展为失业率与通货膨胀率之间的反向关系。把货币工资增长率与失业率之间变动关系解释为通货膨胀与失业之间变动关系,其中暗含了对企业定价行为的一个假设。假定劳动生产率每年提高幅度大体稳定,又假定企业在平均劳动成本之上比例加成定价,那么价格水平与工资水平之间就会存在同向变动关系:

物价变动率 = 工资增长率 - 劳动生产率增长率

例如,工资增长率上升4%,劳动生产率增长1%,则平均劳动成本上升3%,物价水平上升3%。

如果微观层面有足够多的企业根据这样的原则定价,使工资增长率与一般物价水平之间呈现同向变动关系,失业率与通货膨胀率之间就会表现出反向变动关系。即失业率高,则通货膨胀率低;失业率低,则通货膨胀率高。这就是说,失业率高表明经济处于萧条阶段,此时工资与物价水平都较低,从而通货膨胀率也就低;反之,失业率低表明经济处于繁荣阶段,这时工资与物价水平都较高,从而通货膨胀率也就高。失业率与通货膨胀率之间的这种交替关系可以用图6-7来说明。

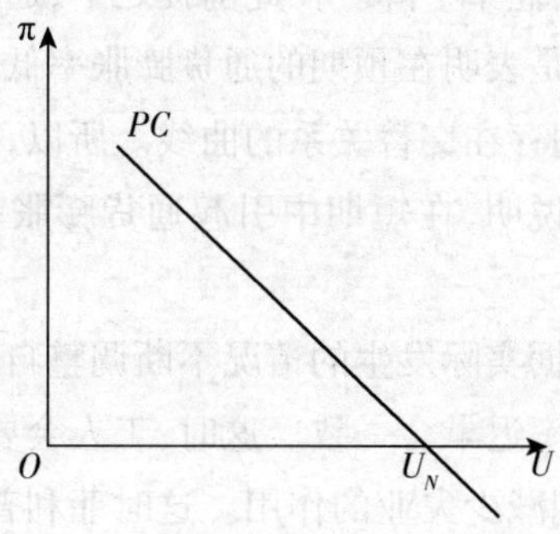

图 6-7 典型的菲利普斯曲线

图 6－6 给出的是一条典型的向右下方倾斜的菲利普斯曲线，它表示较高的失业率伴随着较低的通货膨胀率。通货膨胀率为零时的失业率 U_N 即为自然失业率。菲利普斯曲线在该点上表明，当经济达到自然失业率状态时，工资及物价都是稳定的，不存在通货膨胀。典型的菲利普斯曲线揭示的通货膨胀和失业之间这种交替关系的政策含义是，较少的失业能够通过承受较高的通货膨胀率而获得，而通货膨胀率则能通过承受较多的失业为代价而下降。政府可以运用扩张性宏观经济政策，以较高的通货膨胀率来换取较低的失业率；也可以运用紧缩性宏观经济政策，以较高的失业率来换取较低的通货膨胀率。

菲利普斯曲线所反映的这种失业与通货膨胀之间此消彼长的交替关系基本符合 20 世纪 50—60 年代西方国家的实际情况。而 20 世纪 70 年代以后，由于滞胀的出现，失业与通货膨胀之间又不存在这种交替关系了，于是对失业与通货膨胀之间的关系又有了新的解释。

三、菲利普斯曲线的变化

20 世纪 70 年代，由于石油危机等因素的冲击，西方国家经济出现了滞胀，即高失业和高通货膨胀并存的现象，现实状况不再支持菲利普斯曲线所描述的失业与通货膨胀之间的交替关系。为了解释新的宏观经济现象，现代的菲利普斯曲线对原始的形式作了重要的修正。

以弗里德曼为代表的货币主义者指出，传统的菲利普斯曲线忽略了通货膨胀预期对工资率决定的影响。工人们感兴趣的是实际工资而不是名义工资。工资率的决定和实际支付不是同时进行的，这段时间的预期通货膨胀水平会影响预期的实际工资。当预期到价格上升时，工人们将要求对预期的通货膨胀给予补偿。作为企业来说，如果所有的物品价格都上涨，那么它会预期能将自己的产品卖到更高的价格，因此也就能支付更高的名义工资。事实上，当工资和价格以相同速率上升时，企业和工人的状况并无任何变化。

货币主义者在解释菲利普斯曲线时引入了预期的因素。他们所用的预期概念是适应性预期，即人们根据过去的经验来形成并调整对未来的预期。他们根据适应性预期，把菲利普斯曲线分为短期菲利普斯曲线与长期菲利普斯曲线。

在短期中，工人来不及调整通货膨胀预期，预期的通货膨胀率可能低于以后实际发生的通货膨胀率。这样，工人所得到的实际工资可能小于先前预期的实际工资，从而使实际利润增加，刺激了投资，就业增加，失业率下降。在此前提之下，通货膨胀率与失业率之间存在交替关系。短期菲利普斯曲线正是表明在预期的通货膨胀率低于实际发生的通货膨胀率的短期中，失业率与通货膨胀率之间存在交替关系的曲线。所以，向右下方倾斜的菲利普斯曲线在短期内是可以成立的。这也说明，在短期中引起通货膨胀率上升的扩张性宏观经济政策可以起到减少失业的作用。

但是，在长期中，工人将根据实际发生的情况不断调整自己的预期。工人预期的通货膨胀率与实际上发生的通货膨胀率迟早会一致。这时，工人会要求增加名义工资，使实际工资不变，从而通货膨胀就不会起到减少失业的作用。这时菲利普斯曲线是一条垂直线，表明失业率与通货膨胀率之间不存在交替关系。而且，在长期中，经济中能实现充分就业，其失业率是自然失业率。因此，垂直的菲利普斯曲线表明，无论通货膨胀率如何变动，失业率总是固定在自然失业率的水平上，以引起通货膨胀为代价的扩张性宏观经济政策并不能减少失业。

短期菲利普斯曲线与长期菲利普斯曲线如图6－8所示。

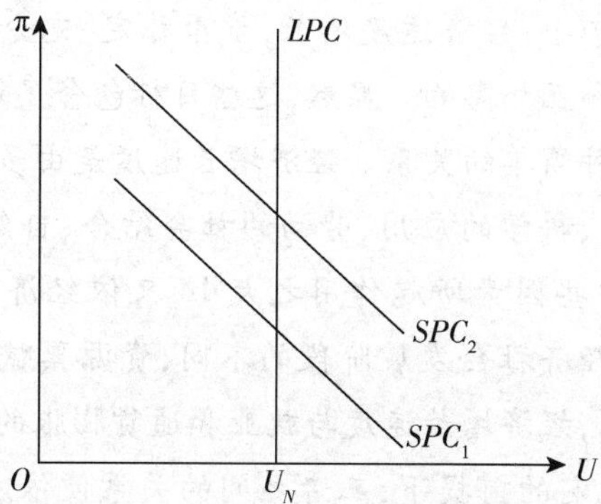

图6－8 短期和长期的菲利普斯曲线

图6－8中，SPC_1 和 SPC_2 为不同的短期菲利普斯曲线，LPC 为长期菲利普斯曲线。短期菲利普斯曲线向右下方倾斜，表明失业率与通货膨胀率之间存在交替关系。在每条短期菲利普斯曲线上，预期的通货膨胀率都是固定的，对通货膨胀预期的变化会造成短期菲利普斯曲线的移动。长期菲利普斯曲线是一条从自然失业率 U_N 出发的垂直线，说明长期中失业率是自然失业率，失业率与通货膨胀率之间不存在交替关系。

以卢卡斯为代表的理性预期学派在对菲利普斯曲线的修正上走得更远。他们认为，即使在短期内，菲利普斯曲线也是垂直的。他们所采用的预期概念不同于货币主义的适应性预期，而是理性预期。理性预期是合乎理性的预期，其特征是预期值与以后发生的实际值是一致的。在这种预期的假设之下，短期中也不可能有预期的通货膨胀率低于以后实际发生的通货膨胀率的情况，即无论在短期或长期中，预期的通货膨胀率与实际发生的通货膨胀率总是一致的，从而也就无法以通货膨胀为代价来降低失业率。所以，无论在短期或长期中，菲利普斯曲线都是一条从自然失业率出发的垂直线，即失业率与通货膨胀率之间不存在交替关系。

拓展阅读

失业和通胀是如何发生的

失业和通货膨胀现象都是现代市场经济的产物。在现代市场经济中，一部分劳动者的失业不可避免。通货膨胀是货币经济和信用经济的产物。通货膨胀无非是流通中的货币过多，导致商品名义价格上涨和货币本身贬值。在作为价值符号的纸币代替了真正的货币以后，通货膨胀同样难以避免。通货膨胀总有其直接的和具体的原因，但根本原因是过度扩张性的货币政策和财政政策(不管是为了应对金融危机和经济衰退,还是为了应对财政危机或债务危机)。通货膨胀迟早会从商品价格上表现出来,从而可以借助价格指数的变化衡量通货膨胀的程度,但不能把通货膨胀本身和通货膨胀的表现等同起来。

经济增长速度与就业和通货膨胀之间的关系因发展方式不同而不同。在现代市场经济中,宏观经济的主要目标有四个:经济适度增长,货币稳定,充分就业,国际收支平衡。它们之间有内在联系,互相制约和互相影响。显然,这些目标包含了增长速度、就业率、通货膨胀三者的关系,但这绝不是一种简单的关系。经济增长速度是由多种因素决定的,主要包括经济结构、比例关系、要素投入、科学的应用、劳动的社会结合、自然条件、市场竞争力、宏观经济政策、国际因素,等等。这些因素所起作用之大小,又依经济条件和环境的不同而不同。主要是:生产力发展程度和经济社会发展阶段的不同,资源禀赋和技术构成的不同,经济发展方式的不同。正因为如此,经济增长速度与就业和通货膨胀的关系,不可能是固定的和一成不变的。在前两个条件既定的前提下,三者之间的关系便依发展方式的不同而不同。实践证明,一定的经济总量和经济增长速度,可以建立在不同的发展方式基础上,从而会对就业和通胀发生不同的影响。

(资料来源:陈文通:《中国青年报》2011 年 4 月 11 日。)

本章小结

失业指在一定年龄范围内,在特定考察期内没有工作而又有工作能力,并且正在寻找工作的人。衡量一个经济中失业状况的最基本指标是失业率,即失业人口占劳动力人口的百分比。

从失业产生的原因看,失业包括周期性失业、自愿失业、摩擦性失业和结构性失业等。其中周期性失业是由经济衰退,即总需求不足引起的;自愿失业是劳动者不愿接受现行货币工资和现行工作条件而引起的;摩擦性失业是工人和工作岗位匹配过程中所形成的;而结构性失业则是由于经济结构变化等原因造成的。

充分就业并非指零失业率,而是指劳动市场上供求平衡的状态。劳动市场供求平衡时决定的失业率被称为自然失业率。

通货膨胀是指一般物价水平有相当幅度持续上涨的现象。通货膨胀的程度通常用通货膨胀率来衡量。通货膨胀率是指从一个时期到另一个时期价格水平变动的百分比。

通货膨胀形成的原因主要有货币供给量增长过快、需求拉动、成本推进以及结构性的原因等。通货膨胀对经济的影响主要体现在利益再分配和产出两个方面。

向右下方倾斜的菲利普斯曲线反映失业与通货膨胀之间存在此消彼长的交替关系。在引入预期因素后,这种交替关系只能在短期内存在,而在长期中不存在。长期菲利普斯曲线是一条从自然失业率出发的垂直线,说明长期中失业率是自然失业率,失业率与通货膨胀率之间不存在交替关系。

概念复习

失业　周期性失业　自愿失业　结构性失业　摩擦性失业　自然失业率　充分就业　有效需求　通货膨胀　需求拉上型通货膨胀　成本推进型通货膨胀　结构性通货膨胀　菲利普斯曲线

思考与练习

一、简答题

1. 西方学者认为造成通货膨胀的原因有哪些？通货膨胀对经济有哪些影响？如何有效地解决通货膨胀？

2. 失业有哪些类型？如何最大限度地降低失业？

3. 资本主义社会失业的根源是什么？

4. 简述通货膨胀的类型。

5. 如何衡量通货膨胀？

6. 简述需求拉上型通货膨胀。

7. 简述成本推进型通货膨胀。

8. 菲利普斯曲线的恶化说明了什么？

二、计算题

1. 假设2015 年的GNP 价格指数为100,2013 年的GNP 价格指数为300,则2015 年的通货膨胀率是多少？

2. 假设2015 年12 月某国统计局宣布,在所有该国成年人中,就业人数为1. 15 亿人,失业者为0. 05 亿人,则该国的失业率是多少？

案例分析

我国严峻的就业形势

自2008 年四季度以来,受国际金融危机的影响,我国出现了严峻的就业问题。

严峻的就业形势首先表现在城镇失业率的加速攀升。2009 年一季度比2008 年年底登记失业率上升了0. 1 个百分点,失业人员也由2008 年年底的886 万上升到2009 年一季度的915 万。一季度的登记失业率为4. 3% 。由于采取了一系列的有效措施,包括扩大内需的相关政策拉动就业,实施更加积极的就业政策扩大和稳定就业,二季度的失业率也保持在4. 3% ,登记失业的人数下降了9 万人。根据人力资源和社会保障部的统计数据,2010 年、2011 年年底,全国城镇登记失业率均达到4. 1% 。

严峻的就业形势还表现在大学生就业率不理想。例如,2009 年7 月初,2009 届大学毕业生就业率仅为68% ,还有30% 的大学毕业生需要就业,加上2008 年以来没有实现就业的大学生,大概还有300 万人需要就业。

此外，国有和集体企业的下岗失业人员以及企业关闭破产的职工需要安置，农民工的就业问题也不容忽视。更为严峻的是，全球金融危机的影响还没有见底，还有一大批企业生产经营仍然困难，失业的风险仍然很大。

尽管从整体上看，由于实施了更加积极的就业政策，2012 年我国城镇新增就业数量超过历史同期，但不少专家指出，由于经济形势对就业的影响往往存在一定滞后效应，未来就业形势仍面临较大压力和挑战，扩大就业的各项举措依旧不能放松。随着城市化进程的加快和我国对外贸易环境的日益严峻，扩大就业和治理失业应成为我国政府各项社会经济政策的优先目标。

思考与分析：

1. 中国失业率较高的原因主要有哪些？我国失业统计方面存在哪些问题？
2. 中国应如何应对严峻的就业形势？

第七章 经济增长、经济周期与宏观经济政策

名人名言

生产率不等于一切，但长期看它几乎意味着一切。

——保罗·克鲁格曼

学习目标

通过本章的学习，学生应掌握经济周期、经济增长的含义和特征；了解经济周期的几种理论；明确经济周期的确定因素；理解经济增长的含义，了解经济增长与经济发展之间的区别；掌握宏观经济政策的目标；掌握财政政策和货币政策的内容及工具。

第一节　经济增长

一、经济增长概述

（一）经济增长的含义

在经济学界，人们对经济增长的理解并不完全一致。一个被经济学家广泛接受的定义是美国经济学家西蒙·库兹涅茨提出来的："一个国家的经济增长，可以定义为给居民提供种类日益繁多的经济产品的能力长期上升，这种不断增长的能力是建立在先进技术以及所需要的制度和思想意识之相应的调整的基础上的。"

这个定义包含三层含义：第一，经济增长集中表现在经济实力的增长上，而这种经济实力的增长就是商品和劳务总量的增加，即 GDP 的增加或人均实际 GDP 的增加。所以，经济增长最简单的定义就是 GDP 的增加。第二，技术进步是实现经济增长的必要条件。也就是说，只有依靠技术进步，经济增长才是可能的。第三，经济增长的充分条件是制度与意识的相应调整。也就是说，只有社会制度与意识形态适合于经济增长的需要，技术进步才能发挥作用，经济增长才是可能的。

需要指出的是，经济增长与经济发展是两个既有联系又有区别的概念。二者都包含有增加一国总产出的内容，但是经济学家们倾向于强调这两个概念之间的区别。经济增长纯粹是指国民经济总产出的规模及其增长速度，其含义较窄。经济发展则不仅包括 GDP 的增加，而且还包括因 GDP 的增加而相应出现的产出与投入的结构上的变化，以及一般经济条件的变化，其含义较为广泛。

（二）经济增长的衡量

经济增长的速度通常用一国 GDP 增长率或人均 GDP 增长率来衡量。在计算 GDP 增长率时，必须使用按不变价格计算的实际 GDP 指标，以剔除价格变动的影响。

$$\text{GDP 增长率} = \frac{\text{当年实际 GDP} - \text{上年实际 GDF}}{\text{上年实际 GDP}} \times 100\%$$

例如，某国 2014 年实际 GDP 为 103 210 亿美元，2015 年上升到 107 560 亿美元，则某国 2015 年实际 GDP 的增长率为：

$$\frac{107\,560 - 103\,210}{103\,210} \times 100\% = 4.2\%$$

（三）经济增长的源泉

经济增长是产量的增加，因此可以根据总生产函数来研究增长的源泉。总生产函数是

总产量与生产中使用的全部生产要素投入量之间的函数关系,可以用公式表示:

$$Y = A \cdot F(K,L)$$

式中,Y 代表产量,K 代表资本,L 代表劳动,A 代表技术,F 表示产量与生产要素投入量之间的函数关系。

由上式可以看出,经济增长的源泉是资本、劳动与技术进步。

1. 资本

资本的概念分为物质资本与人力资本。物质资本又称有形资本,是指设备、厂房、存货等的存量。人力资本又称无形资本,是指体现在劳动者身上的投资,如劳动者的文化技术水平、健康状况等。

经济增长中必然有资本的增加,英国古典经济学家亚当·斯密就曾把资本的增加作为国民财富增加的源泉。现代经济学家认为,在经济增长中,一般的规律是资本的增加要大于人口的增加,即人均资本量是增加的,从而每个劳动力所拥有的资本量(资本—劳动比率)是增加的。只有人均资本量的增加,才有人均产量的提高。根据美国经济学家罗伯特·索洛的研究,美国在1909—1940年间,经济平均年增长率为2.9%,其中由于资本增加所引起的增长率为0.32%,即资本在经济增长中所做出的贡献占11%左右。

2. 劳动

劳动指劳动力的增加。劳动力的增加又可以分为劳动力数量的增加与劳动力质量的提高。这两个方面对经济增长都是重要的。

劳动力数量的增加可以有三个来源:一是人口的增加,二是人口中就业率的提高,三是劳动时间的增加。劳动力质量的提高则是文化技术水平和健康水平的提高。劳动力是数量与质量的统一。一个高质量的劳动力可以等于若干质量低的劳动力,劳动力数量的不足可以由质量的提高来弥补。例如,第二次世界大战后美国劳动力数量的增加并不多,但美国发达的教育提高了劳动力的质量,从而使劳动对经济增长做出了重要贡献。据索洛估算,在1909—1940年间,美国经济2.9%的年增长率中,由劳动引起的增长率为1.09%,即劳动在经济增长中做出的贡献占38%左右。应该指出的是,在经济增长的开始阶段,人口增长率也高。因此,这时劳动的增加主要依靠劳动力数量的增加。而经济增长到了一定阶段,人口增长率下降,劳动工时缩短,这时就要通过提高劳动力的质量来弥补劳动力数量的不足。这是一个普遍规律。

3. 技术进步

技术进步在经济增长中的作用体现在生产率的提高上,即同样的生产要素投入量能提供更多的产品。技术进步主要包括资源配置的改善,规模经济和知识的进展。资源配置的改善主要指人力资源配置的改善,即劳动力从低生产率部门转移到高生产率部门中,包括农业劳动力转移到工业中,以及独立经营者与小企业中的劳动力转移到大企业中去。劳动力的这种转移,提高了生产率。规模经济是指由于企业规模扩大而引起的成本下降与收益增加。企业规模的扩大,由于能采用新技术与最先进的设备及能采用新的生产方法而提高了生产率。知识的进展是技术进步中最重要的内容,包括科学技术的发展及其在生产中的运用、新工艺的发明与采用等。特别应该强调的是,知识进展不仅应包括自然科学与技术科学的进展,而且也包括管理科学的进展。

技术进步在经济增长中起了最重要的作用。据索洛估算,1909—1940 年间,美国经济 2.9% 的年增长率中由于技术进步而引起的增长率为 1.49% ,即技术进步在经济增长中所做出的贡献占 51% 左右。而且,随着经济的发展,技术进步的作用越来越重要。

二、经济增长模型

现代经济增长理论的重点在于研究经济稳定增长的长期条件,也就是在长期内如何达到较低的失业率和通货膨胀率以及在适当的经济条件下的经济增长率这一目标,注重研究如何控制各种经济变量,使其满足稳定增长条件。为了表述、说明各经济变量间的相互关系,经济学家们建立起各自的数学模型,并用它们来概括经济增长理论。这些模型主要有哈罗德—多马经济增长模型、新古典经济增长模型、新剑桥经济增长模型以及内生经济增长模型等。这里我们简要介绍哈罗德—多马经济增长模型、新古典经济增长模型和新剑桥经济增长模型。

(一)哈罗德—多马经济增长模型

哈罗德—多马经济增长模型是在 20 世纪 40 年代分别由英国经济学家 R. 哈罗德和美国经济学家 E. 多马提出来的。他们所提出的模型基本相似,故称此名。这个模型的分析是建立在以下假定的基础上的:第一,单一产品;第二,只有劳动和资本两种生产要素;第三,在一定时期内技术条件不变;第四,规模报酬也不变。

在这些假定基础上,哈罗德—多马经济增长模型沿袭凯恩斯的储蓄—投资的均衡分析方法,集中考察了社会资本再生产过程中的三个变量及其相互关系,试图说明经济稳定增长的条件、短期波动和长期波动的原因以及在长时期内实现经济稳定均衡增长所需具备的条件。哈罗德模型的三个变量分别是:

(1)资本—产量比率,用 v 表示,指生产 1 单位产量所需要的资本量。

$$v=\frac{K}{Y}=\frac{\Delta K}{\Delta Y}=\frac{I}{\Delta Y}$$

设一年产值增量(ΔY)为 1 000 元,所需资本增量(ΔK)即新投资量(I)为 4 000 元,则 $v=4$,即每增加 1 单位的产品产量,需要增加 4 单位的资本投资。

(2)储蓄率,用 s 表示,指储蓄在收入中所占的比例,又称储蓄倾向。

$$s=\frac{S}{Y}$$

设本期收入(Y)为 2 000 元,其中用于个人消费部分为 1 600 元,余下的 400 元便是储蓄(S),则 $s=20\%$,即本期收入中,有 20% 用于储蓄。

(3)产量增长率,即经济增长率,用 G 表示。

$$G = \frac{\Delta Y}{Y}$$

式中,Y 为收入,ΔY 为收入增量。为了实现收入增量 ΔY,就需有与 v 相应的追加投资 I,即:

$$I = \Delta Y \cdot v$$

为了实现均衡状态,必须使追加投资与储蓄相等,即 $I = S$,所以:

$$\Delta Y \cdot v = S$$

或:

$$\frac{\Delta Y \cdot v}{Y} = \frac{S}{Y}$$

简化得:

$$G \cdot v = s$$

或:

$$G = \frac{s}{v}$$

这就是哈罗德模型的基本公式。它表明在资本—产量比率已定的情况下,经济增长率取决于储蓄率,而不是取决于储蓄或收入的绝对水平。按前例,当 $v = 4$,$s = 20\%$ 时,则 $G = 5\%$。

哈罗德模型还用实际增长率、有保证的增长率与自然增长率这三个概念分析了经济长期稳定增长的条件与波动的原因。

实际增长率(G)是实际上所发生的增长率,它由实际储蓄率(s)和实际资本—产量比率(v)决定,即:

$$G = \frac{s}{v}$$

有保证的增长率(G_w),又称合意增长率,是长期中理想的增长率,它由合意的储蓄率(s_d)和合意的资本—产量比率(v_r)决定,即:

$$G_w = \frac{s_d}{v_r}$$

自然增长率(G_n)是长期中人口增长和技术进步所允许达到的最大增长率,它由最适宜的储蓄率(s_o)和合意的资本—产量比率(u_r)决定,即:

$$G_n = \frac{s_o}{v_r}$$

哈罗德模型认为,长期中实现经济稳定增长的条件是实际增长率、有保证的增长率与自然增长率相一致,即:

$$G = G_w = G_n$$

如果这三种增长率不一致,则会引起经济中的波动。具体来说,实际增长率与有保证的增长率的背离会引起经济中的短期波动。当实际增长率大于有保证的增长率($G > G_w$)时,会引起累积性的扩张,因为这时实际的资本—产量比率小于合意的资本—产量比率($v < v_r$),资本家会增加投资,使这两者一致,从而刺激经济的扩张。相反,当实际增长率小于有

保证的增长率($G<G_w$)时,会引起累积性的收缩,因为这时实际的资本—产量比率大于合意的资本—产量比率($v>v_r$),资本家会减少投资,使这两者一致,从而引起经济收缩。

在长期中,有保证的增长率与自然增长率的背离也会引起经济波动。当有保证的增长率大于自然增长率($G_w>G_n$)时,由于有保证的增长率超过了人口增长和技术进步所允许的程度,将会出现长期停滞。反之,当有保证的增长率小于自然增长率($G_w<G_n$)时,由于有保证的增长率不会达到人口增长和技术进步所允许的程度,将会出现长期繁荣。

多马的经济增长模型与哈罗德的模型基本相同,只不过是用投资的增长率来代替哈罗德模型中的产量增加率。其公式为:

$$G=\frac{\Delta I}{I}=s\delta$$

式中,I 和 ΔI 分别代表投资和投资增量;s 代表储蓄率;δ 为资本生产率,指一单位资本的产出量,亦即哈罗德模型中 v 的倒数:

$$\delta=\frac{1}{v}$$

因此,多马的公式可改写为:

$$\frac{\Delta I}{I}=\frac{s}{v}=G$$

可见,多马模型与哈罗德模型实质上相同,甚至在形式上也几乎一样。

哈罗德—多马模型是最早的经济增长模型,虽然比较简单,而且有缺点,但以后的经济增长模型都是在此基础上建立起来的,是对它的发展与改进。

(二)新古典经济增长模型

在哈罗德—多马模型中,只有 $G=G_w=G_n$ 时,才能实现充分就业的均衡增长,而这种增长的可能性很小。许多经济学家认为,这一结论与现实情况不符。第二次世界大战以后西方各国经济虽有波动,但并没有出现哈罗德所说的大起大落。为说明这一情况,一些学者将凯恩斯经济理论与新古典经济学结合起来,提出了所谓的新古典增长模型。

1956 年美国经济学家索洛在一篇论文中把哈罗德—多马模型所规定的一条极为狭窄的增长途径形象化为“刃锋”式的均衡增长。如上所述,哈罗德—多马模型假定生产技术固定不变,即资本—劳动比率和资本—产量比率是固定不变的,而充分就业增长要求 $G_n=G_w=G=s/v$,鉴于 s 取决于个人和公司的储蓄倾向以及政府的财政政策,v 取决于技术状况,G_n 取决于人口的社会因素,所以实现充分就业的均衡增长是侥幸的巧合。

与哈罗德不同,索洛认为,通过市场机制的作用调整生产中资本—劳动的组合比例,充分就业稳定状态的经济增长是可以实现的,长期均衡增长率就是由劳动力增长率与技术进步决定的哈罗德所说的自然增长率 G_n。此外,斯旺、米德和萨缪尔森等也提出与索洛的论点基本一致的增长模型。

1. 新古典模型的基本假设

新古典模型也假设,只生产一种产品,使用两种生产要素(资本与劳动),以及规模收益不变。它与哈罗德模型的差别在于:第一,假定生产中资本与劳动的比率是可以变的;第二,可以考虑到技术进步的情况。

2. 新古典模型的基本公式

新古典模型的公式是:

$$G = a\left(\frac{\Delta K}{K}\right) + b\left(\frac{\Delta L}{L}\right) + \frac{\Delta A}{A}$$

式中,$\Delta K/K$ 代表资本增加率,$\Delta L/L$ 代表劳动增加率,a 代表经济增长中资本所做的贡献比例,b 代表经济增长中劳动所做的贡献比例,a 与 b 之比即资本—劳动比率。$\Delta A/A$ 代表技术进步率。

这一模型的含义是:

第一,决定经济增长的因素是资本的增加、劳动的增加和技术的进步。

第二,资本—劳动比率是可变的,从而资本—产量比率也是可变的。这是对哈罗德多马模型的重要修正。

第三,资本—劳动比率的改变是通过价格的调节来进行的。如果资本量大于劳动量,则资本的相对价格下降,劳动的相对价格上升,从而使生产中更多地利用资本,更少地利用劳动,通过资本密集型技术来实现经济增长。反之,如果资本量小于劳动量,则资本的相对价格上升,劳动的相对价格下降,从而使生产中更多地利用劳动,更少地利用资本,通过劳动密集型技术来实现经济增长。这样,通过价格的调节使资本与劳动都得到充分利用,经济得以稳定增长。因为这一模型强调了价格对资本劳动比率的调节作用,与新古典经济学的观点相似,故称新古典模型。

3. 经济长期稳定增长的条件

新古典模型从资本—产量比率的角度探讨了经济长期稳定增长的条件。

这一模型认为,在长期中实现均衡的条件是储蓄全部转化为投资,即对凯恩斯储蓄等于投资这一短期均衡条件的长期化。这种情况下,如果储蓄倾向不变,劳动增长率不变,则长期稳定增长的条件就是经济增长率($\frac{\Delta Y}{Y}$)与资本存量增长率($\frac{\Delta K}{K}$)必须相等,即:

$$\frac{\Delta Y}{Y} = \frac{\Delta K}{K}$$

如果$\frac{\Delta Y}{Y} > \frac{\Delta K}{K}$,这就意味着收入的增长快于资本存量的增长,从而资本生产率提高。这就会刺激厂商用资本代替劳动。使用的资本量的增加,一方面使资本边际生产率下降,另一方面也使资本价格提高,从而最终会减少资本使用量,最后达到$\frac{\Delta Y}{Y} = \frac{\Delta K}{K}$。

可见,通过市场调节,会使经济在长期中保持$\frac{\Delta Y}{Y}=\frac{\Delta K}{K}$,从而实现稳定增长。

(三)新剑桥经济增长模型

这一模型简称新剑桥模型,是由英国经济学家罗宾逊(Joan Robinson)、卡尔多(Nicholas Kaldor)等人提出来的。

新剑桥经济增长模型与新古典经济增长模型一样,都是以哈罗德—多马经济增长模型为基础的,都认为充分就业的均衡增长条件是$G_n=\frac{s}{v}$。二者的区别在于:新古典模型是通过改变v的数值来满足$G_n=\frac{s}{v}$的要求,以实现充分就业的经济均衡增长;而新剑桥模型则是通过改变s的数值来满足$G_n=\frac{s}{v}$的要求,以达到充分就业的经济均衡增长。

s的数值如何能改变呢?因为s是收入与储蓄的比例关系,储蓄又是收入减去消费后余下的部分,而在收入为已定的情况下,储蓄与消费之间如何分割要取决于工人和资本家在国民收入中各自所得份额的大小。因为一般来说,工人的储蓄倾向较小,资本家的储蓄倾向较大。因此,通过改变国民收入在工人与资本家间的分配比例关系,就可以达到改变国民收入中用于储蓄的总量,从而达到改变s数值的目的。

新剑桥模型假设:(1)社会成员分为利润收入者与工资收入者两个阶级;(2)利润收入者与工资收入者的储蓄倾向是不变的;(3)利润收入者的储蓄倾向大于工资收入者的储蓄倾向。

新剑桥模型的公式是:

$$G=\frac{s}{v}=\frac{\frac{P}{Y}\times S_p+\frac{W}{Y}\times S_w}{v}$$

式中,v仍然是资本—产量比率,$\frac{P}{Y}$是利润在国民收入中所占的比例,$\frac{W}{Y}$是工资在国民收入中所占的比例。因为国民收入分为利润与工资两部分,所以$\frac{P}{Y}+\frac{W}{Y}=1$。$S_p$是利润收入者的储蓄倾向(即储蓄在利润中所占的比例)。S_w是工资收入者的储蓄倾向(即储蓄在工资中所占的比例)。根据假设,利润收入者的储蓄倾向大于工资收入者的储蓄倾向,即$S_p>S_w$的假定之下,利润在国民收入中所占的比例越大,则储蓄率越高;相反,工资在国民收入中所占的比例越大,则储蓄率越低。

在资本—产量比率不变的情况下,增长率取决于储蓄率,储蓄率越高则增长率越高,而要提高储蓄率,就要改变国民收入的分配,使利润在国民收入中占更大的比例。因此,经济增长是以加剧收入分配的不平等为前提的。经济增长的结果,也必然加剧收入分配的不平等。这是新剑桥模型的重要结论。

新剑桥模型认为,要使经济按一定的增长率增长下去就必须保持一个一定的储蓄率,社会储蓄率取决于利润收入者与工资收入者的储蓄倾向，以及他们的收入在国民收入中所占的比率。前者是不变的，因此，要保持一定的储蓄率就必须使国民收入中工资与利润保持一定水平。这个过程也是通过价格调节来实现的。

经济要稳定增长，利润和工资在国民收入中要保持一定比率，但这一比率并不是不变的，而是随着经济的增长，在国民收入分配中，利润的比率在提高，工资的比率在下降。

拓展阅读

李克强：中国经济增长质量改善　能耗强度持续下降

博鳌亚洲论坛2016年年会于3月22日至25日在海南博鳌举行。国务院总理李克强3月24日出席年会开幕式并发表主旨演讲。李克强表示，消费和服务业已经成为拉动中国经济增长的主要力量。同时，能耗强度和主要污染物排放持续下降，这标志着经济增长的质量在改善。

据统计，去年全国城镇新增就业1300多万人，而且居民收入增长超过了GDP的增长，今年1—2月就业形势依然稳定，31个大城市调查失业率保持在5.1%左右，和去年基本持平。李克强指出，在这个过程当中，产业升级步伐加快，服务业、高技术产业和装备制造业保持较快增长。内需持续扩大，消费仍然是两位数增长。消费和服务业已经成为拉动中国经济增长的主要力量。同时，能耗强度和主要污染物排放持续下降，这标志着经济增长的质量在改善。

李克强强调，中国虽然已经成为世界第二大经济体，但是人均收入仍然在世界的中后位，它本身是差距也是潜力，尤其在中国的中西部还有巨大的回旋空间和余地。中国总体上仍处在工业化和城镇化推进过程中，内需有空间，发展有韧性，创新有手段。所以说，中国经济长期看好的基本面没有改变。

（资料来源：中国政府网 http://www.gov.cn/xinwen/2016-03/24/content_5057557.htm。）

第二节　经济周期

一、经济周期的定义及阶段

宏观经济中的许多重要变量（如国民收入、投资、消费、物价水平、失业率等），均不是每年按相同的幅度变动的，而是在一定时期内呈现出波浪式的上升与下降，表现为周期性的扩张与收缩相互交替的运动过程。经济活动沿着经济发展的总体趋势所表现出的这种有规律的扩张和收缩被称为经济周期（Business cycle）。

萨缪尔森对资本主义经济的发展曾作了这样的描述：“在繁荣之后，可以有恐慌与暴跌，经济扩张让位于衰退,国民收入、就业和生产量下降,价格与利润跌落,工人失业。当最终到达最低点以后,复苏开始出现。复苏可以是缓慢的,也可以是快速的。新的高涨可以表现为长期持续的旺盛的需求、充足的就业机会以及增长的生活标准。它也可以表现为短暂的价格膨胀和投机活动,紧接而至的是又一次灾难性的萧条。简单来说,这就是所谓的'经济周期'。"

经济周期可以分为两个大的阶段:扩张阶段与收缩阶段。收缩阶段常常短于扩张阶段。如果更细一些,则可以把经济周期分为四个阶段:繁荣、衰退、萧条、复苏。其中繁荣与萧条是两个主要阶段,衰退与复苏是两个过渡性阶段。

图 7-1 是表示经济周期变动的一个典型的曲线图。

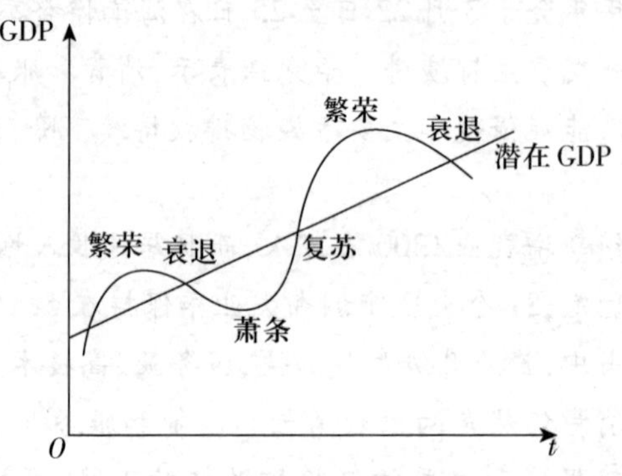

图 7-1 经济周期的不同阶段

图 7-1 中,纵轴 GDP 代表产出水平,横轴 t 代表时间。潜在 GDP 向右上方倾斜,呈线性增长,代表经济增长的长期趋势,而现实经济活动则是围绕着这一趋势上下波动。

假定开始的时候经济处于繁荣阶段。这时,就业增加,产量扩大,社会总产出逐渐达到最高水平。但是,繁荣阶段不可能长期维持下去。当消费增长放慢,引起投资减少时,或投资本身下降时,经济就会开始下滑,使经济处于衰退阶段。在衰退阶段初期,由于需求(首先是消费需求)与生产能力的偏离,使投资增加的势头受到抑制,随着投资减少,生产下降,失业增加;另一方面,消费减少,产品滞销,价格下降,进而使企业利润减少,致使企业的投资进一步减少,相应地,收入也不断地减少,最终会使经济跌落到萧条阶段。

萧条(又称谷底)阶段是指经济活动处于最低水平的时期。在这一阶段存在大量的失业,大批生产能力闲置,工厂亏损,甚至倒闭。但萧条时期也不可能无限延长。随着时间的推移,现有设备的不断损耗以及由消费引起的企业存货的减少致使企业考虑增加投资,这又使就业开始增加,产量逐渐扩大,经济进入复苏阶段。复苏阶段是指经济走出萧条阶段并转向复苏的阶段。在复苏阶段,生产和销售回增,就业增加,价格也有所提高,整个经济呈上升的势头。随着生产和就业继续扩大,价格上升,整个经济又逐步走向繁荣阶段。接着,经济又开始了周期变动的又一个循环。

在经济分析中,根据经济周期不同阶段的特点和经济统计资料,就可以确定经济处于周期的哪一个阶段,以便采用相应的政策来进行调节。

二、经济周期的类型

经济学界公认的经济周期类型是由美籍奥地利裔经济学家约瑟夫·熊彼特在20世纪30年代末划分的。熊彼特将经济周期划分为长周期、中周期和短周期三类。

长周期又称长波,指一个周期平均长度为50年左右的经济周期。这一划分最初是由经济学家康德拉季耶夫于1925年发表的《经济生活中的长波》一文中首先提出的,所以,经济长周期又称康德拉季耶夫周期。

中周期又称中波,指一个周期平均长度为9—10年左右的经济周期。经济学家们对于中周期的研究开始较早。1860年,法国经济学家朱格拉在其《论法国、英国和美国的商业危机及其发生周期》一书中较早系统地分析了这种经济周期,所以,经济中周期又称朱格拉周期。

短周期又称短波,指一个周期平均长度为40个月左右的经济周期。它最早由美国经济学家基钦于1923年提出,所以,经济短周期又称基钦周期。

三、经济周期理论

(一)经济周期理论概述

经济周期的阶段性变动特征及一周期的长度,是宏观经济运行发生周期性变动的外部特征。那么,造成经济周期的原因是什么呢? 对此,西方经济学家给出了种种不同的说明和解释。

早期的马尔萨斯与西斯蒙第等人以及近代以霍布森为代表的学者持消费不足的观点。他们认为,由于收入分配不均产生富人储蓄过度,致使消费品需求无法赶上消费品供给的增长,引起经济萧条,最终导致经济波动。

以哈耶克、米塞斯为代表的经济学家们认为,由于投资过度,造成重生产资本品的产业而轻生产消费品的产业,从而导致产业结构的失衡,引发经济周期性的波动。

以庇古、凯恩斯为代表的经济学家则持心理预期论的观点。他们认为,由于生产者对经济繁荣、衰退、萧条、复苏阶段的不同心理预期,引发了经济周期性的波动。

经济学家杰文斯认为,由于太阳黑子的出现,导致了农业减产,进而波及互有联系的工业、商业、购买力、投资等方面,从而引起了整个社会经济的萧条。太阳黑子的周期出现,致使国民经济的波动也相应地周期产生。

以霍特里为首的经济学家认为,银行交替地扩张与收缩信用,产生了流通中货币数量的增加与减少,由此引发了经济周期的产生。

经济学家熊彼特、汉森等人认为,创新引发了旧的均衡的破坏和向新的均衡的过渡,持续不断的创新会产生持续不断的新的平衡,从而引发了一次又一次经济周期的产生。

盖拉斯基、杜夫特以及以后的诺德豪斯等经济学家持政治说观点。他们中有的人认为,由于政府为阻止周期性的通货膨胀而采取了相应的紧缩措施,人为地制造了一次停滞和衰退，从而引起经济的周期波动。有的人认为，每届到期的政府为了树立良好的政府业绩以争取选民而采取了扩张性的经济政策，以谋求连任；新一届政府上台后就要采取经济紧缩政策，以消除经济扩张政策所带来的经济问题。由于政府的选举与产生具有周期性，因此经济也出现了相应的周期。

以萨缪尔森、希克斯等为代表的经济学家，运用乘数和加速系数的交互作用，来解释经济周期运动的产生。

综合以上各种不同的周期理论，大致可分为外部因素和内部因素两大类。诸如太阳黑子、科技创新、政府行为等属外部因素，心理预期、消费投资等属内部因素。

（二）乘数—加速模型对经济周期的解释

在现代经济周期理论中，乘数—加速原理相互作用的经济周期理论是最重要的一种经济周期理论。美国经济学家汉森和萨缪尔森认为，凯恩斯的乘数理论只说明投资变化是如何引起国民收入和就业的变化，而没有说明收入的变化反过来又是如何引起投资变化的。只有将加速原理和乘数理论结合起来，才能解释资本主义经济周期性波动的原因和波动的幅度。因此，萨缪尔森在 1939 年发表的《乘数分析和加速原理的相互作用》的论文中，提出了“乘数—加速原理”的动态经济模型的理论，即“汉森—萨缪尔森模型”。

1. 加速原理

加速原理(Acceleration principle)，是凯恩斯理论的继承者们对凯恩斯投资理论的重要补充和发展。他们认为，投资是影响经济周期波动的主要因素，但凯恩斯只考虑到投资对于收入和就业所产生的影响，而没有进一步考虑到当收入和就业增加以后，反过来对投资又会产生什么影响。后凯恩斯主义主流经济学派的重要代表人物汉森认为，投资增长通过乘数的作用会引起总收入或总供给的增加，而总收入或总供给增加以后，将引起消费的增加，消费品数量的增加又会引起投资的再增加。这种由于收入变动而引起的投资就是“引致投资”。汉森指出，不仅如此，而且这种投资增长的速度要比总收入或总供给增长的速度快，收入或消费需求的增加必然引起投资若干倍的增加，而收入或消费需求的减少必然引起投资若干倍的减少，这就是所谓“加速原理”的含义。

为了说明收入变动与投资变动之间的关系，必须先了解资本—产量比率和加速系数这两个概念。资本—产量比率就是生产一单位产量所需要的资本量，或者资本量与产量之比。以 K 代表资本，Y 代表产量，则资本—产量比率 $=\frac{K}{Y}$。例如，若生产 1 000 万元的产品需要 2 000万元的资本设备，则资本—产量比率为 2。也就是说，每生产 1 元产品，需要 2 元资本设备。

加速系数也称加速数，是指产量增加一定量所需要增加的净投资量，即资本增量与产量增量之比。资本增量实际上就是投资，因而加速系数又是投资和产量增加之比。以 ΔK 代表资本增量，ΔY 代表产量增量，I 代表投资，则加速系数 $=\frac{\Delta K}{\Delta Y}=\frac{I}{\Delta Y}$。例如，要使产量或收入增加 100 万元,需要增加投资 200 万元,则加速系数 $=\frac{200}{100}=2$。也就是说,每增加 1 元的产品或收入,需要增加 2 元投资。在技术不变的条件下,加速系数和资本—产量比率的数值是相同的,这里我们统一用 v 来表示:

$$v=\frac{K}{Y}=\frac{\Delta K}{\Delta Y}=\frac{I}{\Delta Y}$$

如果用 I_t 表示总投资,I_n 表示新增加的投资,D 表示折旧,则有:

$$I_t=I_n+D=v\cdot\Delta Y+D$$

设 $v=2$,折旧率为 10% ,则可以做出下面的加速原理举例表,见表 7 - 1。

表 7 - 1　产量变动和投资变动　　单位:100 万元

年	产量	产量增量	资本量	净投资	重置投资	总投资
1	100	0	200	—	20	20
2	120	20	240	40	24	64
3	140	20	280	40	28	68
4	160	20	320	40	32	72
5	170	10	340	20	34	54
6	170	0	340	0	34	34
7	160	-10	320	-20	32	12

根据表 7 - 1,我们可以说明加速原理的基本含义:

第一,投资的变动取决于年产量的变动率,而不取决于年产量的绝对变动量。只要产量的增长率下降,即使其绝对数量还在增加,也会导致投资水平下降。

第二,由于资本—产量比率大于 1,因此净投资的变动量倍数于产量的变动量,这就是加速原理的作用。加速原理既可以在正方向起作用,也可以朝相反的方向起作用。

第三,要想使投资保持不变,消费必须持续增长,消费量只有以递增的幅度增长,才能保持加速作用对经济繁荣所产生的刺激。如果消费不持续上升,投资将会下降。仅仅由于消费量的停止增长,也会导致经济衰退。

加速原理说明了产量(即国民收入)水平的变动是影响投资水平变动的重要因素。但应该指出:第一,影响投资的因素不仅有产量,还有其他,加速原理实际上是在假定其他因素不变的条件下,分析产量对投资的影响。第二,加速原理只适用于设备得到充分利用的情况,如果设备没有得到充分利用,则加速原理无法发挥作用。

2. 乘数—加速模型

从加速原理中可以看出,引致投资取决于消费的变动。如果消费以递增幅度增长,则由于加速原理的作用,刺激引致投资倍数增加,经济会高涨繁荣。一旦消费停止增长,引致投资立即变为零。如果消费减少,加速作用导致引致投资猛烈下降,引起经济衰退。现代西方经济学家根据这种分析,认为加速原理是引起国民收入周期性波动的重要因素。在投资过程中,乘数也在发生作用。这就是说,在经济周期性波动过程中,同时存在着乘数和加速系数两种交织的作用。

乘数和加速系数的交织作用,可以用公式加以概括表示,形成一个反映经济周期波动的经济模型。具体证明如下:

$$Y_t = C_t + I_t + G_t$$
$$C_t = C_0 + bY_{t-1}$$

上式为完整的消费函数,C_0 是自发性消费。

$$I_t = I_0 + v(C_t - C_{t-1}) = I_0 + v(bY_{t-1} - bY_{t-2}) = I_0 + vbY_{t-1} - vbY_{t-2}$$

上式为完整的投资函数,I_0 是自发性投资。

综合上三式得:

$$\begin{aligned} Y_t &= C_0 + bY_{t-1} + I_0 + vbY_{t-1} - vbY_{t-2} + G_t \\ &= G_t + b(1+v)Y_{t-1} - vbY_{t-2} + C_0 + I_0 \end{aligned}$$

上式是反映乘数和加速系数交织作用的经济周期模型。

现以表 7-2 为例说明乘数和加速系数的交织作用。表中假定:边际消费倾向 $b=0.5$,即乘数为 2,加速数 $v=1$,自发消费 $C_0=0$,自发投资 $I_0=500$ 亿元,政府购买 $G_t=500$ 亿元。

表 7-2 乘数和加速数的相互作用 单位:亿元

年 (t)	政府支出 (G_t)	引致的现期消费 (C_t)	引致的现期投资 (I_t)	现期国民收入 (Y_t)	经济波动趋势
1	500	—	500	1 000	—
2	500	500	1 000	2 000	复苏
3	500	1 000	1 000	2 500	繁荣
4	500	1 250	750	2 500	繁荣
5	500	1 250	500	2 250	衰退
6	500	1 125	375	2 000	衰退
7	500	1 000	375	1 875	萧条
8	500	937.5	437.5	1 875	萧条
9	500	937.5	500	1 937.5	复苏
10	500	968.75	531.25	2 000	复苏
11	500	1 000	531.25	2 031.25	繁荣
12	500	1 015.625	515.625	2 031.25	繁荣
13	500	1 015.625	500	2015.625	衰退
14	500	1 007.812 5	492.187 5	2 000	衰退

从表 7-2 中可以看出,收入水平呈周期性波动,波动的幅度逐步缩小,并收敛于 2 000 亿元水平。

在上述乘数—加速模型中,由于加速系数(v)、边际消费倾向(b)的不同数值,将会使经

济波动呈现出以下五种形式：

第一，减幅振荡，指国民收入波动幅度逐渐缩小，最后趋于消失。

第二，增幅振荡，指国民收入波动的幅度越来越大。

第三，同幅振荡，指国民收入波动的幅度在一定范围内保持不变。

第四，在某种干扰下，国民收入波动的水平以递减的速度上升或下降，没有振荡地从初始的均衡达到新的均衡。

第五，在某种干扰下，国民收入波动的水平以递增的速度上升或下降。

汉森和萨缪尔森通过乘数与加速系数作用的相互结合，说明经济会自发地呈现周期性的波动，并且决定构成经济周期的各个阶段和乘数相互作用来造成一个越来越严重的通货收缩（或通货膨胀）的螺旋。由于加速原理的作用，产量或销售量的增加会引起投资加速增加；同时，因乘数原理所起的作用，即投资的增加，反过来又会引起产量或销售量成倍增加。结果，社会经济呈上升的膨胀螺旋。这时经济波动处于复苏的阶段。但是，由于生产要素边际收益递减规律的作用，在一定技术条件下，当实际产出水平接近潜在国民收入水平时，经济增长速度必将出现递减趋势，经济周期就从复苏阶段过渡到繁荣阶段。根据加速原理的作用，如果产量的增长速度递减，则总投资将以更快的速度下降；同时，由于乘数原理所起的作用，即投资的减少又会引起产量的大幅度下降，结果将导致社会经济呈下降的紧缩螺旋。这时经济波动处于衰退的阶段。但是，这种紧缩螺旋不会无限制地下降，亦有一个极限。这个极限就是由于重置投资的存在，使总投资不能小于零。另外，边际消费倾向也不可能等于零，这样经济的收缩就有了一个限度。一旦经济下降到这一限度，就会停止收缩。这时经济波动处于萧条阶段。由于重置投资的乘数作用仍然起着作用，就会使收入逐渐上升。这样，经济由于收入与投资相互影响而再一次增长起来。此时，经济波动再次处于复苏阶段，一次新的周期便又重新开始。

由上可知，经济的膨胀与收缩是交替出现的，尽管在某一时期，膨胀期和收缩期的时间跨度可能由于各种原因而发生变化，但是，这种交替是经济周期的实质。这为西方经济学家所主张的政府对经济进行必要的干预，以缓和经济波动并维持经济长期稳定的增长建立了理论基础。

拓展阅读

改善民生是拉动中国经济增长的重要动力

日前，国务院总理李克强在博鳌亚洲论坛发表演讲时称，中国经济要行稳致远，不仅要平稳，更要有动力，起码有三个方面的动力：第一个方面的动力来自改革开放；第二个方面的动力来自调整结构；第三个动力来自改善民生。发展的成果最终要体现在民生改善上。反之，民生改善带来的就业增加也会促进消费，有效拉动经济增长。正所谓民生倒逼发展，发展检验改革。

“改善民生需要注重制度建设，正确处理社会内部的矛盾，着力维护人民群众的合法利益诉求，在做大民生这块‘蛋糕’的同时，更要把这块‘蛋糕’分好，使得人民群众都能够平等参与，这样才可以最大限度地改善民生。总而言之，民生的改善离不开社会管理创新的每个方面。”经济学家宋清辉在接受《证券日报》记者采访时表示。

宋清辉同时指出，经济工作的终极目标就是为了改善民生，其中民生的重中之重又是就业，只有政府始终坚持实施积极的就业政策，才能够创造出大量的就业岗位，就业群体的扩大无疑将会刺激消费支出增长，从而最终有效拉动经济增长。

对于就业，人社部也高度重视。近日，人社部部长尹蔚民在北京召开全国就业工作座谈会上强调，把做好就业工作作为全系统第一位的任务。高校毕业生就业是就业工作的重中之重。要坚持把高校毕业生就业摆在就业工作的首位，以实施就业促进计划和创业引领计划为主要抓手，精准施策，力争所有有就业意愿的未就业毕业生都能实现就业，努力提高大学生创业比例。还要在拓宽渠道、主动服务两大方向上下功夫，把握发展新机遇千方百计挖掘岗位，发挥部门资源优势主动服务促进对接。

尹蔚民同时要求，要着力推动以创业带动就业，注重抓创业培训扩量提质，抓创业服务全面拓展，抓创业活动营造氛围，进一步推进简政放权，降低创业门槛、释放创新活力。要大力加强职业培训，规模要扩大，方式要多元，质量要提升，大幅度提高劳动者素质。

“有效拉动经济增长，既要抓好供给侧，同时又不能忽视需求对经济稳增长的助动力，只有不断增强消费拉动经济的基础作用，才能够把促进消费升级作为拉动经济增长的重要动力。当前，世界经济复苏乏力，而中国经济已深度融入世界经济，必然会受到较大的影响，因此民生改善是中国经济的新希望。”宋清辉表示。

（资料来源：新华网 http://news.xinhuanet.com/fortune/2016－03/25/c_128833019.htm。）

第三节　宏观经济政策

一、宏观经济政策目标

宏观经济政策指的是国家有计划地运用一定的政策工具调节控制宏观经济的运行，以达到一定的政策目标。国家宏观调控的政策目标一般包括充分就业、物价稳定、经济增长和国际收支平衡四项。

充分就业并不是人人都有工作，而是维持一定的失业率，这个失业率要在社会允许的范围之内，能为社会所接受；物价稳定就是维持一个低而稳定的通货膨胀率，这种通货膨胀率能为社会所接受，对经济也不会产生不利的影响；经济增长就是达到一个适度的增长率，这种增长率既是能满足社会发展的需要，又是人口增长和技术进步所能达到的；国际收支平衡则是既无国际收支赤字又无国际收支盈余，因为国际收支赤字和盈余都会对国内经济发展带来不利的影响。

通过官方文件正式宣布上述四项目标的是美国1978年颁布的《充分就业和平衡增长法》(又称汉弗莱—霍金斯法),它把充分就业(4%失业率)、物价稳定(3%通货膨胀率)、经济增长、国际收支平衡四项并列为政府宏观调控的政策目标。虽然具体数字在各国或不同时期有些不同,但这四项目标已被许多国家和政府所采用。在实际经济运行的过程中,这四项目标本身却又孕育着许多矛盾,产生了很多相互之间的不协调与冲突。充分就业与物价稳定是矛盾的,因为要实现充分就业,就必须运用扩张性财政政策和货币政策,而这些政策又会由于财政赤字的增加和货币供给量的增加而引起通货膨胀。充分就业与经济增长有一致的一面,也有矛盾的一面。这就是说,经济增长一方面会提供更多的就业机会,有利于充分就业;另一方面,经济增长中的技术进步又会引起资本对劳动的替代,相对地缩小对劳动的需求,使部分工人,尤其是文化技术水平低的工人失业。充分就业与国际收支平衡之间也有矛盾,因为充分就业的实现引起国民收入增加,而在边际进口倾向既定的情况下,国民收入增加必然引起进口增加,从而使国际收支状况恶化。此外,在物价稳定与经济增长之间也存在矛盾,因为经济增长过程中,通货膨胀是难以避免的。

要实现这些目标,各国政府通常使用的宏观经济政策包括财政政策、货币政策、收入政策、人力政策以及汇率政策等。由于财政政策和货币政策在其中占主导地位,这里着重介绍这两种政策。

二、财政政策

(一)财政政策的内容与运用

财政政策是指通过政府的财政收入和财政支出对经济过程进行宏观调节。财政作为政府的经济活动,有多种功能,如配置资源和国民收入再分配。通过财政支出举办私人无力举办而为社会公众所需要的公共工程和环境保护工程,就是财政的配置资源功能的体现;通过税收和社会保险、社会救济支出来实现社会公平,就是财政的国民收入再分配功能的体现。此外,财政还具有调节宏观经济过程、稳定经济的功能。自凯恩斯主义问世以来,财政调节经济和稳定经济的功能就受到了人们的广泛重视。这里所述的财政政策,主要是就财政的调节经济和稳定经济的功能而言的。

1. 财政收入

财政收入主要由各项税收构成。税收按其纳税人和负税人之间的关系,可分为直接税和间接税。直接税是直接向负税人征收的税收,如财产税和所得税(包括公司所得税和个人所得税)。这类税收的纳税人同时就是负税人,税金不能转嫁给他人。间接税一般是在商品的流转过程中征收的税收,如增值税、消费税、营业税等。这类税的纳税人并不是负税人。纳税人是生产和经营商品的厂商,负税人是商品的消费者。因为纳税人所缴纳的税款是可以作为商品价格的一部分,通过商品销售最终转嫁给消费者负担的。税收按税率与应纳税收入之间的关系,还可分为累进税和比例税。财产税和所得税通常实行累进税,如个人所得税是按个人收入划分若干档次,对每一档次增加的那一部分收入,规定比前一档次较高的税率(即边际税率,随收入增加而提高)。因此,累进税具有调节收入分配、实现分配公平的功能。比例税是对应纳税收入规定固定的征税比例。间接税一般实行比例税率。对于不同收入水平的人,购买同样商品的税金是相等的,但间接税的税负对负税人的收入水平来说具有累退性质,即收入越多的人税收占收入的比例越小,收入越少的人税收占收入的比例越大。

2. 财政支出

财政支出主要包括两个方面:一是政府购买支出,二是政府转移支付。

政府购买支出是构成总需求的一项重要组成部分,主要包括两个部分:第一,由政府举办的公共工程支出。所谓公共工程支出,是指国家对于社会公众需要而私人无力举办或收益低因而私人不愿举办的基建工程的投资,如桥梁、高速公路、环境卫生治理等。第二,为管理各种社会事业的支出,包括政府对国家安全、政府行政、科学研究、教育、文化、环境保护、卫生等管理的需要而购买商品和劳务的支出,以及向公务人员支付的薪金等。

政府转移支付主要是指政府对私人部门的无偿转移支付,如政府的社会保障与社会救济支出、政府公债的利息支出以及为支持农业的农产品价格补贴等,构成个人可支配收入的一部分。由于政府转移支付是政府收入的一项扣除,所以,通常又将税收与政府转移支付之差称为净税收。至于政府转移支付中的对外国政府与国际组织的捐赠,则列入国际收支进行平衡。

财政政策就是要运用政府收入与支出来调节经济。具体来说,在经济萧条时期,总需求小于总供给,经济中存在失业,政府就要通过扩张性的财政政策来刺激总需求以实现充分就业。扩张性财政政策包括减税与增加政府支出。因为减税,可以使个人或公司留下较多的收入,从而消费和投资将增加。这样,总需求水平就上升,有助于萧条的克服。同样,增加政府支出,包括增加公共工程开支、政府购买、政府转移支付等,也有助于增加个人的消费和促使企业投资,提高总需求水平,有助于克服萧条。

在经济繁荣时期,总需求大于总供给,经济中存在通货膨胀,政府则要通过紧缩性的财政政策来压抑总需求以实现物价稳定。紧缩性财政政策包括增税与减少政府支出。因为这时增税,可以使个人或公司留下的收入较少,从而消费和投资将减少。这样,总需求水平就下降,有助于消除通货膨胀。同样,减少政府支出,包括减少公共工程开支、政府购买、政府转移支付等,也有助于压缩个人的消费和限制企业的投资,降低总需求水平,有助于消除通货膨胀。

(二)自动稳定器与积极的财政政策

1. 自动稳定器

所谓“自动稳定器”(Automatic stablizer),是指不需政府的干预,使经济自动而及时地朝正确的方向变化,借以对总供给和总需求产生一种稳定作用的因素,又称为内在稳定器(Builtin stabilizer)。也就是说,财政制度本身存在一种内在机制,会做出适时反应,在经济涨落时对其产生缓冲作用,并及时对经济体系产生保护功能。自动稳定器类似于人体内的自我免疫系统。当失业提高、经济总体下滑时,这些稳定因素便自动降低税收和提高政府支出;而当失业降低、经济过分膨胀之时,这些因素又会帮助经济减速。具体来说,财政制度的内在稳定器作用主要表现在三个方面。

(1)首先是税收制度。在经济萧条时期,由于生产量下降、失业增多、个人收入减少,按累进税率计征的个人所得税会自动减少。这种减税是在既定的税收制度下自动进行的,但其结果正好同萧条时期政府要实行减税政策的意图相符合。在经济繁荣时期,一方面个人收入上升,另一方面符合纳税规定的人增加,因此,额外增加的收入将按更高的税率纳税,使个人所得税自动增加,从而抑制了消费与投资的增加,抑制了总需求的增加,其结果正好同经济繁荣时期政府要实行增税的政策意图相符合。

(2)政府对个人的转移支付。在政府对个人转移支付的制度中,规定了失业救济金支付的办法,这是一种在经济波动中能起自动调节作用的机制。政府对发放失业救济金有一定标准,凡符合规定的失业者,可按时到指定机构领取失业救济金。在经济萧条时期,失业人数增加,符合领取失业救济金的人数亦随之增加,即使政府不采取任何刺激经济的措施,只要按照现行标准发放失业救济金,就能使政府的个人转移支付自动增加,这就会在一定程度上抵消了因经济萧条期间失业人数增加而使消费需求下降以及由此而引起投资需求下降的趋势,从而自动减缓经济衰退的程度。相反,在经济繁荣时期,失业人数减少,同时也减少了领取失业救济金的人数,使政府转移支付自动减少,在一定程度上起到了抑制消费、抑制投资的作用,从而减轻了通货膨胀的程度。

(3)农产品价格维持制度。一些国家为了支持农业生产的发展和保护消费者的利益,实行农产品维持价格政策,规定农产品的最低价格和最高价格。例如,在经济萧条时期,农产品过剩,价格下跌,当农产品价格低于规定的最低价格时,政府就以最低价格大量收购剩余农产品,使农产品价格不再继续下跌,保证农业劳动者和农场主的收入与消费维持在一定水平。在经济繁荣时期,农产品价格如过快上升,超过规定的最高价格,政府就出售农产品,以稳定农产品价格,防止通货膨胀,保护消费者的利益。

2. 积极的财政政策

尽管某些财政政策具有自动稳定器的作用,但要消除经济波动,仅靠自动稳定器还不够,仍需要政府有意识地运用积极的财政政策。积极的财政政策是指政府密切注视经济的变动趋势,审时度势,主动采取改变收入或支出的财政政策。当认为总需求水平过低,即经济出现衰退时,政府应采取扩张性的财政政策,即通过削减税收,增加支出或双管齐下来刺激经济;反之,当认为总需求水平过高,即出现严重通货膨胀时,政府应采取紧缩性的财政政策,即通过增加税收或减少支出,以抑制过热的经济势头。究竟什么时候采用扩张性财政政策,什么时候采用紧缩性财政政策,应由政府对经济形势加以分析权衡,相机抉择,以逆经济风向行事。

(三)功能财政与公债

上述相机抉择,以逆经济风向行事的财政政策是凯恩斯主义的财政思想,这是一种功能财政。功能财政思想是对传统的预算平衡思想的否定,这种财政思想主张财政预算不在于追求政府收支平衡,而在于追求无通货膨胀的充分就业。为实现这一目标,预算可以是盈余,也可以是赤字。当均衡收入低于充分就业水平时,政府有义务实行膨胀性财政政策,以实现充分就业。如果预算起初是盈余,政府可减少盈余甚至造成赤字;如起初预算是赤字,政府可允许有与日俱增的赤字。反之,当存在通货膨胀缺口时,政府应实行紧缩性财政政策。总之,按功能财政思想,政府应当关心经济比关心预算平衡为重。这种功能财政思想就是权衡性财政政策的指导思想。

按功能财政政策,预算可能要赤字,也可能要盈余,但多数情况下是赤字。在经济萧条时期,财政政策是减少税收和增加政府支出,这样就必然出现财政赤字。为了弥补赤字,通常要依靠发行公债。公债并不是直接卖给公众或厂商,因为这样可能会减少公众与厂商的消费和投资,使赤字财政政策起不到应有的刺激经济的作用。公债由财政部发行,卖给中央银行,中央银行向财政部支付货币,财政部就可以用这些货币来进行各项支出,刺激经济。中央银行购买的政府公债可以作为发行货币的准备金,也可以在金融市场上卖出。

凯恩斯主义经济学家认为,通过发行公债实行赤字财政政策,不仅是必要的,而且也是可能的。这是因为:第一,债务人是国家,债权人是公众。国家与公众的根本利益是一致的。政府的财政赤字是国家欠公众的债务,也是自己欠自己的债务。第二,只要政府不垮台,债务的偿还就是有保证的,不会引起信用危机。第三,债务用于发展经济,使政府有能力偿还债务,弥补赤字。这就是所谓的“公债哲学”。

(四)挤出效应和财政政策效果

财政政策的挤出效应,是指政府开支增加所引起的私人支出减少,以政府开支代替了私人开支。这样,扩张性财政政策的刺激经济的作用就被减弱。图 7-2 显示财政政策的挤出效应。

在图 7-2 中,当 IS 曲线为 IS_0 时,IS_0 与 LM 相交于 E_0,决定了国民收入为 Y_0,利率为 R_0。政府支出增加,即自发总需求增加,IS 曲线从 IS_0 向右上方平行移动到 IS_1,IS_1 与 LM 曲线相交于 E_1,国民收入为 Y_1,利率为 R_1。在政府支出增加从而国民收入增加的过程中,由于货币供给量没有变,也就是 LM 曲线没有变动,而货币需求随国民收入的增加而增加,所以引起利率上升。这种利率上升就减少了私人投资与消费,即一部分政府支出的增加,实际上只是对私人支出的替代,并没有起到增加国民收入的作用。这就是财政政策的挤出效应。从图 7-2 中还可以看出,如果利率仍为 R_0 不变,那么国民收入应该增加为 Y_2。Y_1-Y_2就是由于挤出效应所减少的国民收入增加量。

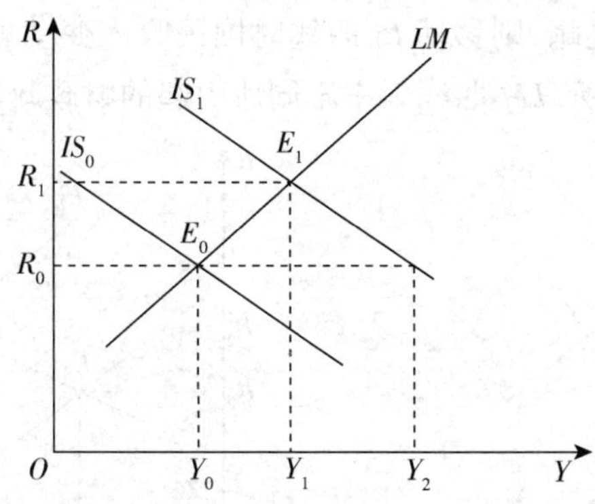

图 7-2 扩张性财政政策的挤出效应

财政政策效果的大小可以通过 IS—LM 模型看出。在 LM 曲线不变时,IS 曲线斜率的绝对值越大,即 IS 曲线越陡峭,则移动 IS 曲线时国民收入变化就越大,即财政政策效果越大;反之则相反。图 7-3 显示 IS 曲线斜率不同时所引起的政策效果差别。

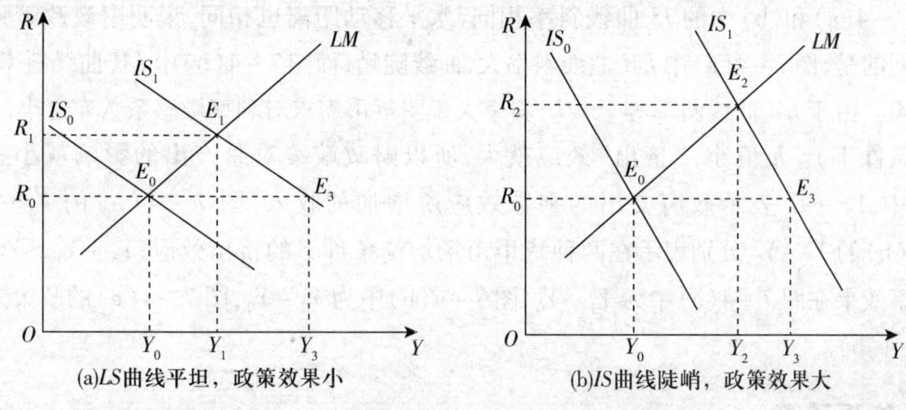

图 7-3 不同 IS 曲线斜率的财政政策效果

在图 7-3(a)和(b)中,LM 曲线完全相同,表明货币市场均衡不变。初始均衡点 E_0 相同,且政策强度也相同,如果不考虑挤出效应,都能使收入增加到 Y_3。所不同的是,图 7-3(a)中,IS 曲线比较平坦,即斜率绝对值较小,而图 7-3(b)中 IS 曲线比较陡峭,即斜率绝对值较大。由于 IS 曲线斜率的差别,因而导致了实行同样的财政政策,图 7-3(a)中收入只增加 $Y_1 - Y_0$,而图 7-3(b)中收入却增加了 $Y_2 - Y_0$。由此可见,图 7-3(a)中 IS 曲线斜率绝对值小,财政政策效果小,图 7-3(b)中 IS 曲线斜率绝对值大,财政政策效果也较大。为什么会出现这种政策效果的差别呢?是因为 IS 曲线斜率绝对值反向取决于投资对利率反应系数 d,正向取决于边际消费倾向 b,图 7-3(a)中 IS 曲线斜率绝对值小,说明投资对利率反应系数 d 或者边际消费倾向 b 的数值较大,而 d 值和 b 值大都会使政府支出的挤出效应大,所以实际增加的收入就少,即政策效果小。图 7-3(a)中的 $Y_3 - Y_1$ 和图 7-3(b)中的 $Y_3 - Y_2$ 为因挤出效应而减少的收入,$Y_3 - Y_1 > Y_3 - Y_2$。

在 IS 曲线斜率不变的条件下,财政政策的效果又随 LM 曲线斜率的不同而不同。LM 曲线斜率越大,即 LM 曲线越陡峭,则移动 IS 曲线时国民收入变动就越小,即财政政策效果越小,反之则相反。图 7-4 显示 LM 曲线斜率不同所引起的财政政策效果的差别。

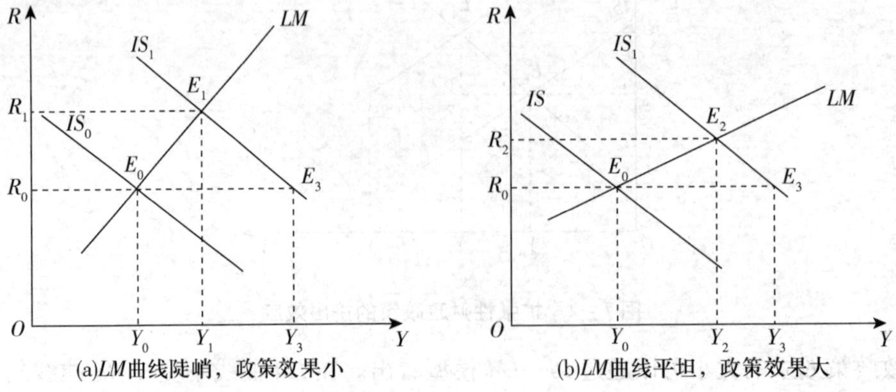

图 7-4　不同 LM 曲线斜率的财政政策效果

图 7-4(a)和(b)中的 IS 曲线斜率相同,水平移动距离也相同,说明财政政策强度相同。不同的是,图 7-4(a)中 LM 曲线斜率大,曲线陡峭,而图 7-4(b)中 LM 曲线斜率较小,曲线平坦。由于 LM 曲线斜率等于 k/h,斜率大说明货币需求对利率敏感系数 h 值小(假定 k 值不变条件下)。h 值小,"挤出"效应就大,所以财政政策对总产出的影响就小些。在图 7-4中,$Y_3 - Y_0$ 表示政府支出的乘数效应所增加的收入,图 7-4(a)的 $Y_3 - Y_1$ 和图 7-4(b)的 $Y_3 - Y_2$ 分别表示在两种货币市场均衡条件下的挤出效应,$Y_3 - Y_1 > Y_3 - Y_2$。财政政策效果在图 7-4(a)中为 $Y_1 - Y_0$,图 7-4(b)中为 $Y_2 - Y_0$,图 7-4(a)的政策效果小于图 7-4(b)。

三、货币政策

货币政策指中央银行实施的通过改变货币供应量和信用条件来影响均衡产出水平的政策。

(一)货币政策的工具

中央银行实施货币政策的工具,主要有调整法定准备金要求、调整再贴现率、公开市场业务等。

1. 调整法定准备金要求

根据货币乘数原理,中央银行规定的法定准备金要求越低,货币乘数就越大,银行创造货币的能力亦越大,派生存款就越多;反之,法定准备金要求越高,货币乘数就越小,银行就会减少贷款,抽紧银根,派生存款就越小。因此,中央银行通过调整法定准备金要求,可以起到调节货币供给,调节利息率,实现宏观需求管理的目标。在萧条时期,中央银行一般采取扩张性货币攻策,降低法定准备金要求。假设将法定准备金要求从 20% 降到 15% ,例如,A

银行吸收了100万元存款以后,只需把15万元作为准备金,同原规定的20万元准备金相比有了5万元的超额准备金,这5万元即可用于贷款。于是,货币乘数就从5提高到6.67(1/0.15)。通过银行创造货币机制,100万元的最初存款就会造成总共为667万元(100×6.67)的存款,存款总量比原先增加了167万元。由于存款数量增加,市场中可流通的货币存量就增加,从而使利息率下降,投资成本降低,投资者就愿意向银行多要贷款,消费者亦会少储蓄多消费,进而刺激投资和消费。在通货膨胀时期,中央银行一般实行紧缩性货币政策,提高法定准备金要求。假设将法定准备金要求从15%提高到20%,则100万元存款所创造的派生存款将减少167万元,由于经济领域中可流通的货币存量减少,利息率就会上升,从而抑制了投资和消费。

2. 调整再贴现率

再贴现率是指中央银行向商业银行贷款的利息率。它一般低于商业银行向客户贷款的利息率。商业银行可以凭借本银行的收益资产,如商业银行持有的政府债券或银行为客户办理票据贴现的各种票据,向中央银行申请借款或票据再贴现。商业银行从中央银行获得借款后就扩大了它的贷款能力。中央银行根据宏观需求管理的目标,适当调整中央银行对商业银行的再贴现率,就可以使商业银行增加或减少向中央银行的借款,从而调节商业银行的贷款能力。在经济萧条时期,中央银行降低贴现率以后,就降低了商业银行向中央银行借款的成本,商业银行就愿意向中央银行多借钱,以扩大其贷款能力,使经济领域中可流通的货币存量增加;同时中央银行调低贴现率也会引导商业银行降低其对客户的贷款利息率,有助于增加对客户的贷款,增加投资和消费需求。反之,在通货膨胀时期,中央银行提高贴现率,能直接导致商业银行贷款利息率上升,会对总需求起到抑制的作用,从而达到抑制通货膨胀的目的。

3. 公开市场业务

中央银行在公开市场上买卖政府债券,可以起到调节货币供给量,进而调节利息率的作用。政府在发生财政赤字时,通常靠发行债券来弥补赤字。中央银行可以在公开市场(如有组织的证券市场)上买卖政府债券,从而对公众持有的货币量实行调节。政府债券多数为短期债券(如美国政府的债券有一半以上是期限不超过一年的债券,五年以内的债券占债券总额的4/5以上),且以国家权力作担保。因此,购买政府债券的风险较少。在通货膨胀时期,中央银行在公开市场上出售债券,债券的价格下跌,公众就愿意购买。当债券购买者用支票或现金支付所购买债券时,银行就回笼货币,使货币供给量减少,利息率提高,从而达到抑制总需求、抑制通货膨胀的目的。在经济萧条时,中央银行从公众手中购进债券,这就等于向市场投放货币,增加货币供给量,就会引起利息率下降,从而达到刺激总需求的目的。中央银行这种在公开市场上买卖债券、投放或回笼货币的做法,亦具有货币乘数作用,使货币供给量的变化发生连锁反应,从而实现需求管理的目的。

除了上述三项调节货币流通量的主要措施外,还有几种较为次要的手段。如,道义上的劝告，即中央银行对商业银行在放款投资等方面所采取的措施给予指导或告诫；控制利息率的上限，即控制商业银行对定期存款所支付的最高利息，以达到减少定期存款，使存款更多地转化为易于流动的债券和短期存款；控制对消费者购买耐用消费品分期付款的条件，以便调节信贷结构，达到鼓励或限制消费的目的；控制抵押贷款条件，即通过放宽或收缩以抵押贷款购买住宅的各种条件，来调节建筑业的发展，最终达到控制总需求的目的等。但是，这些调节手段都不具有法律上的约束力，并且有些手段现在已很少使用。

(二)货币政策的效果和局限性

1. 货币政策的效果分析

与财政政策一样，在不同的情况下，货币政策的效果，即变动货币供给量对总需求的影响是不同的。货币政策的效果同样可以从 *IS* 和 *LM* 曲线的斜率中加以分析。

在 *LM* 曲线斜率不变时，*IS* 曲线越平坦，*LM* 曲线移动(由于实行变动货币供给量的货币政策)对国民收入变动的影响就越大；反之，*IS* 曲线越陡峭，*LM* 曲线移动对国民收入变动的影响就越小，如图 7－5 的(a)和(b)所示。

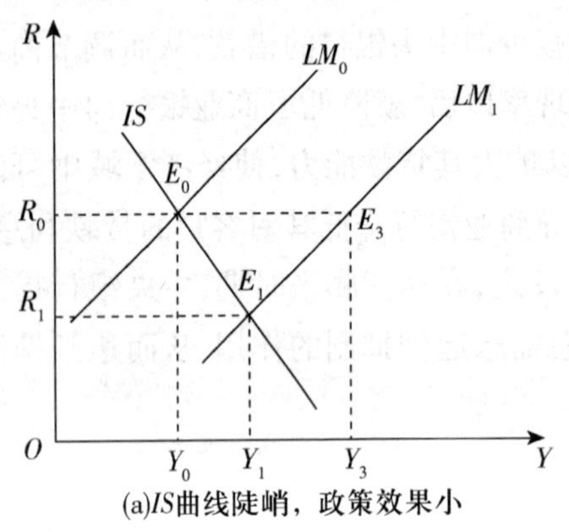

(a)*IS*曲线陡峭，政策效果小

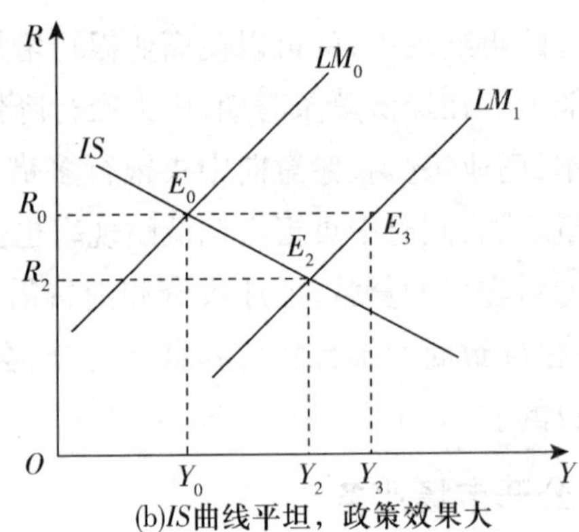

(b)*IS*曲线平坦，政策效果大

图 7－5 不同 IS 曲线斜率的货币政策效果

图 7－5 的(a)和(b)中，*LM* 曲线斜率相同，*IS* 曲线斜率不同，假定初始的均衡收入 Y_0 和利率 R_0 都相同。政府货币当局实行增加同样一笔货币供给量 ΔM 的扩张性货币政策时，*LM* 曲线都右移相同距离 E_0E_3，$E_0E_3 = Y_0Y_3$，Y_0Y_3 等于利率 R_0 不变时因货币供给增加而需要增加的国民收入，但实际上收入并不会增加那么多，因利率会因货币供给增加而下降，因而增加的货币供给量中一部分要用来满足增加了的投机需求，只有一部分用来满足增加的交易需求，究竟要有多少货币用来满足增加的交易需求，这决定于货币供给增加时国民收入能增加多少。从图 7－5 来看，*IS* 陡峭时，收入增加较少，*IS* 较平缓时，收入增加较多。这是因为 *IS* 较陡，表示投资的利率弹性较小(当然，支出乘数较小时，也会使 *IS* 曲线较陡，但 *IS* 斜率主要决定于投资的利率弹性)。因此，当 *LM* 曲线由于货币供给增加而向右移动使利率下降时，投资不会增加很多，从而国民收入水平也不会有较大增加；反之，*IS* 曲线较平坦，则

表示投资利率弹性较大。因此,货币供给增加使利率下降时,投资会增加很多,从而使国民收入水平有较大增长。

在 *IS* 曲线不变时,*LM* 曲线越平坦,*LM* 曲线由于货币供给量变动时,国民收入的变动就越小,即货币政策的效果就越小;反之,则货币政策的效果就越大。如图 7-6 的(a)和(b)所示。

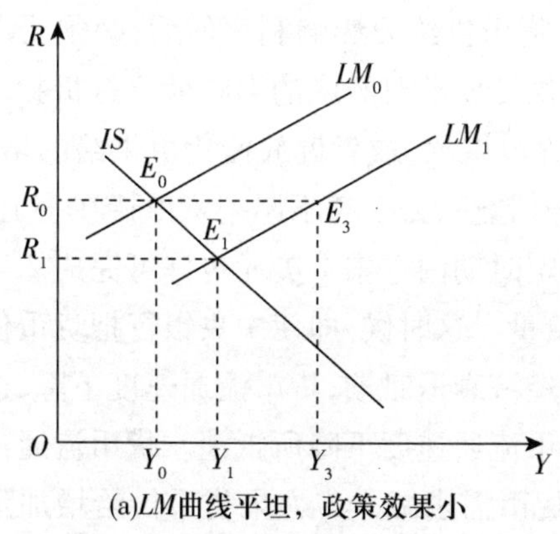

(a)*LM*曲线平坦,政策效果小

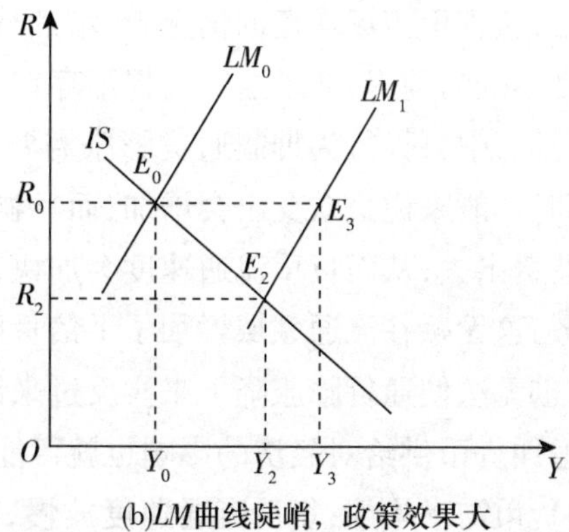

(b)*LM*曲线陡峭,政策效果大

图 7-6 不同 *LM* 曲线斜率的货币政策效果

为什么会如此?这是因为,*LM* 曲线较平坦,表示货币需求的利率弹性较大,即利率稍有变动就会使货币需求变动很多,因而货币供给量变动对利率变动的影响较小,从而增加货币供给量的货币政策就不会对投资和国民收入有较大影响;反之,若 *LM* 曲线较陡峭,表示货币需求的利率弹性较小,即货币供给量稍有增加就会使利率下降很多,因而对投资和国民收入有较大影响,即货币政策的效果较强。从图 7-6 来看,由于货币供给增加量相等,因此 *LM* 曲线右移距离相等(即两个图形中的 E_0E_3 亦即 Y_0Y_3 的长度相等),但图 7-6(a)中 Y_0Y_1 小于图 7-6(b)中 Y_0Y_2,其原因是同样的货币供给量增加时,若货币需求利率弹性较小,则利率下降较少,若利率弹性较大,则利率下降较多,因而在图 7-6(a)中,利率只从 R_0 降到 R_1,下降较少;而在图 7-6(b)中,利率则从 R_0 降到 R_2,下降较多。

总之,一项扩张的货币政策如果能使利率下降较多(*LM* 曲线较陡峭时就会这样),并且利率的下降能对投资有较大刺激作用(*IS* 曲线较平坦时就会这样),则这项货币政策的效果就较强;反之,货币政策的效果就较弱。

2. 货币政策的局限性

中央银行实行货币政策,常常是为了稳定经济,减少经济波动,但在实践中也存在如下一些局限性。

第一,从反衰退的作用看,由于存在所谓流动性陷阱,因此,在通货膨胀时期实行紧缩性货币政策可能效果比较显著,但在经济衰退时期实行扩张性货币政策效果就不明显。特别是当经济处在严重萧条的时候,厂商对经济前景普遍悲观,即使中央银行松动银根、降低利率,投资者也不肯增加贷款从事投资活动,银行为安全起见,也不肯轻易贷款。这样,货币政策作为反衰退的政策,其效果就甚微。

进一步说,即使从反通货膨胀看,货币政策的作用也主要表现于反对需求拉上的通货膨胀,而对成本推进的通货膨胀,货币政策的效果就很小。因为物价的上涨若是由工资上涨超过劳动生产率上升幅度引起或由垄断厂商为获取高额利润引起,则中央银行想通过控制货币供给来抑制通货膨胀就比较困难了。

第二,从货币市场均衡的情况看,增加或减少货币供给要影响利率的话,必须要以货币流通速度不变为前提,如果这一前提不存在,货币供给变动对经济的影响就要打折扣。在经济繁荣时期,中央银行为抑制通货膨胀需要紧缩货币供给,或者说放慢货币供给的增长率,然而,那时一般来说公众支出会增加,而且物价上升越快,公众越不愿把货币持在手上,而希望尽快花费出去,从而货币流通速度会加快,在一定时期内本来 1 美元也许可完成 2 美元的交易任务,这无疑在流通领域增加了 1 倍货币供给量。这时候,即使中央银行把货币供给减少 1 倍,也无法使通货膨胀降下来。反过来说,当经济衰退时期,货币流通速度下降,这时中央银行增加货币供给对经济的影响也就可能被货币流通速度下降所抵消。货币流通速度加快,就是货币需求增加;货币流通速度放慢,就是货币需求减少。如果货币供给增加量和货币需求增加量相等,*LM* 曲线就不会移动,因而利率和收入也不会变动。

第三,货币政策作用的外部时滞也影响政策效果。中央银行变动货币供给量,要通过影响利率,再影响投资,然后再影响就业和国民收入,因而货币政策作用要经过相当长一段时间才会得到充分发挥。尤其是在市场利率变动以后,投资规模并不会很快发生相应变动。利率下降以后,厂商扩大生产规模,需要一个过程;利率上升以后,厂商要缩小生产规模,更不是一件容易的事,已经上马在建的工程难以下马,已经雇用的职工要解雇也不是轻而易举的事。总之,货币政策即使在开始采用时不要花很长时间,但执行后产生的效果却要有一个相当长的过程。在此过程中,经济情况有可能发生与人们原先预料的相反变化。比方说,经济衰退时中央扩大货币供给,但未导致其政策效果完全发挥出来时经济就已转入繁荣,物价已开始较快地上升,则原来扩张性货币政策不是在反衰退,却为通货膨胀火上加油。

拓展阅读

中国的经济发展战略

中国过去虽长时期没有使用经济发展战略概念,但在不同的时期提出的总路线、总任务和总方针、总政策等,实际上含有经济发展战略的意义。中国采取的经济发展战略遵循社会主义基本经济规律,从中国的特殊国情出发,坚持社会主义方向。它既不同于"传统的发展战略",也不同于"变通的发展战略"。

十一届三中全会(1978 年 12 月)以后,中国的经济发展战略发生了重大的转变,即更加注意在经济增长基础上逐步满足人民日益增长的物质文化需要;强调以高效益为中心任务;主要依靠对现有企业进行技术改造,从事内含扩大再生产;开发物力资源和开发人力特别是智力资源并重;在自力更生基础上实行对外开放。中国经济建设的战略部署大体分三步走:第一步,实现国民生产总值比1980年翻一番,解决人民的温饱问题。第二步,到20世纪末,使国民生产总值再增长一倍,人民生活达到小康水平。第三步,到21世纪中叶,人均国民生产总值达到中等发达国家水平,人民生活比较富裕,基本实现现代化。

总的可以总结为:

(1)农业革命是工业革命的基础,农业本身可以成为亮丽的经济增长点,在农业内部解决"三农"问题比在农业外部解决"三农"问题可能更为有效。刘易斯"二元经济"理论的着重点在于解决农村剩余劳动力的就业问题。该理论假定农村存在着无限供给的剩余劳动力,且劳动力的价格仅能维持最低生活水平,按照这样的工资水平的劳动供给是无限的。在这种情况下,新的工业部门可以成立,旧的工业部门可以扩张,农村剩余劳动力可以转移。而且农业的发展是工业革命的前提,是整个经济发展的前提。农业不发展,工业和整个经济都很难发展。解决农业问题的正确思路是:

①力争在农业内部解决农业问题,通过农业产业化,农村工业的形式解决农业问题。

②不要人为压抑农产品价格,让价格反映资源的稀缺程度,指引资源的流向,把更多的资源吸引到农业生产领域。

③加强对农业的人力资本投入,加强对农业的基础设施,包括道路、交通、通讯、教育等的投入。投资于城市会边际效应递减,投资于农村可以使总体投资效用最大化。

(2)大国的经济发展模式不同于小国,内需对大国的经济发展至关重要。改革开放以来,我国经济发展的显著特点是融入世界经济一体化。在经济发展的起始阶段,我们像众多发展伊始的国家一样,奉行古老的重商主义政策,形成了比较大的外贸顺差,积累了较多的外汇储备,提高了综合国力和国际地位。然而一旦对外贸易成为拉动经济发展的主要力量,随之而来的是与之相伴的各种问题:

①经济发展受世界经济波动的影响甚大。例如2004—2007年,世界经济处于一个较快的发展时期,对中国产品有着较大需求,我国经济就会同样处于一个较快的发展时期。当前,以美国次贷危机为契机,世界经济发展普遍放缓,对我国经济发展影响甚大。由于国际上对我国产品需求大大减少,致使我国政府不得不采取有力的救助措施。

②在以外需作为主要拉动经济发展模式的情况下,由于原材料在外和产品销售在外,上游产品特别是原材料价格的上涨会影响国内的经济发展。这是通胀的输入。输入性通胀会加大国内通货膨胀的压力。这就是2008年上半年我国经济的状态。

③把当前由于美国次贷危机引发的世界性的经济萧条存而不论,在通常情况下巨额的贸易顺差所形成的流动性过剩也会加大通货膨胀的压力。

④在国际贸易中处于逆差的国家会要求保持顺差的国家货币升值,以缓解本国的经济压力。比如美国会一方面使美元贬值,另一方面则要求人民币升值,进一步加大了我国产品出口的难度。这些分析说明,把经济发展的主要推动力放在外需上的模式,在当前,特别是在金融海啸的冲击下遇到了种种挑战,我们很难独善其身。

内需对于我国经济的发展意义十分重要:首先,内需拉动的经济增长模式有利于提高人民生活水平,缩小城乡差距。重视内需在拉动经济发展中的作用,必须增加人民收入。目前内需拉动所以有限,是因为人民群众的收入水平低。有关数据显示,截至2008年8月末我国居民储蓄存款大约为20万亿元。扣除收入不均的因素,这些也不足以支付教育、医疗、养老等方面的支出。另一组数据则说明分配向国家税收转移。2008年上半年,城镇人均可支配收入为8 065元,同比增长14.4%,扣除价格因素实际增长为6.3%,上半年农民人均收入2 528元,同比增长19.8%,扣除价格因素,实际增长10.3%。而从税收情况来看,2007年全国税收合计增长31.3%,今年上半年同比增长30.5%。从这些数据来看,老百姓收入的比重还是比较低的。为了启动内需,必须增加人民群众的收入。

(3)应当适时提升经济增长模式的技术含量,而不是陶醉于劳动密集型增长模式。

劳动密集型的经济增长模式,通常以人口众多,而不是以人的素质的提高为前提,是一种着重于经济增长总量而并非提升经济增长的技术含量和人均增长量的经济增长模式,而且其总量的增加也是靠更多的劳动投入量而不是创新,即生产力的质的突破。

它的缺陷与它的优点同样显而易见。其优点是:可以安排大量的劳动力就业,可以用劳动力代替稀缺的资本,产品价格便宜,劳动力便宜,在产业链的低端拥有竞争力。

缺点是:由于劳动者素质不高,通常缺少创新,缺少核心技术,缺少品牌,处于产业链的低端,挣少许的加工层面的利润,受国际形势的波动影响极大。迈克尔·波特曾经认为,劳动密集型产业少得可怜的利润取决于国际经济形势的波动。在世界经济紧缩期间,其各种缺陷会集中显现。例如1997年的亚洲金融风波。亚洲金融风波的原因尽管是多方面的,但有一点是肯定的:这些国家虽然出口依存度在增加,出口产品的技术含量也在提升,但真正属于自己的核心技术的东西并不多,是发达国家出口平台政策的应用。发达国家把成熟的技术转移出去,以核心技术获取高额利润,发展中国家只能获得加工层面的廉价劳动力的报酬。一个国家在经济发展的起始阶段可以采取劳动密集型的经济增长模式,但如果长期如此,将会失去发展的机会。历史和现实都证明了这一判断的准确性。

(资料来源:吴萍:《宏观经济学》,西南财经大学出版社,2013年版。)

本章小结

经济增长集中表现在经济实力的增长上,而这种经济实力的增长就是商品和劳务总量的增加。经济增长的速度通常用一国GDP增长率或人均GDP增长率来衡量。经济增长的源泉可归结为资本和劳动的增长以及技术进步。

哈罗德—多马经济增长模型考察经济增长率、储蓄率和资本产量比率之间的相互关系,表明在资本—产量比率为已定的情况下,经济增长率取决于储蓄率。长期中实现经济稳定增长的条件是实际增长率、有保证的增长率与自然增长率相一致,即$G - G_w = G_n$。新古典经济增长模型认为在长期中实现均衡的条件是储蓄全部转化为投资,即凯恩斯储蓄等于投资这一短期均衡条件的长期化。新剑桥经济增长模型认为,要使经济按一定的增长率增长,就必须保持一个一定的储蓄率。社会储蓄率取决于利润收入者与工资收入者的储蓄倾向，以及他们的收入在国民收入中所占的比率。

经济周期是指经济活动沿着经济发展的总体趋势所表现出的有规律的扩张和收缩。经济周期大体上会经历繁荣、衰退、萧条、复苏四个阶段。

对经济周期产生原因的解释，存在各种不同的周期理论，大致可以分为外部因素和内部因素两大类。诸如太阳黑子、科技创新、政府行为等属外部因素，心理预期、消费投资等属内部因素。乘数加速模型试图把外部因素和内部因素结合在一起对经济周期做出解释，同时，特别强调投资变动的因素。

宏观经济政策是指国家有计划地运用一定的政策工具，调节控制宏观经济的运行，以达到一定的政策目标。宏观经济政策的目标一般包括充分就业、物价稳定、经济增长和国际收支平衡四项。

财政政策由政府的财政收入和财政支出两个方面构成。财政收入主要是各项税收，财政支出主要包括政府购买支出和政府转移支付两个方面。尽管某些财政政策具有自动稳定器的作用，但政府通常有意识地运用积极的财政政策进行宏观调控，对经济周期实施反向调节。

货币政策是中央银行实施的通过改变货币供应量和信用条件来影响均衡产出水平的政策。中央银行实施货币政策的工具主要有调整法定准备金要求、调整再贴现率、公开市场业务等。由于流动性陷阱等原因，货币政策在实践中存在一些局限性。

概念复习

生产函数　哈罗德—多马经济增长模型　加速原理　货币创造

思考与练习

1. 什么是经济增长？经济增长的源泉是什么？
2. 哈罗德经济增长模型如何解释经济增长率？储蓄率和资本—产量比率之间的关系是怎样的？
3. 新古典经济增长模型和新剑桥经济增长模型的区别在哪里？
4. 什么是经济周期？经济周期经历哪些阶段？
5. 乘数—加速模型是怎样解释经济周期波动的？
6. 宏观经济政策的目标是什么？
7. 什么是自动稳定器？它包含哪些主要内容？
8. 什么是挤出效应？其大小与 *IS* 和 *LM* 曲线的斜率有什么样的关系？
9. 中央银行的货币政策工具主要有哪些？
10. 货币政策的效果受到哪些因素的影响？

案例分析

全球金融危机

2007—2009 年环球金融危机，又称世界金融危机、次贷危机、信用危机，更于 2008 年起又名为金融海啸及华尔街海啸等，是一场在 2007 年 8 月 9 日开始浮现的金融危机。自次级房屋信贷危机爆发后，投资者开始对按揭证券的价值失去信心，引发流动性危机。即使多国中央银行多次向金融市场注入巨额资金，也无法阻止这场金融危机的爆发。直到 2008 年 9 月 9 日，这场金融危机开始失控，并导致多间相当大型的金融机构倒闭或被政府接管。

在本次世界性危机发生过程中，危机经历以下各阶段：第一阶段，就是世界各国政府的拯救行为。当各国政府无力挽救这场危机且危机深化时，危机就会转入第二阶段。第二阶段，大约在 2008 年 3 月左右，开始大规模扩散，各国政府开始自救，抛售美元资产，维护本国货币稳定，克服内在经济危机或政治震荡。个别国家为了摆脱经济危机动荡，可能会发动对外战争。第三阶段，2009 年全球经济陷入萧条，各国开始实施振兴经济的新经济政策。在振兴经济的同时，各国政府开始联络协商，重构全球金融体系。第四阶段，2013 年后，全球区域经济联合体构建，对美元结算体系依赖性逐步减小，世界完全呈现出多极化发展趋势，人民币完成世界化货币进程。

思考与分析：

1. 此次全球性金融危机主要由哪些因素引起？对中国经济产生了哪些深远影响？
2. 你认为目前中国经济正处于经济周期的哪个阶段？

第八章　发展经济学与经济学发展

名人名言

我们赖以生存的经济社会的突出问题，是不能提供充分就业和武断而又不公平地分配财富和收入。

——J·M·凯恩斯

学习目标

通过本章的学习，学生应理解发展经济学的产生与发展，掌握发展经济学的研究对象和研究方法，理解经济发展与人力资本的关系，了解对外贸易与经济发展的关系。

第一节 发展经济学的产生与发展

一、发展经济学产生的背景

经济发展理论的研究兴起于第二次世界大战以后。第二次世界大战后世界发生了巨变,形成发展中国家与发达国家纵横交错的新格局,原殖民地附属国取得政治独立后,这些国家究竟采用何种道路发展经济,不仅关系着这些国家的命运,而且对整个世界的和平与发展具有重大的影响。

第一,长期的殖民主义统治和剥削,造成了这些国家的贫困落后。因此,独立后的发展中国家的首要任务是迅速发展民族经济,这是关系到这些民族生死存亡的紧迫问题,引起了发展中国家政治家和经济学家的普遍关注。

第二,由于发展中国家大部分人口的贫困问题,直接影响世界市场和发达国家的经济增长,并且日益成为世界经济不稳定的根源。因此,发展中国家的经济发展也引起了发达国家政治家和经济学家的关注。

第三,第二次世界大战后形成了复杂的国际政治经济格局,发展中国家的倾向对世界政治经济有着重大影响。

这样,发展中国家的经济发展问题就成为第二次世界大战后经济学研究的一个重大主题,并率先在西方迅速出现了一股经济发展研究的热潮。20 世纪 50 年代以后,随着民族独立国家的纷纷建立和发展中国家的兴起,许多学者、教授、政府官员和各种世界组织的专家开始进入经济发展领域的研究。早期的发展经济学家以传统的西方经济理论为框架去探讨和分析发展中国家的经济问题。随后,西方国家的大学和研究机构中涌现出大批的发展经济学家,发展经济学也成为西方大学普遍开设的重要课程。

发展经济学发源于西方。西方经济学家以发达国家的历史经验为蓝本去研究发展中国家的经济发展,因而在发展经济中占统治地位的是西方理论,新古典综合派理论成为发展经济学的主流。他们理论的侧重点和倾向性并不一致;后来,发展中国家也出现了一些有影响的经济学家,他们的理论观点具有鲜明的民族倾向。这就形成了发展经济学的不同流派。

二、发展经济学的思想渊源

对经济发展理论的形成具有较大影响的主要有以下经济发展思想。

古典经济学家,特别是斯密、李嘉图、穆勒等经济学家研究的重点是经济增长和经济发展问题,对发展经济学的形成有很大的影响。

斯密将经济增长视为国民财富的增长。他论证了人口增长、分工的发展、资本积累与经

济增长的关系。他还认为国际分工通过对外贸易可以促进各国经济的增长。李嘉图提出了比较成本学说,发展了斯密的国际贸易分工论,并认为扩大对外贸易可以降低商品价格和工资,从而利润率相对提高,有利于资本积累的扩大和国民财富的增长。这些关于经济增长的思想被当代经济发展理论所吸取。

约翰·穆勒对经济增长的论述对后来发展经济学的形成也有很大的影响,并把投入要素概括为资本、劳动、技术和自然资源。这些分析至今仍然是发展经济学研究的出发点。

以艾尔弗理德·马歇尔(其代表作为1890年出版的《经济学原理》)为代表的新古典经济学派集中研究短期的均衡问题,对经济增长和经济发展也给予了一定的关注。首先,马歇尔分析了资本积累的来源,认为储蓄率是经济发展的主要约束条件;其次,他很重视劳动的数量和质量,强调通过教育开发人力资源对经济发展的重要意义;最后,他认为经济发展是渐进的、连续的、逐步演化的。

约瑟夫·阿罗斯·熊彼特是当代资产阶级经济学的主要代表之一。他在1912年出版的《经济发展理论》一书中提出了经济发展的"创新理论"。他认为,经济发展是"来自内部自身创造性的关于经济生活的一种变动"。这种变动是生产要素和生产条件的"新组合",包括开发新产品、采用新技术、开辟新市场、控制原材料的新供应来源、实现企业的新组织,从而形成内部革新的过程,即"产业突变"。熊彼特认为,这种突破就是企业家创新。它的出现会引起经济的周期波动。熊彼特的上述观点对当代经济发展理论中变革的、非均衡的发展观具有很大的影响。

三、发展经济学理论的发展阶段

第二次世界大战以后,发展经济学的演变过程一般可以分为三个阶段。这三个阶段以发展中国家的发展为背景,在每个阶段形成了不同思想占支配地位的发展经济学理论。

(一)20世纪40年代末到60年代初——结构主义

早期发展经济学以结构主义为特征。早期发展经济学家认为,发展中国家经济既不同于发达国家,也不同于18世纪和19世纪处于发展阶段中的西方国家,它具有结构的特殊性。发展中国家普遍存在着以城市制造业为中心的现代经济部门和以农村的农业和手工业为主的传统经济部门。因此,他们认为,古典的经济学和凯恩斯经济学不适用于发展中国家,经济学家们应当根据发展中国家经济结构的特点、发展障碍和缺少的成分,来寻求发展的对策,从而形成了经济发展的结构主义思路。

结构主义的基本思路是:发展中国家本身存在着经济结构的差异和不均衡,而由于市场不发达和结构刚性,使经济发展出现循环波动,更将加剧结构差异和不均衡,甚至导致扩大贫富差距和利益冲突。这样,发展中国家的经济发展就不是静态的既定资源的配置问题,而是动态的可投资资源供给的增长问题。因此,早期发展经济学家一般采用结构分析方法,把经济分解为几个构成部分,围绕经济增长提出发展设想和政策建议。

早期发展经济学家根据结构主义思路,对于发展中国家的经济发展,着重强调以下三个方面。

(1)资本积累。西方发展经济学家认为,生产投入要素有三个方面:自然条件、劳动力和资本。对于发展中国家来说,资本积累是经济增长的关键。

(2)工业化。西方发展经济学家认为,发达国家之所以发达,是因为它们实现了工业化,第二次世界大战后兴起的发展中国家为了实现经济独立和摆脱贫困,也普遍谋求工业化。

(3)计划化。早期的发展经济学家强调发展中国家政府实行计划手段的重要性,一方面以弥补市场机制的不足,另一方面以保护和扶持国内工业的发展。

(二)20世纪60年代到80年代后期——新古典主义

20世纪50年代,发展中国家经济增长比较迅速,国民生产总值年平均增长率高于发达国家,但是发展中国家的经济状况却令人失望:人口增长速度过快,出现大规模失业;重工轻农,农业受到损害;经济增长的成果只使少数人受益,大部分城市贫民和农村居民的经济条件并没有得到改善,贫困加深。同时,发展中国家与发达国家之间的贫富差距进一步扩大,前者对后者在资本、技术、市场等方面的依赖在不断加深。在发展中国家,实行国内工业化、进口替代政策和计划化的国家,经济日益困难;而那些注重市场调节、实行出口导向政策的国家,增长速度较快,迎来经济繁荣。总体而言,大多数发展中国家的经济发展目标——独立自主和消除贫困并没有实现。人们对早期经济发展理论产生了怀疑。

进入20世纪60年代以来,经济发展理论出现了重大转变,形成了新趋向。

第一,关于发展的目标。鉴于许多发展中国家出现"有增长而无发展"的情况,发展经济学家对经济发展做了修正和补充,从过分强调国民生产总值的增长转向重视收入分配、减少绝对贫困、满足人类基本需要、保障就业等问题。

第二,关于计划与市场。20世纪60年代以后,发展经济学家对经济计划进行了重新评价,指出计划工作中存在的问题,认为应当重视市场的作用。

第三,关于农业发展。20世纪60年代以后的发展经济学家开始重视农业的发展,认为工业和农业是相互依存的,要发挥农业的作用,鼓励农业生产。

第四,对外贸易方面。许多发展经济学家进行理论探索后认为,出口和增长有着密切的因果关系。出口增长有利于提高生产率、降低成本、提高就业水平、提高人民生活水平。推行外向的出口鼓励战略能够实现经济增长的良性循环,加速实现从传统经济向现代经济的过渡。

第五,人力资本投资与经济发展的关系问题。舒尔茨批评了把资本和自然条件看成经济发展的主要动力的观点,他提出人的投资,如健康、营养、基础教育、专业教育、技能培训、迁移等方面的投资将形成人力资本,特别是教育方面的投资将形成高质量的人力资本。推动经济发展最重要的动力是人力资本。

第六,研究方法的新趋向。20世纪60年代以后的发展经济学家不再追求宏大的一般的理论,而是倾向于特定范围的分析。这一阶段的发展经济学更多地采用经验分析的方法,注重发展中国家的具体经验。

(三)20 世纪 80 年代后期至今——新发展主义

20 世纪 80 年代,发展经济学家开始注重用制度分析的方法和技术及人力资本的内生的经济增长去研究经济发展理论和发展中国家的实际发展问题,更加重视文化、体制、法制在经济发展中的作用,更加注重发展的可持续问题。发展经济学家们认为,解决发展中国家经济发展缓慢和经济效率低下的重要措施是按照能使经济最有效发展的模式进行新的制度设计,以较小的经济和社会代价,并以较短的时间进行企业制度、政府与企业关系制度、分配制度和政府经济管理制度等方面的安排和改革。

制度分析的方法主要来源于制度经济学。制度经济学形成于 19 世纪末 20 世纪初,是西方经济学的一个流派。制度学派与历史学派有许多类同之处,他们都把过程的变化和结构的变化当成是制度变动和社会经济发展的一个重要原因。

到 20 世纪 90 年代,发展经济学发展了舒尔茨的人力资本投资理论,提出了"内生经济增长"理论和"内生劳动分工"理论,强调科学技术对经济发展的巨大推动作用,更加重视人力资本投资、科技进步方面问题的解决,以内生的劳动力推动经济发展。

从 20 世纪 80 年代至今,发展经济学研究了经济发展的可持续问题,提出上一代人的发展不以损害和过度利用下一代人的发展条件为代价,实现人口、资源、生态、环境和经济发展的相互协调,对可持续发展的理论进行了系统的讨论。

综上所述,经济发展理论演进的三个阶段在基本思路、问题论证和政策建议等方面都有显著的差别。概括地说,第一阶段比较注重发展中国家的社会、经济、文化特点,形成了结构主义的基本思路。第二阶段在许多问题的分析中,重新采用新古典主义的观点,更多地使用新古典主义分析方法,并扩大了新古典经济学的运用,这种情况的出现称为"新古典主义的复兴"。第三阶段更多地考虑经济发展的深层次的人的因素、文化、体制等背景,将人力资本和制度因素视为影响经济发展的两个重要变量,从重新设计制度和进行制度改革、积累知识及技能寻求推动经济发展的动力方面,探讨经济发展的可持续问题。

拓展阅读

发展经济学与中国经济发展

发展经济学经历了一个由盛而衰、由衰再兴的过程。梳理发展经济学思潮的演进历程,对于正确理解中国经济发展战略具有十分重要的意义。中国经济发展的实践,为发展研究提供了新的经验模式,未来进一步转型发展,将为发展经济学理论创新提供新的试验空间。

发展经济学的兴起

第二次世界大战结束以后,民族独立运动席卷全球,一大批亚非拉国家先后摆脱殖民主义的统治,赢得了政治独立,迫切需要尽快地发展经济。就是在这段时期,刚刚成立不久的联合国和世界银行等国际机构组织,也表现出对发展中国家的极大兴趣,出版了大量的世界经济统计资料;组织了包括不同应用经济学分支领域的专家,到发展中国家进行实地考察,并担任政府顾问和咨询工作;同时它们就发展问题也举办了一些专题讨论,定期和不定期地出版统计公报和各种发展文献。许多欧美国家的国内问题专家改弦更张,以发展经济学家的名义出现,发展经济学开始成为热点学科并进入了大学经济系的课程表。从此,各种各样的发展模式和理论观点相继被提出,发展经济学也就作为现代经济学的一个新的分支,在西方逐步形成和发展起来。

作为一门独立的学科分支,发展经济学兴起于第二次世界大战结束以后,特别是 20 世纪 50 年代和 60 年代;但它创立的渊源,或者说思想观点的酝酿,则可以追溯到大战结束以前的 30 年代末 40 年代初,甚至更早一些时期。

从国际领域看,对发展经济学的奠基产生重要影响的研究者主要包括威廉·吕彼克、保罗·罗森斯坦-罗丹、优格·斯塔利、K. 曼德尔鲍姆以及印度和拉美学者。

中国学者张培刚在 1949 年出版《农业与工业化》,则系统构架了农业国工业化理论框架,他提出的农业与工业相互依存观点、农业的五种贡献、工业化包含制造业的发展也包括农业的现代化、工业化对农业结构调整的动态影响、外资外贸对于农业国的重要性、企业家技术创新对于发展的发动作用以及制度既可发动又可限制发展等。这些理论成为后来蓬勃兴起的发展经济学学科的重要基础和主要内容。

发展经济学的革命与再革命

20 世纪的 50 年代和 60 年代是发展经济学的繁荣与大发展时期。在这一时期,发展经济学家普遍认为:以市场价格机制运作为理论核心的西方正统经济学(新古典主义经济学)并不适用于发展中国家。发展中国家国内市场体系尚不完善,价格运作机制严重扭曲,社会经济结构缺乏弹性,不能指望市场价格机制对其进行自动调节,而需要借助于国家干预或计划,来进行经济结构的重大改进和经济关系的重大调整。此时期主流的理论观点比较明确,即强调资本积累、工业化和发展计划对经济发展的重要性和必要性。

然而,不幸的是许多发展中国家的实践结果并未达到预期的经济目标,却在经济运行中遭遇着种种困难。与此形成鲜明对照的是,那些对外经济比较开放、注意发挥市场作用、实行出口导向政策的发展中国家(例如东亚四小龙),却在经济上取得了较快的进步。面对这种情况,从 20 世纪 60 年代后期尤其是 70 年代以后,发展经济学家大都不再像前一段时期意气风发,而是以一种平静的态度反思早期发展理论,并在许多方面做出了重大修正和转变,并形成新古典主义复兴。有三个基本观点:一是主张保护个人利益、强调私有化的重要性;二是反对国家干预,主张自由竞争、自由放任;三是主张经济自由化,包括贸易自由化和金融自由化。这些观点和主张被概括为华盛顿共识。

在华盛顿共识指导下的发展经济学重新遭遇一系列困惑。发展中国家的市场不发育与市场体制的不健全,并不因为新古典主义政策的实施而得以自动消除,经济自由化尤其是金融自由化的过度推崇和出口导向的过分喧染,再加上金融体制的不发育,各种结构二元问题的长期存在,新古典主义的发展政策甚至在一些曾经取得相当成功的国家和地区也遭遇了失败的教训。因此,发展理论期待着一种新理论的创新。

自80年代中后期以来,发展理论的研究一方面呈现多元化的趋势,另一方面不同发展学说又趋于融合。主要变化包括:一、在理论研究上,以结构研究为主转向以组织和政策研究为主,从一般研究转向不同类型研究,不同学派之间出现了交融发展的趋势。例如,新古典政治经济学、新增长理论骤然兴起,并表现出与发展研究相融合的趋势。信息经济学、博弈论也被运用于发展研究。二、对发展含义有了更为深入的认识。治理贫困、追求公平、以人为本的发展、可持续发展等成为共识。三、从全球角度和新技术革命的角度考虑发展问题。涉及议题包括信息技术革命、跨国公司在全球的扩张、金融风暴在地区间的扩散等等。四、新制度经济学开始崛起并广泛引入发展领域,从而逐渐形成了发展经济学的新制度主义理论。五、对发展经济学进行革新,建立适合于发展中国家实际情况和要求的新型发展经济学。张培刚教授主张,扩大研究对象、改进研究方法,从社会经济发展的历史角度探根索源。林毅夫教授提出新结构经济学框架,把新古典和结构主义结合,主张市场在经济发展中基础性作用和政府发挥因势利导的作用。

中国经济发展的经验与未来

毫无疑问,中国作为一个典型的发展中国家,在制定经济发展政策时,需要经济发展原理的指导。因此,自1978年改革开放以来,中国引进了西方学者的发展理论和政策主张,为经济改革和发展提供了重要启蒙。特别是正值西方发展经济学所出现的工业化战略转向,极大地影响了中国经济发展进程。

主要包括:一、由过分强调计划化和国家干预转向更为重视市场机制和市场制度的基础性作用。中国实施市场化取向改革,充分调动了经济个体的积极性和创造性,民间与日俱增的消费和投资潜能,推动了市场繁荣和经济发展。二、由优先发展重化工业的片面工业化转向更加重视农业发展和农村建设的全面工业化。中国逐步深化对农业的地位和作用的认识,通过农业产业化、乡村工业化、城市一体化、新农村运动等战略实施,加快改造二元经济结构。三、由强调采取进口替代和贸易保护的内向型工业化转向十分重视外贸外资作用乃至主张贸易自由化和金融自由化的外向型工业化。中国意识到对外开放的重要性,积极利用国际市场和外部资源,通过技术学习、制度模仿、产业联系和市场扩张,努力实现经济追赶和快速发展。四、由单纯重视资本积累和要素投入的原始增长型工业化转向更加重视人力资本和技术进步作用的内生增长的工业化。过去曾流行一种观点,经济发展的主要制约因素是物质资本的稀缺,因此物质资本积累和要素的充分投入是工业化的关键。近来,中国也意识到人力资本的形成,对于增长和发展至关重要。与此同时,也开始重视技术引进、技术学习模仿和技术开发,实现技术进步,推动工业化进程。五、由单纯追求经济本身的增长转向重视经济生态环境和社会发展之间协调和谐的可持续增长。六、迎接新的信息化技术和经济全球化冲击下的新型工业化浪潮。一方面继续奉行既定的产业结构演进规律,使以农业为主体的经济转化为以制造业和服务业为主体的经济,这也是传统意义上的工业化;另一方面,以信息化赋予传统工业化薪新的内容和现代含义,运用现代信息技术改造和提升传统产业,促进产业结构优化升级。

中国经济发展仍处于加速转型发展时期,正面临许多困惑、问题和挑战。主要包括:中国经济发展的结构失衡问题严重,经济长期增长动力偏弱,产能过剩形势严峻,企业生产经营困难加剧,中小企业融资难融资贵,财政金融的风险加剧等。三农问题依然严峻、收入不平等与城乡差距扩大、资源利用效率低下和环境破坏严重、自主创新能力不足、外部失衡以及腐败问题严重。此外,社会发展相对滞后、地方保护主义盛行、全球化挑战加剧等等。这些问题不仅制约和影响中国经济发展的速度和质量,而且如果长期得不到解决,就会加剧社会矛盾和冲突,甚至威胁政治体系的稳定。

中国再一次走到了发展的十字路口。面对当下存在的问题,中国经济理论界在一些发展战略制定上出现了一些分歧。例如,伴随着农业国工业化、信息化和全球化的新发展,中国的新型工业化道路如何选择?是消费主导还是投资主导?是继续重视技术引进还是自主创新?是深度融入国际产业链还是建构自身产业体系?是工业化主导还是城市化主导?"稳增长"和"调结构"如何调整优先顺序?如何应对新工业革命的挑战?收入分配如何伴随经济发展不断改善?面对人口红利不断减少、成本不断上升,如何避免陷入中等收入陷阱?等等。

要解决这些问题,不能从现存的西方主流理论和发展经济学体系中找到满意的答案。因此,从这个意义上讲,观察、分析并解决这些问题,为我们创新发展理论、构建新的发展经济学体系提供了绝佳的机会和探索空间。

(资料来源:长江商报 http://www.changjiangtimes.com/2013/11/463087.html。)

第二节　发展经济学的研究对象和研究方法

一、发展经济学的研究对象

发展经济学是研究发展中国家经济社会结构转型过程、经济发展趋势、结构变化内在规律和发展因素各种内在关系的科学。

经济发展是指一个国家或者一个地区,从欠发达状态向发达状态转变的过程。经济发展有三个方面:一是经济社会结构性的转变,如城乡人口结构、产业结构、就业结构、社会阶层结构、收入分配结构等的深刻变化;二是经济社会质的方面的改善,如生活质量改善、生态环境良好、文化程度提高、人的素质提高、人力资本积累、经济增长注重效益性等;三是国民经济量的增长和扩张,如增长速度、人均国民生产总值等指标的变化。这就决定了发展经济学与传统宏观经济学和微观经济学的不同,其区别在于:经济发展理论研究经济社会结构处于变动状况下一国国民经济社会长期的变化过程;而宏观经济分析和微观经济分析研究的是经济社会结构既定状况下，静态的国民经济宏观运行和微观运行问题，如通货膨胀、失业与就业、资源配置、市场结构、经济流转等。

经济发展理论研究包括增长在内的全面的经济现代化过程。经济增长理论则是研究国民经济量的动态变动过程，主要是指一定时期内国民经济商品和劳务总量及人均量的增长，用国民生产总值或者国民收入的总量增长和人均增长表示。经济增长理论要解决的是增长的要素和来源、稳定和速度，包括持续增长等问题。经济增长是经济发展的基础，只有国民经济量的增长，才有国民经济社会许多方面和许多结构的进步和转换。因而，经济增长是经济发展的一个重要内容。

发展经济学研究的范围是发展中国家。发展中国家一般是指原先的殖民地、半殖民地和附属国，现在已经取得政治独立的新兴民族国家。这些国家作为一个整体，被称作“第三世界”。发展中国家是欠发达国家群体的总称。众多的发展中国家的具体国情和民族传统有着各自的特点，存在着许多差异。它们的国土面积、自然条件、生态环境、资源状况、历史传统、文化意识、经济结构、社会制度、政治制度、发展水平和对外关系等各不相同。但是，发展中国家在社会经济方面有着许多共同特征：劳动生产率低，技术落后；人口增长速度快，就业问题严重；资本非常缺乏，经济发展迟缓；经济和社会呈现出明显的二元分割特征等。总之，发展中国家共同的基本特征是生产力水平低下、经济落后。由于发展中国家面临着共同的任务，即发展经济，实现工业化和现代化。发展问题已经成为当今时代的主题，它在客观上要求有一个专门的学科从事发展中国家的研究，这就是发展经济学。

二、发展经济学的任务

发展经济学的任务是：最切合实际地分析本国或者本地区的实际情况和发展的一般规律，把握发展的趋势，指导制定科学的发展思路、发展战略和有关发展的政策，进行科学的投资决策；在长期的过程中，成本最小、时间最短、最节约稀缺资源地完成从经济不发达到经济发达的过渡，即整个社会经济结构的转型。

第一，发展经济学要研究经济发展的一般条件和特殊国情。经济发展总是在一定条件下进行的。实现工业化和现代化必须具备的条件主要包括两大方面：一是资源条件，包括人力、资本和技术资源等；二是社会条件，包括经济制度、政治体制、思想文化等。对大多数发展中国家来说，存在特殊国情，这些条件都不同程度地短缺，构成经济发展的制约因素。所谓特殊国情，是指第二次世界大战后，发展中国家的经济社会条件既不同于发达国家的现在，也不同于发达国家的过去，其经济不发达状态的基本特征是二元经济结构。因此，发展经济学应当探索和研究如何开发、创造和充分利用经济发展的各种条件。

第二，发展经济学应当揭示经济发展的一般规律和趋势。经济发展是从经济不发达状态向经济发达状态的演化过程。这一过程主要包括收入增长、产业结构变动、社会结构变动、价值观念转变、对外经济关系发展和扩大等。上述变化都有各自的演变规律；同时，它们相互之间又相互作用，构成经济发展的客观规律。发展经济学作为发展中国家的理论指南，应当揭示经济社会发展的客观规律,为发展中国家选择经济发展道路、制定经济社会发展战略和政策措施提供科学依据。

第三,发展经济学还从发展中国家的实际出发,制定发展战略和政策。发展经济学是发展中国家为摆脱贫穷落后状况的实际需要而逐步形成的。无论是在发展经济学形成初期,还是发展经济学的基本理论形成之后,发展经济学家们都不是单纯地进行理论探讨,而是分析发展中国家的现实状况,总结经验教训,参与制定社会发展战略和政策措施。

概括地说,发展经济学是研究发展中国家从经济不发达状态向经济发达状态演化的条件和规律的科学,是发展中国家制定发展战略的基本科学依据。

三、发展经济学的结构体系和分析方法

发展经济学作为研究发展中国家经济发展一般规律的科学,有其特殊的结构体系。首先,概述经济发展的一般原理,包括发展中国家的性质、结构和特点,以及经济发展的含义和衡量等。发展经济学对发展中国家经济状况以及经济发展的一般情况有一个概括的考察和分析。其次,发展经济学将分别考察决定和影响经济发展主要因素,包括人力资本、资本、技术和自然资源等。分析这些因素的现状、开发和利用,以及变化规律,进而为经济发展创造有利的条件。再次,发展经济学重点分析城乡结构、产业结构和空间布局及其变动,以使经济发展协调有序。另外,发展经济学还研究生产力的发展与制度的协调。研究如何创造良好的制度,促进经济发展。制度条件包括该经济系统以外的与经济发展有密切关系的各种因素,诸如政治体制、经济体制、文化观念等。最后,发展经济学进一步研究发展中国家经济发展的总体演化规律,以及如何通过宏观调控使经济顺利发展。

发展经济学作为一门经济学,与其他经济科学有着共同的分析方法,但是作为研究广阔时空经济的一门学科,它又有自己特殊的分析方法,因而不能将西方经济学的一般经济分析方法照搬照用。

第一,发展经济学侧重于动态研究方法。发展经济学与西方宏观和微观经济学不同的是,西方宏观和微观经济学研究的是一个时点(比如一个年度内)上经济运行的状况,侧重于研究一个短期内的资源配置和经济流量度问题,因此所用的是静态的分析方法。而发展经济学要将经济结构演化和发展体演进的理论分析长期化和动态化,它探讨的是经济系统长期的优化发展过程中各要素和结构的动态性组合和演化。

第二,发展经济学侧重于结构分析。经济不发达国家向经济发达国家转化的过程并不单是一个投资、人力、资源等的投入数量与经济发展总量之间关系的演进过程,经济发展更重要的是一个结构的转换过程,各种经济结构的演变决定和制约着经济发展的过程。并且,在经济系统长期的动态演化过程中,经济结构尤其是发展中国家的各种社会经济结构处于变动之中,所以在发展经济学的探讨中,侧重于结构分析的方法。

第三,发展经济学侧重于制度分析方法。20 世纪 80 年代末,特别是 20 世纪 90 年代以来,发展经济学越来越多地运用制度经济学的方法进行发展方面的分析。研究发现,一个社

会的非正式约束——价值信念、道德观念、风俗习惯、宗教信仰、意识形态等，正式约束——宪法法律、社会制度、政策规定、契约关系等，以及非正式约束和正式约束的实施机制，这些制度因素的变迁对经济增长和经济发展影响较大。

第四，发展经济学侧重于非均衡、非平衡和均衡、平衡分析结合的方法。任何一个发展着的动态系统的内部结构都是不均衡的，其演化过程也是不平衡的，正是这种不均衡和不平衡成为开放系统发展的活力。因此，对动态系统的分析，必须将均衡分析与非均衡分析结合起来。

第五，发展经济学还较多地运用经验、比较和模型分析方法。发展经济学在其创立和发展过程中，曾经用过许多具体方法来研究发展中国家面临的问题，为发展经济学提供了一套分析工具，其中比较广泛使用的主要有经验分析方法、比较分析方法和模型分析方法。

拓展阅读

从习近平谈“十三五”看中国未来经济发展三大关键词

2016 年是中国国民经济和社会发展“十三五”时期的开局之年。

今年 3 月，第十二届全国人民代表大会第四次会议批准了《中华人民共和国国民经济和社会发展第十三个五年规划纲要》（以下简称“十三五”规划纲要）。

“十三五”规划纲要指出，实现“十三五”时期发展目标，破解发展难题，厚植发展优势，必须牢固树立创新、协调、绿色、开放、共享的发展理念。

“十三五”规划纲要的功能是对新常态下国民经济和社会发展的具体工作进行部署，而十八届五中全会通过的《中共中央关于制定国民经济和社会发展第十三个五年规划的建议》（以下简称“十三五”规划建议）的重心则是确立发展理念。创新、协调、绿色、开放、共享五大发展理念即在其中被明确。

中共中央总书记习近平在对“十三五”规划建议作说明时指出，“这五大发展理念，是‘十三五’乃至更长时期我国发展思路、发展方向、发展着力点的集中体现，也是改革开放 30 多年来我国发展经验的集中体现，反映出我们党对我国发展规律的新认识。”

习近平同时要求，“十三五”规划作为我国经济发展进入新常态后的第一个五年规划，必须适应新常态、把握新常态、引领新常态。

习近平总书记通过对“十三五”规划建议作说明，深度解析了中国未来经济发展的三大关键词。

习近平说，“新常态下，我国经济发展表现出速度变化、结构优化、动力转换三大特点，增长速度要从高速转向中高速，发展方式要从规模速度型转向质量效率型，经济结构调整要从增量扩能为主转向调整存量、做优增量并举，发展动力要从主要依靠资源和低成本劳动力等要素投入转向创新驱动。这些变化不依人的意志为转移，是我国经济发展阶段性特征的必然要求。”

“在经济新常态下，中国经济社会发展将坚持五大发展理念，推动创新驱动、供给侧结构性改革等战略，中国经济光明论成为一个客观现实。”3 月 24 日，国家行政学院教授竹立家接受澎湃新闻（www. thepaper. cn）记者采访时表示，在以习近平为总书记的本届中央领导集体带领下，“十三五”末，我们必将如期全面建成小康社会，并为实现第二个百年奋斗目标、实现中华民族伟大复兴的中国梦奠定更加坚实的基础。

关键词一：速度变化

习近平在对“十三五”规划建议作说明时分析认为，经济保持中高速增长，有利于改善民生，让人民群众更加切实感受到全面建成小康社会的成果。随着我国经济发展进入新常态，产能过剩化解、产业结构优化升级、创新驱动发展实现都需要一定的时间和空间，经济下行压力明显，保持较高增长速度难度不小。考虑到正向引导市场预期和留有一定余地，在综合各方面意见的基础上，“十三五”规划建议提出经济保持中高速增长的目标。

“十三五”规划建议提出，经济保持中高速增长是“十三五”时期经济社会发展的主要目标之一。在提高发展平衡性、包容性、可持续性的基础上，到 2020 年国内生产总值和城乡居民人均收入比 2010 年翻一番。

习近平指出，从国内生产总值翻一番看，2016 年至 2020 年经济年均增长底线是 6.5% 以上。从城乡居民人均收入翻一番看，2010 年城镇居民人均可支配收入和农村居民人均纯收入分别为 19 109 元和 5 919 元。到 2020 年翻一番，按照居民收入增长和经济增长同步的要求，“十三五”时期经济年均增长至少也要达到 6.5%。

国内外主要研究机构普遍认为，“十三五”时期我国年均经济潜在增长率为 6% ~7%。事实上，从官方近期公布的主要经济指标来看，今年中国经济持续向好的苗头已经显现。

根据国家能源局发布的数据，今年 2 月份，中国的全社会用电量为 3 812 亿千瓦时，同比增长 4.0%。1—2 月，全国全社会用电量累计增长 2.0%。其中，第一产业用电量同比增长 6.7%，第二产业用电量下降 2.1%，第三产业用电量增长 11.9%。

2016 年 1—2 月，全国固定资产投资（不含农户）38 008 亿元，同比名义增长 10.2%，较 2015 年 1—12 月 10% 的增速有所回升。这也是近一年来该项指标首次出现环比回升。

“综合起来看，我国经济今后要保持 7% 左右的增长速度是可能的，但面临的不确定性因素也比较多。这是因为，未来一个时期全球经济贸易增长将持续乏力，我国投资和消费需求增长放缓，形成新的市场空间需要一个过程。”习近平在对“十三五”规划建议所作的说明中说道。

习近平进一步解释道，在经济结构、技术条件没有明显改善的条件下，资源安全供给、环境质量、温室气体减排等约束强化，将压缩经济增长空间。经济运行中还存在其他一些风险，如杠杆率高企、经济风险上升等，都对经济增长形成了制约。同时，随着经济总量的不断增大，增长速度会相应地慢下来，这是一个基本规律。

上海财经大学公共政策与治理研究院院长胡怡建表示，经济增速适度放缓有利于改善市场供求关系，缓解资源环境和物价上涨压力，把工作着力点放到转变经济发展方式，切实提高经济发展质量和效益上,保持经济长期可持续发展。中国经济正处于重要战略机遇期,具有保持中高速增长的大格局。

习近平还要求,"十三五"时期我国发展,既要看速度,也要看增量,更要看质量,要着力实现有质量、有效益、没水分、可持续的增长,着力在转变经济发展方式、优化经济结构、改善生态环境、提高发展质量和效益中实现经济增长。

关键词二:结构优化

"十三五"规划纲要对中国经济发展进入新常态后的发展主线进行了明确:贯彻落实新发展理念、适应把握引领经济发展新常态,必须在适度扩大总需求的同时,着力推进供给侧结构性改革。

吉林大学经济学院院长李俊江认为,所谓供给侧结构性改革,就是从供给、生产端入手,通过解放生产力,提升竞争力促进经济发展,改革的核心在于提高全要素生产率。

推进供给侧结构性改革的目的是调整存量、做优增量,其手段则是"三去一降一补"。

2015 年 12 月召开的中央经济工作会议指出,2016 年经济社会发展特别是结构性改革任务十分繁重,战略上要坚持稳中求进、把握好节奏和力度,战术上要抓住关键点,主要是抓好去产能、去库存、去杠杆、降成本、补短板五大任务。

2016 年 1 月 29 日,中共中央政治局就"十三五"时期我国经济社会发展的战略重点进行第三十次集体学习。习近平主持学习时指出,要在适度扩大总需求的同时,着力推进供给侧结构性改革,重点是去产能、去库存、去杠杆、降成本、补短板,增强供给结构对需求变化的适应性和灵活性,推动我国社会生产力水平实现整体跃升。

2016 年 2 月 22 日召开的中央政治局会议再次强调"抓好去产能、去库存、去杠杆、降成本、补短板"。

"十三五"规划纲要也明确,"必须以提高供给体系的质量和效率为目标,实施宏观政策要稳、产业政策要准、微观政策要活、改革政策要实、社会政策要托底的政策支柱,去产能、去库存、去杠杆、降成本、补短板,加快培育新的发展动能,改造提升传统比较优势。"

中国人民大学经济学院党委副书记、博士生导师刘瑞认为,当前,通过改善生产、降低成本、革新技术等改善供给侧,推动供给侧改革,有助于使供给与需求更加匹配,最大限度地满足社会需要,而这个改革过程也离不开创新。

关键词三:动力转换

"惟改革者进,惟创新者强,惟改革创新者胜。"

2014 年 11 月 9 日,习近平在 APEC 工商领导人峰会上这样形容创新和改革的重要性。

光明网刊发理论文章称,当今世界,发达国家如美国、德国的科技创新对经济增长的贡献率达到 70% 以上,对外技术依存度低于 20%。相比之下,30 多年来我国主要依靠要素驱动、投资驱动推动了经济高增长。

光明网理论文章同时指出,经过 30 多年的改革开放,我国积累了坚实的物质基础,有持续创新的系列成果,有总量稳居世界第一的科技队伍,有 4200 万工程技术人才。通过几代科技人员的艰苦奋斗,我国科技整体水平大幅提升,一些重要领域跻身世界先进行列,某些领域正由"跟跑者"向"并行者"甚至"领跑者"转变。创新驱动战略成为中国经济发展长期向好的理由之一。

习近平在对"十三五"规划建议作说明时也特别指出,我国同发达国家的科技经济实力差距主要体现在创新能力上。落实创新驱动发展战略,必须把重要领域的科技创新摆在更加突出的地位,实施一批关系国家全局和长远的重大科技项目。

习近平认为,这既有利于我国在战略必争领域打破重大关键核心技术受制于人的局面,更有利于开辟新的产业发展方向和重点领域、培育新的经济增长点。

"十三五"规划建议也指出,在国际发展竞争日趋激烈和我国发展动力转换的形势下,必须把发展基点放在创新上,形成促进创新的体制架构,塑造更多依靠创新驱动、更多发挥先发优势的引领型发展。

近年来,在习近平的历次讲话中,"创新"成为高频词。

2015 年 3 月,习近平在参加十二届全国人大三次会议上海代表团审议时指出,人才是创新的根基,创新驱动实质上是人才驱动,谁拥有一流的创新人才,谁就拥有了科技创新的优势和主导权。

2016 年 1 月,习近平在省部级主要领导干部学习贯彻十八届五中全会精神专题研讨班开班式上的重要讲话中也指出,要着力实施创新驱动发展战略,抓住了创新,就抓住了牵动经济社会发展全局的"牛鼻子"。

创新驱动是"十三五"时期中国国民经济和社会发展的主要目标之一。"十三五"规划纲要提出:"创新驱动发展成效显著。创新驱动发展战略深入实施,创业创新蓬勃发展,全要素生产率明显提高。科技与经济深度融合,创新要素配置更加高效,重点领域和关键环节核心技术取得重大突破,自主创新能力全面增强,迈进创新型国家和人才强国行列。"

竹立家建议,要使创新驱动成为常态,就必须通过行政体制、决策体制改革,来配合技术创新。体制机制方面的改革,要围绕如何使企业成为创新主体、加快推进产学研深度融合来谋划和推进。同时,要继续深化科研院所改革,推进政府科技管理体制改革,让机构、人才、装置、资金、项目都充分活跃起来,形成推进科技创新发展的强大合力。

(资料来源:澎湃新闻网 http://www.thepaper.cn/newsDetail_forward_1448546_1。)

第三节 经济发展与人力资本

经济发展有哲学上的价值判断偏好,是愿意经济发展快一些而损坏一些宁静的自然风光,还是要保护生态环境,让经济发展的速度放慢一些?是发展速度快一些但分配不公平,还是要分配公平一些?探讨国民经济究竟是怎样发展的,首先要分析经济发展的含义。经济发展的内涵是什么,曾在发展经济学领域中有长期争论,随着发展中国家经济发展的实践,人们对发展的认识也越来越深刻。

人们在研究整个经济发展的时候,首先要考虑的是国民财富的产出,即能生产并年均增加多少国民财富,基于这些源源不断增长的财富,人们才有可能谈到自己生活质量的提高、消费结构的高级化、教育文化水平的提高、营养水平的改善、分配的公平化等等。因此,研究经济增长也是发展经济学的基本问题。

一、经济发展概述

经济发展,通常是指一个国家或地区按人口平均的实际福利增长过程,它不仅是财富和经济机体的量的增加和扩张,而且还意味着其质的方面的变化,即经济结构、社会结构的创新,社会生活质量和投入产出效益的提高。简言之,经济发展就是在经济增长的基础上,一个国家或地区经济结构和社会结构持续高级化的创新过程或变化过程。

美国经济学家、新古典发展经济学派的代表人物迈耶教授认为,能够得到广泛赞同的经济发展的定义是:在处于"贫困线"以下的居民人数不增加、收入分配不变得更不平均的条件下,一个国家按人口平均的实际收入在一个长时期(至少是20—30年)增长的过程。根据这个定义,如果人均收入低于或等于(即未超过)通货膨胀率的增长速度,如果经济总量的增长速度未能超过(即低于或等于)人口的增长速度,则经济并无发展。此外,发展是长时期的经济增长过程,近期收入的增加只是发展过程的开端,具有决定意义的是人均实际收入的长期的、持续的增加,并且这种增加应是由若干种力量相互作用的必然结果。

美国另一经济学家金德尔伯格则认为,经济发展的含义应当从发展目标和反映发展的尺度等方面进行描述。他认为经济发展的目标是多重的,既包括物质福利的改进,也包括经济结构的变化,由此所决定的反映经济发展的尺度也必须是多样化的,其中包括总产出的增加、收入分配的合理、就业状况的改善、人口素质的提高、文化与技术的进步,以及社会政治生活、经济与政治决策结构的相应变化等。

按照发展经济学理论,综合各家之言,较为系统、全面而确切的经济发展含义至少应包括以下几个方面:

(1)按人口平均的国民生产总值(或国民收入)和居民人均实际收入,在一个长时期内持续而稳定地增长。

(2)居民生活环境,包括社会公共福利设施、自然生态环境、社会政治环境等不断得到改善,人们有相当程度的安全感。

(3)生产要素,包括人力资本、社会资金、物质资本及自然资源等,其数量不断增加,足以满足生产投入的客观需要,从而保证社会总产出长期、持续、稳定的增长。

(4)经济结构,包括生产的组织制度结构,生产关系结构,国民经济的产业、产品结构,技术结构,空间布局结构等发生重大的转变,形成持续的高级化变化过程。

(5)社会结构不断完善,收入分配不断趋向公平与合理,居民间的收入及实际生活水平差距日益缩小。

(6)社会事业、环境和生态与经济的增长相适应,在"经济—社会—自然环境"之间建立起一个良性的循环系统及运行机制。

(7)文化发展、观念习俗与经济发展相协调。

(8)经济运行及其调控的机制趋向于完善和健全。经济、社会和自然生态系统的自我控制、自我调节、自我平衡及自我发展能力以及相互的反应能力、适应能力不断增强等。

二、经济发展的度量

度量经济发展是一个极其复杂的问题,在实践中有相当的难度。

目前,经济学家们一般用人均国民生产总值(或人均国民收入)来作为衡量经济发展水平的尺度。这一指标考虑到了人口增加和国民产出水平的相互关系,可以在一定程度上反映一国或一地区实际的经济发展水平和生活消费水平。但是,单纯使用这一指标来作为经济发展的衡量标准或尺度也存在不少问题。第一,人均国民生产总值(或人均国民收入)未能清楚地显示出产品和劳务的类型与构成,以及使用它们所能带来的实际福利究竟有多大;第二,人均国民生产总值(或人均国民收入)未能清楚地显示收入是如何分配的,收入的增加是普遍现象,还是只限于少数人口有所提高;第三,人均国民生产总值(或人均国民收入)的高低并不一定能够真实地反映出一个国家或地区所拥有的总体实力,因为一国或地区的人口有多有少;第四,人均国民生产总值(或人均国民收入)的多少,虽然可以较好地反映一国或一地区实际的经济发展水平和生活发展水平,但并不能全面反映社会生活的诸多问题,如根除贫困、扫除文盲、减少疾病、延长寿命、增加社会安全感、消除污染等,而这些恰恰又是与衡量发展水平直接相关的问题。

为解决上述问题,现在有越来越多的人主张或赞成用若干个具体指标所组成的综合指标体系来衡量和评价经济发展的水平和质量。这个指标体系除了人均收入指标以外,一般还应当包括反映一国或一地区经济实力的国民总产出指标,反映社会发展水平、人民生活提高程度以及自然生态、环境状况等方面的具体指标。

联合国社会发展所提出的综合指标体系包括 16 项具体指标:(1)期望寿命;(2)2 万人以上社区人口占总人口的比重;(3)人均每天消费的动物蛋白质;(4)中、小学生入学比例;(5)职业教育入学比例;(6)人均住房面积;(7)每千人读报人数;(8)煤气、电、自来水普及率;(9)农业劳动生产率;(10)农业劳动力比重;(11)人均年耗电量;(12)人均年耗钢量;(13)人均年能源消费;(14)制造业占国内生产总值的比重;(15)人均对外贸易额;(16)工薪收入者占社会就业人数的比重。

各研究机构关于发展的衡量指标体系各有特点。特别是近年来一些文献对发展的衡量增加了生态环境方面的指标,比如城市人均绿地、国土森林覆盖率、城市空气洁净程度、垃圾无害化处理率、人均水资源量、适度的人口增长率等。这说明发展研究对发展的可持续问题愈来愈关注。

三、人力资本理论

20 世纪 40 年代,一些经济学家计算各国经济增长时出现了疑问:一些国家与另一些国家相比,资源、资本和劳动力投入相等,而另一些国家经济增长的快一些,甚至有一些资源贫乏的国家出现了增长的奇迹。过去的经济理论无法令人信服地揭示和说明其增长的内在原因。

(一)舒尔茨的人力资本理论

1. 人力资本的含义

舒尔茨是美国芝加哥大学的经济学教授,他在 20 世纪 50 年代中期发表的一系列文章中揭示了人口质量提高对经济发展推动的内在关系,指出了人力投资的重要性,并论证了人力资本对一国经济增长的推动作用。

人力资本,是以知识和技能为主、存在于劳动者身上并在劳动力市场上具有一定价格的资本形式,或者说是体现在劳动者身上以劳动者的数量和质量(即劳动者的技术水平、工作能力和劳动熟练程度等)来表示的一种资本类型。人力资本的基本内容是人的体力、智力、知识和技能。"人力资本"和传统经济学理论中的"劳动力""劳动"等概念有所不同。在传统的经济学理论中,劳动力往往被视为一种从事体力劳动并且是天生的能力,作为这种能力的支出劳动,也被视为均一的或无差别的,至多也只是区分为熟练劳动,这里所需要的知识和技能是少量的。因此,它所重视的、所研究的往往局限于劳动或劳动能力的数量方面。

人力资本也与物质资本存在区别。首先,人力资本是不可能由他人继承和由本体转让出去的,而物质资本则可以由他人继承和由其所有者转让出去;其次,人力资本对生产的贡献和在经济发展中所起的作用要远比物质资本复杂;最后,人力资本的形成过程、投资的范围和内容也同物质资本相异。这就涉及人力资本的投资范围与内容。

人力资本理论的提出和形成,在经济学中具有十分重要的意义。它使前面提到的疑问迎刃而解。在计算经济增长的贡献要素时,把人力资本考虑在内才是合理的。甚至,人力资本对经济增长的作用在一定条件下超过单纯的自然资源和资本的作用。

2. 人力资本理论的基本原理

(1)人力资本是靠对人的投资和受教育时放弃的收入(机会成本)形成的资本。

资本分为物质资本和人力资本两种,人力资本体现在劳动者身上。人力资本实质是人力投资在劳动者身上的凝固,具体体现为人工作时的智能和技能。人力资本包括量和质两个方面。人力资本的量是指有知识和技能的劳动者在有用工作岗位上的数量,质是指技艺、知识、工作熟练程度、管理水平等。人力资本的量和质在同一个人身上也是不一样的,如一个人受某种教育前后、技艺提高前后所拥有的人力资本的量和质是不一样的。凡是能形成这种人力资本的投入,甚至包括所有的时间,都是人力投资。这种投资具有生产性,它的作用的结果能使国民收入增加。

人力投资的主要来源是教育投资,并且人力资本质量的高低也取决于教育投资的数量和质量。但是人力资本的投资十分广泛,包括:①医疗保健。②在职培训。③学校教育支出。教育支出不仅要计算教育的直接投资,包括国家、社会和个人在教育方面的投资,还要计算学生在上学期间所放弃的收入。④启智服务。社会组织举办的成人教育训练,特别是农村的推广教育。⑤迁移。用于劳动力国内流动的支出,也是一种对人力的投资。个人及家庭的迁移,可以适应工作机会的改变。⑥用于移民入境的支出。⑦提高企业能力方面的投资。舒尔茨认为,经营者在风险中觉察和分析新情况并对其做出反应的能力,重新分配资源以适应新情况的能力,是这些国家的人力资本的重要组成部分。

(2)经济发展中人力投资的推动作用大于物质投资的推动作用。

舒尔茨的"人力资本"理论论证和说明的就是人力投资的作用大于物质投资,并认为这是现代经济发展的最重要特征。

①对经济发展的作用,人口质量重于人口数量。舒尔茨指出,要想发展经济,人口质量问题是比土地、人口数量更为重要的问题,是现代经济发展的核心问题。"人口质量"主要是人在后天获得的能力。获得后天能力的渠道有:父母对婴幼儿的保育、抚养、健康保健,通过初中高等教育、在职训练、成人教育及通过工作来获得经验等。人们为了获得或者增强这种后天的能力所投入的时间、金钱、精力都是人力投资或者人力资本。决定人类前途的并不是空间、土地和自然资源,而是人口的素质、技能和知识水平。

②教育投资是人力资本投资的主要部分,也是推动经济发展的重要因素。教育投资是一种生产性投资,教育活动是使隐藏在人体内部的能力得以增长的一种生产性活动。作为一种投资,教育显然增加了无形资产的积累,它隐藏在人的体内,会在将来做出贡献。教育是提高人口质量的关键。各国人口的先天能力是趋于平衡的、相近的,但后天获得的能力,各国却大不一样。各国人口质量的不同,主要取决于后天的能力,这种后天能力主要是知识、技能、文化水平、企业能力等,是教育的结果。人们通过学习所获得的知识和技能,是资本的一种形式。

③经济发展中,人力资本投资的作用大于物质资本投资的作用。美国第二次世界大战后农业生产的增长,只有20%是物质资本投资引起的,其余80%主要来自教育以及与教育密切相关的科学技术发明的作用,这正是人力资本投资的结果。

④人力资本增长的速度比一般物质资本增长的速度快得多。从长期来看,教育投资比物质投资赚得更多的利润,进而持续推动经济发展。从1900—1957年的50多年间,美国实际的物质资本增加了大约4.5倍,而对劳动力进行教育和训练的投资却增加了大约8.5倍。同期,物质资本的投资所赚回的利润增加了3.5倍,而教育投资所增加的利润却达到17.5倍。第二次世界大战以来,人力资源的开发,通过提高工人技术水平、加强经营管理、设计企业营销战略等因素,其推动的经济增长份额占到国民经济总增长的41%以上。

⑤资本积累的重点应当从物质资本的积累转向人力资本的积累。物质资本的边际收益

率是递减的,人力资本的边际收益率是递增的。

(3)人力投资收益率的计算是舒尔茨理论的基本问题。

如果不是计算全部教育过程的收益率,而是计算某一阶段教育的收益率,其具体方法是:先测定不同学历的毕业生所得收入的差,算出各教育阶段毕业生的收入差额,这一差额与该阶段的教育费之间的比率即是该阶段的教育收益率。计算公式如下:

$$本阶段教育收益率 = \frac{本阶段毕业生收益 - 前阶段毕业生收益}{本阶段的教育费用}$$

按照这个公式,舒尔茨测算出美国各级教育的收益率为:小学教育为35%,中等教育为10%,高等教育为11%,整个教育的收益率为17.3%。需要注意的是,计算成本要加上学生上学期间放弃的收入,对教育的收益要进行长期的计算。

将各级教育程度的在岗劳动者进行统计,确定他们各自的收益率后,减去自然人力的收益部分,就是人力资本的收益,除以总的国民生产总值,就是人力资本对国民生产总值的贡献。不考虑通货膨胀因素的影响和货币的时间价值,最简单地总结描述舒尔茨的人力资本模式为:

①人力资本形成模式:

$$人力资本 = 各种用于劳动者的投资 + 劳动者在受教育期间的放弃收入$$

②人力资本收益模式:

$$人力资本收益率 = \frac{受教育后的收入 - 受教育前的收入}{所花费的人力资本投资}$$

③人力资本对国民经济的贡献模式:

$$人力资本贡献率 = \frac{总人力资本 \times 人力资本平均收益率}{国民生产总值}$$

(4)市场供求决定人力投资。

“人力资本”理论的另一个基本原理,是主张以劳动力市场供求关系为依据,以人力价格的浮动为衡量信号,使学校教育计划、家庭人力投资比例自发调节,即市场供求决定人力投资。舒尔茨认为,经济生活面临的是一个不断变化的世界,许多主观和客观的消费结构、发明创造、生产结构、经济关系是在不断地变化的,一个国家看起来似乎可以做出人力投资和培养的长远规划,可以有计划地进行人力投资和有计划地培养人力,但是实际上是不可能的。因此,主张由市场供求决定人力投资。

(二)人力资本对经济发展的作用

人力资本对经济发展的推动和促进作用,突出表现为以下几个方面:

(1)劳动者素质的提高引起物质资本、资金和技术投入使用效率的提高,从而使投入同样多的物质资本、资金和技术可以获得更多更大量的产出。

(2)劳动者素质的提高引导物质资本、资金和技术投入的增加,如扩大要素投入的范围、增加要素投入的种类、利用国外资源等,从而导致其产出量的增加。如,有的资源在劳动力素质较低时,不能投入生产过程并发挥其作用,而当劳动者素质提高后则可用于生产而成为生产的要素。再如,当本国的劳动者素质较低时,国外的先进技术、管理方式、生产手段就难于为该国所利用;而当本国的劳动者有消化、吸收国外资源、技术、管理方式的能力后,国外资源的引进就有可能转化成为本国的资源,并推动该国经济的发展。

(3)劳动者结构的改变和劳动力素质的普遍或部分提高,劳动力使用会更加合理,使用效率将进一步提高,从而在不增加劳动投入和不增加其他要素的情况下引起产出的扩张。

人力资本之所以能够成为推动和促进经济发展的重要因素,一是因为劳动者知识的增加和经验的积累,将极大地提高人们对客观事物的洞察力,从而使自己的经济活动行为顺应客观规律的要求,按客观规律办事,降低或缓和人与自然力之间的矛盾摩擦以及由此造成的损失;二是因为劳动者素质的提高引起科学的进步、新技术的发明和制度的创新,从而导致要素投入状况的改变及其使用效率的提高;三是因为教育的普及和文明程度的提高,使劳动者的责任心、社会感相应提高,价值观念向着有利于经济发展的方向转化等。

总之,发展经济学的研究表明,人力资本在经济发展中具有十分重要的作用。对于发展中国家来说,相对于物质资本而言,尤其应当对人力资本予以高度的重视。如果发展中国家仅有物质资本的增加而没有人力资本的增长,那么现代化的实现是不可能的。发展中国家所缺乏的不只是物质资本,更为重要的是人力资本。后者是造成发展中国家经济落后和限制其经济发展的根本性因素。这一点已为第二次世界大战后发展中国家经济发展的实践和事实所证明。

拓展阅读

中国将继续成为世界经济增长主要引擎

2014 年 11 月 15 日至 16 日,在澳大利亚布里斯班二十国集团领导人第九次峰会上,国家主席习近平出席并发表讲话,向世界庄严承诺:“中国愿意为推动世界经济增长做出更大贡献、发挥更大作用”。讲话发表后,得到了各国媒体和专家的高度评价。

世界贸易组织一位资深官员在接受本报记者采访时说,从中国国家主席习近平的讲话中可以感受到中国对全面深化改革的信心,中国深化改革不仅将为中国自身经济发展聚合强大动能,而且将促进世界经济复苏、推动世界经济实现强劲、可持续、平衡增长。从亚太经合组织领导人非正式会议到二十国集团峰会,中国的一举一动、一言一行使世界看到,中国的大市场、大工厂地位将更加巩固,亚太地区将形成以中国等新兴国家为中心的亚太价值链和新的雁阵发展模式。

欧洲有关经济界人士认为,习近平主席在二十国集团领导人第九次峰会上提出的创新发展方式、建设开放型世界经济和完善全球经济治理三点建议针对性强,具体可行。习近平主席认为,国际社会在应对金融危机期间采取的逆周期刺激政策多是治标不治本,提出落实全面增长战略需要发掘和培育持久增长的动力。习主席的这一观点切中时弊,符合当今世界经济发展的现实。习近平主席提出中国在未来5年将进口超过10万亿美元商品和对外投资超过5000亿美元。这是中国作为世界第二大经济体对促进世界经济增长所做的贡献，预示着中国经济将继续成为推动世界经济增长的主要引擎。

英国多家媒体高度关注习近平主席在二十国集团领导人峰会上的发言，对中国提出的发展战略和对全球经济的贡献深度解读，并予以高度评价。《金融时报》网站刊文表示，习近平主席的讲话和承诺不仅展示了中国在全球事务中以建设性态度建立"新型大国关系"的意愿与能力，同时也展现了中国对自身国力提升和长期发展前景的自信。路透社发文表示，习近平主席对于中国经济发展战略与前景的承诺，有助于二十国集团提振信心和完成预设的经济增长目标。另有部分英国媒体认为，在当前全球各主要经济体几乎穷尽货币政策的背景下，中国政府提出了依靠基础设施投资拉动经济发展和改革的战略，这将有助于开辟新的经济增长点并促进全球经济走向可持续性增长。

韩国各大主要媒体均以《习近平宣布中国将主办2016年G20峰会》为题报道了习主席的讲话，认为中国将在未来世界经济中发挥更重要作用和更大影响力。韩国联合通讯社报道称，习主席以"创新发展方式""建设开放型世界经济""完善全球经济治理"三大重要提议表达了中国对促进世界经济发展的主张，中国也将通过实际行动创造更多市场机遇、投资机遇和增长机遇。韩国《先驱经济》则认为，中国已经登上了世界经济强国的专列，中国将发出更强有力的声音。

日本经济新闻16日以"中国将加快投资"为题报道了中国国家主席习近平在G20峰会上的讲话。报道称，习主席讲话中再次提到基础设施建设问题，并支持二十国集团成立全球基础设施建设中心，支持世界银行成立全球基础设施基金，共同应对全球范围的基础设施投资。报道认为，中国将在5年内向海外投资5000亿美元，这表明中国今后将加快对外投资步伐，从贸易大国成为投资和金融大国。

（资料来源：华商网 http://news.hsw.cn/system/2014/1117/180270.html。）

第四节　对外贸易与经济发展

一、对外贸易在经济发展中的作用

对外贸易是发展中国家发展经济的重要方式，一国的对外贸易与该国的经济成长有着密切联系。

（一）对外贸易在经济发展中的积极作用

对外贸易在经济发展中的积极作用，主要体现在贸易的静态利益和贸易的动态利益。所谓静态利益，是指开展贸易后贸易双方所获得的直接的经济利益。它表现为资源总量不增加、生产技术条件没有改进的前提下,通过贸易分工而实现的实际福利的增长。所谓动态利益,是指开展贸易后对贸易双方的经济和社会发展所产生的间接的积极影响。如有更多的劳动者受教育和培训、更多的发明和创新以及国民收入水平的持续提高等。

关于对外贸易与经济发展的这种相互作用,许多经济学家做过系统的论述,在此对几种主要的学说进行简要介绍。

1. 重商主义

在经济学说史上,最早有关对外贸易的理论出自重商学派的著作。重商主义者认为,贸易的吸引力在于它提供了国际收支顺差的机会。出口是一件好事,因为它促进了工业,并引起贵重金属黄金和白银的流入。进口却是一种负担,因为它减少了对国内工业品的需求,并且使金银流失。重商主义者的政策建议是,出口与生产应由国家保护和补贴以便加以鼓励,而进口则应由保护主义的措施加以限制。

2. 绝对利益学说

斯密证明,两国之间的自愿交换将会给双方带来利益。他认为,当两个国家都集中生产它们享有绝对利益的商品,即集中生产其成本绝对低于另一个国家的那些商品,然后进行相互间的交换,则两国同它们不进行贸易时相比较,都能够消费更多的商品,得到更多更大量的财富。这就是对外贸易理论中的所谓绝对利益学说。

3. 比较利益学说

该学说由大卫·李嘉图创立,他认为一个国家应该集中生产那些同其他商品相比较消耗最少的商品,即不一定具有绝对成本优势但却具有相对成本优势的产品。李嘉图认为,按照比较利益原则进行国际分工协作生产和发展贸易,不但可以使任何国家不受其资源条件的限制,消费自己所不生产或不能生产的产品,而且可以使全世界的产出量达到最高水平。

4. 资源禀赋学说

20 世纪瑞典经济学家赫克谢尔和俄林提出资源禀赋学说。这一学说是发展了的比较利益学说。该学说认为,不同的商品生产要求不同的要素比例,而不同的国家在生产要素的供给上赋有不同的条件,由于各国生产要素供给的禀赋不同,生产要素的相对价格就不相同,生产要素的配合也不相同,因而生产商品的相对价格也不相同。由此得出结论:对于任何国家来说,都应输出该国资源丰富的生产要素生产的商品,输入该国资源稀缺的生产要素生产的商品,充分利用对外贸易,扬长避短。

可见,亚当·斯密、李嘉图、俄林等主流学派的经济学家极力赞扬对外贸易对经济发展的好处。总结起来,对外贸易有以下积极作用:

(1)对外贸易会促进国内的经济增长。由于贸易可以使一个国家以较低价格得到在本国稀缺的原料、其他新产品及技术知识等,从而为工业生产的持续而范围扩大的增长创造有利的条件。

(2)对外贸易使消费者福利增加。按照要素禀赋理论,出口将倾向于提高便宜的生产要素的报酬,而进口则会降低昂贵、稀缺生产要素的报酬,从而使收入分配不均的状况有所改善。而且对外贸易降低商品的价格,使各国有更广阔的消费选择范围,从而增加消费者福利。

(3)对外贸易能增强企业的国际竞争力。对外贸易必然使市场竞争机制充分发挥作用,从而刺激企业素质的提高,而且进口竞争趋向于提高国内生产者的生产率。

(4)对外贸易促进一国经济结构的变动。对外贸易引进资本,加速资金积累会同时激发企业的创新机制,推动技术进步,促进一国经济结构的变动。

(5)开展对外贸易,必然带来人员的交流、文化的传播和思想的交换,从而对一国的政治、文化和社会进步产生积极影响。

传统的对外贸易论者主张,为了促进经济发展,各国应当积极参加对外贸易。传统的对外贸易理论,对于指导发展中国家利用自然资源、劳动资源丰富且价格低廉的比较优势发展出口生产是有借鉴意义的。但是发展中国家按照比较利益原则进行国际分工和贸易,很难取得同发达国家一样的贸易利益,甚至会造成国际收支状况的恶化。

(二)对外贸易对发展中国家经济发展的消极作用

在众多的对外贸易理论中,发展中国家应该注意德国经济学家李斯特和阿根廷经济学家普雷维什的理论。

1. 李斯特的对外贸易理论

李斯特提出了经济发展阶段的贸易政策论,主张采取保护贸易政策扶持工业发展。李斯特认为,当一个国家由农业社会进入工业初期发展阶段时,应采取自由贸易政策,用剩余农产品通过对外贸易换取工业品,并努力建立幼稚工业,这时对外开放获益大。但在第二阶段,当幼稚工业已经移植并成长起来,落后国家与先进国家的生产力级差缩小,形成竞争态势,这时落后国家必须在保护下引进和发展生产。第三阶段,当财富和国力已经达到最高水平后,再逐步恢复到自由贸易的原则,通过竞争刺激国内工商业不断努力,保护既得的优势地位。

李斯特的理论对发展中国家有重要指导意义,因为发展中国家一般都处于李斯特所称的第二阶段,用李斯特的理论也可以说明处于第三阶段的发达国家为什么鼓吹自由贸易。

2. 普雷维什的对外贸易理论

普雷维什把世界经济分为以“发达国家工业中心”和“发展中国家外围”的两极,提出了“中心—外围模型”。他认为,发展中国家与发达国家的经济发展水平差距及发展中国家对外贸易条件恶化的原因在于其技术结构和产业结构的落后性。中心国家处于技术发展的主动地位,外围国家处于技术发展的被动地位。由于中心的技术发展快于外围,致使中心与外围国家既有的鸿沟有扩大的趋势。因此,发展中国家只有通过工业化,改变其产业结构和技术结构,才能使其出口产品价格提高,获取动态比较利益。因此,发展中国家应采取保护主义贸易政策,实行进出口替代战略。

因此,对发展中国家来说,通过对外贸易所获取的最大利益应是通过引进先进技术和设备,增加资本存量,促成产业结构和技术结构的成长。从短期来看,发展中国家应遵循比较利益原则,根据自己的经济资源和比较利益状况进行生产和贸易。但是换取的外汇要应用于扶植本国的幼稚工业,促进产业结构的成长。从长期动态分析的角度看,应以生产力成长和技术进步为目标,注重新的比较利益产业的开发。

由此我们可以看到,对外贸易对经济的作用受到一国经济发展状况的限制,对外贸易利益的实现需要一定的客观条件。

第一,发展中国家各自的特点不同,在对外贸易和经济交往的联系程度上差别巨大。作为大国的发展中国家,从长期来看,为了形成自己齐全的国民经济体系,不可能牺牲幼稚产业而采取完全门户开放的政策;小国为了培育将来具有相对优势的产业,也必须对这些产业给予扶持和保护。

第二,完全遵循比较利益原则进行生产,易造成发展中国家对发达国家的依附性。从发展中国家经济发展的实践看,遵循比较利益的分工原则造成了发展中国家生产初级产品,发达国家生产工业制成品的不平等的国际经济秩序,并由此产生了一系列不利于发展中国家的后果。那些竭力主张自由贸易并按比较利益进行国际分工的经济学家,几乎是发达国家的经济学家,都站在自己国家的立场上。

第三,发展中国家并非真正拥有初级产品的比较优势。发展中国家似乎天然具有生产农、矿产品的资源和成本优势。但实际上,由于发达国家财力雄厚,可以对农业和矿业生产进行大规模的财政补贴。结果,发达国家农、矿产品的生产完全有可能成为优势产业。正因为如此,世界上最大的粮食出口国并不是发展中国家,而是美国、加拿大和澳大利亚等国。

拥有丰富自然资源的国家,只有充分利用外汇收入建立其他具备国际竞争力的替代产业,才能促进经济发展。可见,比较利益原则是一种静态决策原则,从动态角度看,它是不适用于发展中国家外贸发展战略的。

简言之,对外贸易利益的实现主要受到以下客观条件的限制:

(1)一国的经济主体能否对对外贸易做出合理的行为反应,并采取合理的行动;

(2)一国是否具备必要的市场经济发展条件;

(3)一国产业结构转变的难易程度(代价和时间);

(4)对外贸易对国内收入分配的影响;

(5)各国外贸政策的影响。

总体而言,对外贸易对经济发展是利大于弊,关键是如何根据本国经济发展阶段,科学分析贸易利益实现的限制条件,制定合适的对外贸易发展战略和政策。

二、经济发展方式与贸易发展战略

贸易发展战略是在国民经济发展总体战略指导下,对一定时期的对外贸易发展方向、结构、目标以及所要采取的相应措施所作的战略性决策，是一定时期内一国发展对外贸易的指导思想。

一般来说，发展中国家有两种发展方式：一是外向型发展战略，二是内向型发展战略。所谓“外向型发展战略”，是指让本国经济积极参与国际分工和国际交换，在国际市场的激烈竞争中寻找机会，形成有利于发挥本国优势的参与国际分工的态势，优化资源配置，获得比较利益。所谓“内向型发展战略”，是指主要依靠本国资源和本国市场来发展经济，抵制或较少同世界市场进行交换。

第二次世界大战后发展中国家的实践证明，外向型经济的发展战略有利于一国迅速摆脱落后、获得发展。国际分工的发展与深化，世界市场的开拓与发展，促进了经济生活的国际化。发展经济学家把发展中国家的贸易发展战略分为三种类型：初级产品出口导向战略、进口替代战略和出口导向战略。这也是三种不同的经济发展战略或工业化战略。

(一) 初级产品出口导向战略

初级产品出口导向的贸易战略强调发展中国家以本国廉价劳动力开发本国盛产的农、矿等初级产品，出口创汇，然后用外汇进口工业制成品。它是在一国工业基础薄弱、生产力落后、本国工业制成品在国际市场上缺乏竞争力的条件下被迫实行的。对于大多数初级产品出口国而言，出口是决定一般经济活动水平的主要和能动因素。当出口增加时，国民收入、国民投资、国民消费以及政府税收都随之增加，这样就可以提供更多的外汇，满足新增消费和投资的需要，从而带动经济增长。

在外向型经济发展的最初阶段，资源丰富的发展中国家采取通过扩大初级产品出口促进经济发展的战略和政策，有其客观原因。第二次世界大战后，一些发展中国家虽然走上了独立发展道路，但由于它们历史上就是发达国家的原料产地，使这些发展中国家在经济发展初期不得不采取这种初级外向的贸易模式。在 20 世纪 70 年代，如马来西亚、泰国等国通过扩大初级产品出口，推动了经济增长。但是，这种初级产品出口导向贸易战略只能作为外向型经济的起步而在短时期内采用，对经济的长远发展不利。这是因为：

第一，从需求方面看，当今发达国家对食品和原材料需求的增长趋于下降。发达国家对发展中国家出口的许多食品和农业原材料的需求收入弹性系数小于 1，即发达国家收入上升，对发展中国家农产品、矿产品等初级产品的进口需求增加的比例远远小于收入的增加。

第二，从供给方面看，在当今初级产品的世界贸易中，发达国家处于领先地位，发展中国家已无优势。大多数发展中国家农产品的增长部分大部分被国内吸收而不是用于出口。发达国家相互之间的初级产品出口额已超过发展中国家对发达国家的出口额而占到世界第一位。另一原因在于第二次世界大战后用现代技术生产的原料所占的比重增长，而早期工业技术所生产的原料在世界原料生产和消费中所占的比重已经下降。

第三，初级产品生产专业化的贸易模式将使发展中国家失去本国经济工业化带来的动态利益。即使初级产品出口暂时增加，一般也不能促进经济的持续增长，因为从供给方面看，初级产品出口引起的生产增长仅仅是一次性的，没有对初级产品生产部门带来变革，从而去引进新技术和新设备。从需求方面看,现实中,初级产品出口国因对外贸易而增加的有效需求,并没有引起国内有效需求的增加和投资的增加,大部分并不留在国内,而是转移到国外去了。

第四,单纯依靠初级产品出口容易产生国际不平等交换,还面临着贸易条件恶化的前景。

由于初级产品出口导向贸易战略不能给发展中国家带来经济的持续增长和经济的工业化,20 世纪 50 年代末和 60 年代初,许多发展中国家纷纷改变这种贸易战略。发展中国家的贸易战略当然应服从于工业化和现代化的目标。在理论和实践上,可以把发展中国家为实现工业化而采取的贸易战略分为两种:进口替代战略和出口导向战略。

(二)进口替代的贸易战略

所谓"进口替代",是指以国内生产的产品来替代进口。其基本目标是为了减少进口和依赖,节约外汇,平衡国际收支,保护幼稚工业;最终目标是建立初步的工业体系,进而实现工业化。20 世纪 60 年代以来,绝大多数发展中国家都将进口替代作为占主导地位的发展战略。

进口替代贸易战略一般经历了以下两个阶段:

第一阶段以发展加工业、一般消费品工业为主,目标是建立初步的工业体系。在这一阶段,发展中国家为了扶植进口替代工业需要采取保护措施。主要有:

(1)进口限额。通过限制进口保护国内同类产品。

(2)外汇管制。政府集中使用外汇,并分配给进口替代部门较多的外汇份额。

(3)高汇率政策。有利于保护进口替代部门。

(4)关税。对进口商品课以不同的税收,消费品的关税税率较高,资本品的关税税率较低。

第二阶段以发展耐用消费品、资本品和中间产品为主。这个阶段需要花费大量投资用于机器制造、炼钢,石化等工业,在生产中尽量多地使用原料和其他投入,目标是建立全面的工业体系,以工业化带动整个经济的发展。

如果运用得当,进口替代贸易战略可以对发展中国家的工业化和经济发展起到积极的推动作用。

(1)进口替代对于扶植、培育发展中国家的幼稚产业和新兴产业的成长是必要的。

(2)进口替代工业的发展还有利于促进培养本国的管理技术人员,带动教育、文化事业的发展,获得工业化带来的动态利益。

(3)进口替代的贸易保护政策,可能促使发达国家增加对发展中国家的直接投资,以绕过发展中国家的贸易壁垒。外资的流入,对经济发展有积极作用。

但大多数发展中国家的进口替代工业化的实际效果很不理想。这是因为:

(1)进口替代的扩展在供给和需求两方面都面临越来越难以克服的困难。在供给方面,进口替代需要的机器设备、中间投入品大多仍然需要进口,因此进口替代并不能消除进口,仅是改变了进口的结构。在需求方面,替代项目要求有越来越大的国内市场才能达到生产的最低有效规模,而国内市场的容量有限。

(2)伴随进口替代的保护政策,造成了价格高而质量低的国内生产品和生产效率低下的进口替代产业部门,传统的初级产品输出受打击,恶化了收入分配和国际收支状况。

(3)进口替代并没有产生预期的产业联系效应而促进工业化的发展。这主要是因为:进口替代部门的产品成本过高,减少了需求。

(三)出口导向的贸易战略

所谓"出口导向",是指通过扩大出口来带动本国的工业化和经济的持续增长。对发展中国家来说,则称为出口替代,即用半制成品和制成品来代替传统的初级产品出口,并以此来推动本国的工业化。这种工业化战略一般与出口鼓励政策相结合。出口导向的贸易政策比起进口替代政策来,保护的范围要小一些,但也不是没有保护的"自由贸易"政策。严格来说,出口导向型经济才是外向型经济,而进口替代只是走向外向型经济的一个阶段。

出口导向贸易战略一般经历了以下两个阶段:

第一阶段,以劳动密集型工业制成品替代初级产品出口,主要发展加工业,以生产一般消费品为主,如食品、服装、家用电器、玩具等。这些产品的生产方法比较简单,技术较易掌握,投入要素较易获得,而且国际市场需求较大,需求弹性也不小,故起步较易。

第二阶段,当第一阶段出口商品发展到一定程度,特别是其中某些产品的市场容量已渐趋于饱和或生产与贸易条件变得不利时,就转向以机器设备、电子仪器等技术密集型工业制成品生产为主的出口工业。

与进口替代工业化战略相比较,出口导向战略能够在促进生产、收入、就业等方面发挥一系列效应:

(1)资源配置优化效应。由于制成品出口导向工业化立足于国内和国外两个市场,摆脱了国内市场狭小的限制,就有可能根据比较利益原则,把资源集中配置于效率较高的、有利可图的产业部门。

(2)创汇效应。通过利用发展中国家丰富、廉价的劳动力和其他的资源,可以生产出成本较低、竞争力强的工业制成品,从而开拓国际市场,赚取外汇,改善国际收支状况。

(3)就业和收入效应。制成品出口产业的发展能够带来比进口替代高得多的就业机会,使充分就业和公平分配收入的社会目标更易于实现。

(4)激励效应。出口替代存在着沉重的国际竞争压力,国内生产者以提高国际竞争能力为目标的教育、培训将增加国内人力资本的存量。

出口替代贸易战略采取的发展政策和措施主要是:国家对出口创汇企业给予补贴和优惠,如流转税减免、所得税优惠、出口退税等;外汇留成;放松外汇管制,实现汇率合理化;着力扶植和培育有希望成为新的出口主导产业的产业;设立出口加工区和自由贸易区,积极引进外资和先进技术等。

20 世纪 60 ~ 70 年代,一些发展中国家和地区运用出口导向贸易战略促进了经济的发展。一些新兴工业化国家和地区依靠工业化和制成品的出口极大地促进了经济的增长，产业结构趋向合理，人均国民生产总值迅速增长，外汇储备增多，在世界经济和贸易中的地位日益提高。被称为“四小龙”的韩国、新加坡、中国的香港和台湾地区以及南美的巴西堪称代表。1965—1979 年间，其国民生产总值平均增长都在 8.6% 以上。到 20 世纪 90 年代中期，亚洲“四小龙”已基本进入发达经济体系，韩国则于 1996 年被列入发达国家。

但是，出口导向贸易战略在实施中也会遇到困难。首先，发展出口型工业，一方面受到资源、技术、资金、人力等条件的限制，另一方面又受到来自发达国家的竞争，使得发展中国家出口工业的建立非常困难。其次，出口替代工业主要面向国际市场，加深了它们对国外市场的依赖性，会使国内经济贸易受到国际市场经济波动的影响。最后，出口替代贸易战略还会加剧国内经济发展的不平衡。由于发展中国家往往对出口产业实施较多的优惠政策，不可避免地使其他产业受到排挤，面向国内的中小型工业和农业部门发展迟缓。

综合看来，进口替代贸易战略更有利于发展中国家的经济发展。当然，这两种贸易发展战略是相互联系、相辅相成的：进口替代是出口导向的先导，没有进口替代建立起工业的基础，就不可能实施出口导向战略；而出口导向战略是进口替代战略的结果，且出口导向可为更高层次的进口替代提供外汇和技术，最终建立起本国先进的工业体系。第二次世界大战后，凡实施出口导向战略并取得成功的国家和地区，无一例外地经历过一个或长或短的进口替代的内向发展时期。

三、贸易发展战略的现实选择

（一）选择贸易发展战略的原则

为了确保贸易发展战略能够符合国情和国际环境，从而更好地服务于国民经济总体发展战略，促进本国的经济发展，一国在选择贸易发展战略时必须遵循一定的原则。

1. 贸易发展战略必须立足于提高国家竞争力

所谓国家竞争力，是指一国产业在与其他国家生产者进行公开竞争时的创新与升级能力，即以竞争优势表现出来的该国产业为获得较高生产力水平并使之持续提高的能力。贸易发展战略选择的关键不在于采取进口替代战略还是出口导向战略，而在于战略的选择能否提高国家竞争力，从而推动产业创新和升级，促进经济发展进入良性循环。

2. 坚持静态利益和动态利益相结合的原则

制定贸易发展战略时，不仅要能获得静态贸易利益，更要着眼于对外贸易的动态利益，要注重通过对外贸易参与国际分工，引进新的生产要素，促进本国生产效率和生产能力的提高，由此获得长远的发展利益。

3. 贸易发展战略的制定必须符合国际惯例

随着国际分工的深化和世界经济联系的加强，当今几乎每个国家都被纳入到世界经济

体系中。因此，一国制定贸易发展战略时必须适应国际环境，借助贸易战略发展本国经济的措施需要符合国际惯例。

此外，维护国内经济的平稳发展、捍卫国家的独立自主等，都是一国制定贸易发展战略时需要坚持的原则。

(二)影响贸易战略选择的因素

1. 影响贸易战略选择的国内因素

在影响贸易战略选择的因素中，起决定作用的是国内经济情况。它主要包括以下几个方面：

(1)一国的经济发展水平。经济水平的衡量指标有两种：一种是纵向的，指一国经济所处的发展阶段；第二种是指横向指标，即以人均 GNP 等指标与其他国家相比，本国在世界经济中所处的地位。如果一国在经济发展阶段序列中越靠前、在世界经济中地位越落后，则其经济发展水平越低，国际竞争力也越弱。它所面临的主要任务是建立健全国内工业体系和产业体系，提高国内供给水平。因而贸易战略是发展进口替代产业，一些经济发展水平很高的国家则可以发展出口替代产业，中等发达国家可一方面发展进口替代产业，一方面发展出口替代产业，实行所谓的平衡发展战略。

(2)经济发展规模。这里的经济规模是指以一国的疆域、人口等作为衡量指标的一国经济规模的大小。小国经济，指国家疆域狭小、人口较少条件下的经济。这种经济比较容易受到外部市场和国际资金流动的影响，可以借助于外部经济联系来求得本国的经济增长。大国经济则因地域广阔，人口众多，国内市场容量大，因而经济发展的动力主要来自国内市场需求，可采取内向型的进口替代战略。等经济发展到一定阶段后，大国经济可以实行平衡贸易战略。

(3)供求状况。一个国家国内供给与需求状况与其贸易战略的制定具有很大关系。如果一国经济水平落后、资源比较贫乏或资源丰富但开发水平滞后，以致供给小于需求，这种短缺状况下的贸易战略一定是内需型的进口替代战略。相反，经济发展水平较高、国内供给大于需求的“过剩型”经济下的贸易发展战略一定是外向型的出口替代战略；至于介于两者之间的供需基本平衡条件下的贸易战略则可能是有进有出的平衡贸易战略。

2. 影响贸易战略选择的国际因素

对外贸易是一项在国家间进行的经济活动，贸易发展战略必然受到国际因素的影响。这类因素主要有以下几个方面：

(1)他国贸易政策的制约。对外贸易的相互性，意味着一国的进出口在给本国带来贸易利益的同时，也会给别的国家造成影响：这种贸易可能增进双方的利益，也可能是此长彼消的。

(2)世界经济发展水平。一般来说，当世界经济发展水平普遍较低时，各国为本国产品寻找海外市场的压力较小，这时实行进口替代所面临的外部压力就相应较低；而当世界经济发展水平普遍较高，众多国家都要为本国的剩余产品寻找国际市场时，某个国家实行进口替代的压力就比较大；单纯的出口替代则会因对进口国市场的冲击而产生伙伴国要求限制出口的压力甚至引起报复。

(3)国际政治的影响。政治与经济相辅相成，国际政治格局稳定与否、一国政治力量强弱，都会使该国对外贸易政策受到影响。

(三)对外开放的政策选择

对外开放要有一定的政策措施来实现。如何在进口替代和出口导向型的工业化上选择一个度，既使国内的民族工业健康发展，又使国外的技术和竞争压力传导到国内，促进国内工业的技术进步，并促进出口，从某种意义上讲，是一种国家政策选择的结果。

1. 关税

所谓关税，是指政府对进口商品所课征的一种税收。关税是国家对进口贸易实施调节和干预的一种最重要的手段。合理的关税能有效地对国内经济予以保护，同时促进社会福利、对外贸易的健康发展。

关税的主要作用包括：

(1)对于发展中国家来说，征收关税有保护国内幼稚工业的作用。幼稚工业在其创办阶段，关税保护能使它们免受先进国家的工业制品的竞争，而使其逐渐壮大发展。

(2)限制非必需品的进口，节约宝贵的外汇，改善贸易条件，引导外资对国内替代工业的投资等作用，是保障经济发展的一种重要政策工具。

一般认为，对某一商品征收的关税率越高，关税对那个部门中的国内企业所提供的保护作用就越大。衡量关税保护作用的效果，需要看课征关税后进口商品的国内价格超过课税以前进口商品的国内价格究竟是多少。衡量关税效果的指标有两种，即名义保护率和有效保护率。

名义保护率表示征收关税后进口商品价格提高部分比征收关税前进口商品价格的百分数。用公式表示：

$$名义保护率=\frac{税后商品价格-税前商品价格}{税前商品价格}$$

对某种商品征收关税，受到保护的不仅是国内生产该商品的部门，同时也有助于保护工人和其他人员收入，而这些人的收入量是算在该工业品“增加值”内的。除此之外，关税还保护了为该部门提供中间投入品的其他部门的收入。因此，有必要计算关税对某一产业的“实际保护率”或称为“有效保护率”。一单位产量增加价值的提高部门比征收关税前一单位产量增加价值的百分数，就是有效保护率。用公式表示为：

$$有效保护率=\frac{税后单位产量的增加价值-税前单位产量的增加价值}{税前单位产量的增加价值}\times 100\%$$

例如，某物品的国际市场价格 300 元，国内生产同类商品的价格也是 300 元，其中增加价值为 100 元(增加价值等于产品价格减去中间投入品消耗价值),现以 10% 的税率对进口产品征收关税,则国内产品的价格提高为 330 元,于是增加价值变为 130 元,从而有效保护率 = (130 − 100)/100 × 100% = 30% 。

显然,即使各类商品的名义保护率相同,各种商品的有效保护率并不一定相同。如果其他条件不变,某一产品的增加价值在商品价格中的比率越低,所受的有效保护率就越高。

关税的征收一般实行差别税率,各国一般对消费品征收的关税率最高,中间投入品次之,资本最低。这种差别税率能有效促进进口替代工业化,但也造成一些消极后果。如打击了传统的出口部门(农业部门),并使国内原来的资本品制造部门难以发展起来,因而造成经济不能持续发展,国民经济的完整体系不能建立,对国外进口产品的依赖性始终难以消除。因此,当消费资料进口替代部门发展起来之后,应将保护的重点转向生产资料部门,并发展消费品产业和出口,以改善国际收支状况。

关税保护的另一个消极作用是造成技术进步放慢。由于缺乏竞争,被保护者可能缺乏降低生产成本和进行技术创新的动力。

2. 汇率

汇率是指一国货币单位同他国货币单位的兑换比率。汇率分为官方汇率和均衡(市场)汇率两种。所谓“官方汇率”,是指政府规定的本国货币同他国货币兑换的比率。均衡(市场)汇率是指在不存在政府干预的情况下,通过市场供求力量自发调节形成的本国货币同他国货币单位的兑换比率。由于发展中国家大多实行外汇管制,汇率一般是由政府以法令的形式规定,因而官方汇率一般都与均衡(市场)汇率存在一定差距,有时差距很大。

发展中国家的汇率政策同其对外经济发展战略紧密相关。发展中国家汇率一般存在高估本国货币币值的情况。发展中国家产业结构和出口产品结构容易使汇率估值过高。在那些资源丰富的国家,当传统出口品(如矿产品或者可可、咖啡等经济作物)在本国外汇收入供给中占统治地位时,汇率就容易估值过高,从而制约新兴工业部门的发展,使经济不能多样化。

发展中国家政府为了推行进口替代工业化战略,保护进口替代工业部门的利益,往往有意识地高估本国汇率,以便降低本国进口替代工业部门所需的进口资本品和中间投入品成本。政府面对强烈的进口需求,只能实行外汇管制,将外汇优先分配给进口替代部门。同时,为减少逆差,必须采用进口限额制度,对进口商品增课关税。这就导致了汇率、关税、限额三位一体的政策。

汇率过高同固定汇率制度也直接相关。即使是按市场均衡汇率制定官方汇率,当收入增长、进口需求上升时,就要求对本国货币贬值,降低汇率,以刺激进口替代品和出口品的生产,维持国际收支平衡。但规定汇率制度导致汇率不变,从而高估本国币值。

另外,本国的通货膨胀会使国内产品价格和成本上升,引起出口减少,要想维持出口、限制进口,也必须实行货币贬值,将汇率降低。但因为贬值会带来政治影响,大多数发展中国家均维持固定汇率,不愿实行贬值,汇率依然被控制在估值过高的水平之上。

上述分析表明,发展中国家对汇率的过高估值是一个普遍现象,而且高估汇率引起的后果极不利于经济发展。为了避免这种不利情况,发展中国家采取了一系列措施,在一定程度上调低了外汇汇率。这些措施主要有:对初级产品增收出口税;实行分别汇率制度;采取关税或进口限额政策,在一定程度上缩小均衡汇率与官方汇率的差距,使汇率高估程度下降。

3. 影响对外开放的非关税措施

在全球贸易自由化的同时,各国特别是发达国家普遍采取非关税的贸易壁垒,导致发展中国家在国际贸易中处于不利地位。新兴工业化国家或地区在诸多领域已经成为发达国家的竞争对手。为了摆脱竞争,某些发达国家利用世界日益高涨的绿色浪潮,构筑起非关税的"绿色壁垒",限制或禁止外国商品的进口,以达到其贸易保护主义的目的。所谓"绿色壁垒",又称"环境壁垒",是指一种以保护生态环境、自然资源和人类健康为借口的贸易保护主义措施。

为扭转这种局面,发展中国家一方面要改变对幼稚产业的保护方式,对幼稚产业的保护必须改变以关税、配额等为主的传统方式,代之以制定技术标准、补贴科研、政府优先采购等符合 WTO 协议的新方式,并在保护政策设计上体现竞争性、动态性、时间限制性等原则,把由保护而衍生的生产效率损失减到最小程度。

另一方面,由于技术性贸易壁垒具有合法性、隐蔽性、可操作性等特点,必将成为重要的保护手段。发展中国家应积极探讨对策并尽快加以落实,以促进出口。

(1)建立国外技术性贸易壁垒的预警机制。充分利用世界贸易组织各成员方在《技术性贸易壁垒协议》和《实施动植物卫生检疫措施协议》下提供有关技术标准、法规的国家级咨询点,驻外经商参赞处等机构,收集、跟踪国外的技术壁垒和绿色壁垒措施,建立发展中国家的国家技术壁垒信息中心和数据库,并及时将信息反馈给企业,让企业做好防范工作,采取积极措施突破国外的技术性贸易壁垒。

(2)加强国际认证工作,建立与国外权威认证机构的相互认可机制。认证是证明企业所生产的产品、管理体系符合某种标准、法规的合格评定程序。广泛深入宣传、大力推广国际标准的认证,进一步扩大生产企业认证覆盖面,使更多产品获得走向国际市场的通行证,为企业取得国际认证创造更加有利的条件。

(3)制定与国际标准一致的国家标准。技术性贸易壁垒协议引入了技术规定和技术标准。技术规定是指强制适用的标准,而技术标准则指自愿标准。因此,要尽可能制定与国际标准一致的国家标准。同时,要广泛宣传推广国际质量认证标准和发达国家先进的质量管理方法,让生产企业在掌握国际标准的基础上去安排生产,以使产品符合进口国要求,这对扩大出口贸易、加快对外贸易的发展都有较大的帮助。

(4)出口商品生产企业要完善质量标准体系。"质量体系认证和评审制度"作为非关税壁垒为越来越多发达国家所采用,目前世界上获证企业已达几十万家,主要分布在欧美发达国家。发展中国家各类出口企业,尤其是中小型企业,必须认清当今对外贸易发展的趋势。根据国际市场需求和发展趋势,及时调整企业的标准,开展产品认证和按 ISO9000、ISO14000

标准进行质量认证体系的审核注册，使企业出口产品符合国际市场的需求，取得国际市场的“准入证”。

拓展阅读

中国外贸顺差扩张 内需待提振

2015 年外贸顺差在 2014 年较大规模的基础上继续扩张，达到 36 864.8 亿元人民币，较上年同期增长了 56.7% 。2015 年外贸失衡率再次达到了前所未有的 15% 新峰值。

中国社科院财经院国际贸易与投资研究室副主任夏先良谈到进出口趋势时如是说。与此同时，2016 年外贸发展的内外环境会略有好转；2016 年外贸预计会略有增长。

中国社会科学院财经战略研究院 28 日发布最新研究结果预测，今年二季度我国内外贸形势将回稳向好，经济基本企稳。

2015 年以来货物进出口贸易表现是 2009 年外贸出口、进口双收缩以来最糟糕的。出口、进口“双失速”出乎预料。“国际需求不振是中国外贸失速失衡的重要原因，国际大宗商品价格深度下跌和国际通货紧缩是又一重要原因，货物贸易失速失衡还与外贸结构调整优化以及统计遗漏有关。”夏先良称。

自 2015 年底至 2016 年初，消费者信心指数保持在 104 左右，与往年同期相比，该水平相对较低，表明对未来形势判断的预期指数也处于近年来低位。

2016 年第一季度，国内主要商品交易市场运行呈现出一定的季节特征，但交易活动总体平稳。物流业运行受天气以及节日影响略有回落，但总体较为平稳。1—2 月，物流景气指数分别为 53.3 和 50，仍处于枯荣线上方。

中国社科院财经院研究结果称，流通行业为适应经济“新常态”而进行的经营调整，已经从出现并发现问题，逐渐进入到寻找症结和转型方向的新阶段。

（资料来源：网易财经 http://money.163.com/16/0330/01/BJC9HTV400253B0H.html。）

本章小结

发展经济学是研究发展中国家经济社会结构转型过程、经济发展趋势、结构变化内在规律和发展因素内在关系的科学。

发展经济学是第二次世界大战后形成的一门新兴经济学科。第二次世界大战后世界格局发生巨变，发展中国家的经济发展道路不仅关系到本国命运，而且对世界经济政治有着重大影响。在该背景下，发展中国家的经济发展问题成为第二次世界大战后经济学研究的一个重大主题，逐步形成发展经济学。其中，斯密、李嘉图、穆勒、熊彼特等经济学家研究的观点对发展经济学的形成有很大的影响。

发展经济学的演变过程一般可分为三个阶段。第一阶段是 20 世纪 40 年代末到 60 年代初,发展经济学研究形成了结构主义的基本思路。第二阶段从20世纪60年代到80年代后期,发展经济学研究以新古典主义为特征,较多使用新古典主义分析方法。第三阶段从20世纪80年代后期至今,发展经济学将人力资本和制度因素视为影响经济发展的两个重要变量,探讨了经济发展的可持续问题。

发展经济学研究的范围是发展中国家。发展经济学的任务是:分析本国或者本地区的实际情况和发展的一般规律,指导制定科学的发展思路、发展战略和政策,以完成从经济不发达到经济发达的过渡,实现整个社会经济结构的转型。发展经济有特殊的结构体系和研究方法。发展经济学侧重于运用动态研究方法,结构分析方法,制度分析方法,非均衡和均衡相结合分析方法,经验、比较和模型分析方法。

舒尔茨的人力资本理论对发展经济学有深远意义。人力资本,是以知识和技能为主存在于劳动者身上并在劳动力市场上具有一定价格和价值的资本形式,或者说,是体现在劳动者身上以劳动者的数量和质量(即劳动者的技术水平、工作能力和劳动熟练程度等)来表示一种资本的类型。人力资本是靠对人的投资形成的资本,人力资本投资主要包括医疗保健、在职培训、学校教育、启智服务、劳动力流动等。经济发展中人力投资的推动作用大于物质投资。人力投资收益率的计算是舒尔茨理论的基本问题。人力资本在经济发展中具有十分重要的作用,对于发展中国家来说,尤其应当对人力资本予以高度重视。

对外贸易是发展中国家发展经济的重要方式。一国的对外贸易与该国的经济成长有着密切联系。对外贸易对经济发展的积极作用主要体现在贸易的静态利益和贸易的动态利益上。重商主义、绝对利益学说、比较利益学说和资源禀赋学说等都论证了对外贸易对经济发展的好处,但李斯特和普雷维什的理论则考虑到对外贸易对发展中国家经济发展的不利影响。发展经济学家把发展中国家的贸易发展战略分为三种类型:初级产品出口导向战略、进口替代战略和出口导向战略。实践证明,出口导向战略更有利于经济发展。发展中国家应根据国内外经济形势、本国国情构建适当的贸易发展战略,并合理运用包括关税、汇率和非关税措施在内的一系列政策促进国际贸易的发展,赢得贸易利益。

概念复习

经济增长　经济发展　人力资本　进口替代　关税　出口替代　绿色壁垒　发展经济学　人力资本贡献率

思考与练习

1. 发展经济学是一门研究什么内容的科学?
2. 发展经济学的任务是什么?
3. 经济发展包括哪三个方面的内容?
4. 熊彼特在经济发展理论方面有哪些观点?
5. 比较发展经济学演变中三个阶段的特点。
6. 发展经济学在20世纪90年代探讨了哪些问题?

7. 简述全要素经济增长模型。

8. 比较人力资本与物质资本的异同。

9. 人力资本的投资主要有哪些方面?

10. 简述国际贸易的静态利益和动态利益。

11. 简述对外贸易对一国经济发展的作用。

12. 李斯特的理论对发展中国家对外贸易有何指导意义?

13. 比较出口导向战略和进口替代战略的异同。

14. 影响一国贸易战略选择的因素有哪些?

15. 联系我国现状,谈谈如何运用舒尔茨的人力资本理论来促进经济社会发展。

16. 请查阅相关资料,分析目前我国在应对“绿色壁垒”等贸易保护主义中采取了哪些相关政策措施。

案例分析

2012 年中国继续实施积极财政政策和适度宽松货币政策

2011 年 12 月 9 日,中共中央政治局召开会议,分析研究 2012 年经济工作。中共中央总书记胡锦涛主持会议。

会议认为,今年以来,面对复杂多变的国际政治经济环境和国内经济运行的新情况新变化,党中央、国务院审时度势、科学决策,各地区、各部门按照中央部署,以科学发展为主题,以加快转变经济发展方式为主线,正确处理保持经济平稳较快发展、调整经济结构、管理通胀预期的关系,有针对性地解决突出矛盾和问题,国民经济继续朝着宏观调控的预期方向发展,呈现增长较快、物价趋稳、效益较好、民生改善的良好态势,实现了“十二五”时期经济社会发展良好开局。

会议指出,当前我国发展仍处于重要战略机遇期,具备不少有利条件,但经济平稳运行仍面临不少突出矛盾和问题。全党、全国要增强忧患意识和风险意识,做好应对各种困难和挑战的思想和工作准备。

会议强调,明年是实施“十二五”规划承上启下的重要一年。做好明年经济工作,对巩固经济社会发展良好势头、为党的十八大召开创造良好环境具有十分重要的意义。要全面贯彻党的十七大和十七届三中、四中、五中、六中全会精神,以邓小平理论和“三个代表”重要思想为指导,深入贯彻落实科学发展观,实施积极的财政政策和稳健的货币政策,保持宏观经济政策的连续性和稳定性,增强调控的针对性、灵活性、前瞻性,继续处理好保持经济平稳较快发展、调整经济结构和管理通胀预期三者关系,加快推进经济发展方式转变和经济结构调整,着力扩大国内需求,着力加强自主创新和节能减排,着力深化改革开放,着力保障和改善民生,保持经济平稳较快发展和物价总水平基本稳定,保持社会和谐稳定,以经济社会发展的优异成绩迎接党的十八大胜利召开。

会议提出,要更加有预见性地加强和改善宏观调控,准确把握好调控的力度、节奏、重点，并根据形势的变化及时做出预调、微调，解决经济运行中的突出矛盾，提高发展质量和效益。要着力扩大内需特别是消费需求，完善促进消费的政策，努力提高居民消费能力，增加中低收入者收入；进一步优化投资结构，保障在建续建项目建设，有序推进“十二五”规划确定的重大项目，加强对企业投资的引导和规范。要进一步夯实农业基础，完善强农惠农富农政策，加大“三农”投入，健全农业科技创新机制，加强农田水利建设，促进农业稳产增产，不断提高粮食等农产品保障能力。要努力保持物价总水平基本稳定，增强市场调控能力，落实好“米袋子”省长负责制和“菜篮子”市长负责制，搞好重要商品产运销衔接，切实降低流通成本。要坚持房地产调控政策不动摇，促进房价合理回归，促进房地产市场健康发展。要大力推进产业结构调整和区域协调发展，积极培育和发展战略性新兴产业，推动传统产业优化升级，加快服务业特别是现代服务业发展，改善中小企业发展环境；深入实施区域发展总体战略，加大对革命老区、民族地区、边疆地区、贫困地区发展的支持，引导中西部地区有序承接产业转移，推进实施主体功能区规划。要认真落实“十二五”节能减排综合性工作方案，完善评价考核机制和奖惩制度，加强重点领域节能减排，继续做好应对气候变化有关工作。要促进对外经济稳步发展，推动出口结构升级，积极扩大进口，引导外资更多投向高端制造、节能环保等领域，加快沿边和内陆地区开放步伐，支持企业“走出去”，深化国际经济合作。要扎实推进重点领域和关键环节改革，深化财税、金融、资源性产品价格改革，完善促进民间投资体制，深入推进国有企业改革和农村领域改革，做好综合配套改革试点工作。要加强以改善民生为重点的各项社会建设，加快教育事业改革发展，坚持就业优先战略，健全社会保障体系，安置好困难群体和受灾群众生产生活，深化医药卫生体制改革，扎实推进保障性安居工程建设，创新社会管理和服务，切实抓好安全生产，维护社会和谐稳定。

思考与分析：

1. 2008 年全球金融危机对我国经济产生了哪些影响？我国目前面临的经济问题主要有哪些？

2. 如何看待“十二五”继续实施积极财政政策和适度宽松货币政策？该政策组合会对经济运行产生哪些影响？

第九章　开放经济下的国民收入均衡及调节

名人名言

经济并不意味着消费货币，也不意味着节约货币。经济的意义在于经营和处理一个国家，一个家庭。

——罗斯金

学习目标

通过本章的学习，学生应了解开放经济中国民收入均衡的基本概念、了解国际贸易的基本理论。

第一节　开放经济的基本知识

在学习开放经济中国民收入的均衡和调节时，涉及一些国际经济方面的基本知识。我们先从这些基本知识入手来进入这一章的主要内容。

一、开放程度的衡量

当今世界，各个国家和地区的经济都是开放的，即各国之间存在着商品、人力与资本的往来，但各国的开放程度是不一样的。衡量一个国家的开放程度，可以用对外开放度（Openness），即一国的进出口总额与该国的国内生产总值（GDP）的比例来衡量。对外开放度越高，说明该国与世界经济的联系越紧密。

决定一个国家经济的对外开放程度有很多因素，其中主要有：第一，自然资源禀赋情况。一般来说，自然资源丰富的国家开放程度较低，自然资源缺乏的国家开放程度较高。第二，经济发达程度。一般来说，发达国家开放程度高，不发达国家开放程度低。第三，经济结构的差异。第四，历史传统。第五，经济政策以及其他政治或文化因素。这些因素的共同作用，决定了一国的开放程度。

二、国际收支

国际收支（International Payment）是一定时期内，一个国家与外国进行的各项经济交易的货币价值总和，既包括一国从国外取得的收入，也包括一国的对外支付。国际收支状况显然会影响一个国家的国民收入水平和国民收入决定。

一国的国际收支状况具体通过国际收支平衡表来体现。国际收支平衡表是以会计簿记形式对一国国际收支的详细记录。一国由于向国外购买商品、劳务和资产等所发生的支付，计入该国国际收支平衡表的借方，并以负号（－）表示；由于向国外出售商品、劳务和资产所获得的收入，计入该国国际收支平衡表的贷方，并以正号（＋）表示。

国际收支平衡表由三大项目组成：经常项目、资本项目及储备资产。

经常项目（Current Account），又称商品和劳务项目，指经常发生的商品和劳务交易。其中包括有形的商品进出口（国际贸易）和无形的贸易，如运输、保险、旅游等的收支。出口意味着收入或货币值的流入，记于贷方；进口意味着支出或货币值的流出，记于借方。经常项目也包括国际转移支付，如捐赠、援助等。例如，中国对阿富汗提供50亿美元人道主义援助，计入中国国际收入平衡表的借方。经常项目中占支配地位的内容是商品的进出口。

资本项目（Capital and Financial Account）反映了一国资本的流入和流出。凡是外国对本国的贷款、外国对本国的投资，包括购买本国的实物资产（如厂房）和金融资产（如股票）的交易都是资本流入,记于贷方;反过来,本国给外国的贷款,本国购买外国的实物资产或金融资产则属于资本流出,记于借方。

如果经常项目和资本项目都有盈余,则国际收支有盈余。如果经常项目和资本项目都为赤字,则国际收支为赤字。

如果经常项目的盈余大于资本项目的赤字,则国际收支为盈余。如果经常项目的盈余小于资本项目的赤字,则国际收支为赤字。如果经常项目的盈余(或赤字)与资本项目的赤字(或盈余)相等,则国际收支平衡。

储备资产(Reserve Assets)主要是一国中央银行持有的黄金和外汇储备等。经常项目与资本项目中贷方与借方相抵后的差额最终会反映在储备资产中。如某年,某国经常项目与资本项目的贷方超出借方 200 亿美元,或者说经常项目与资本项目的盈余为 200 亿美元,则该年该国的外汇储备就增加 200 亿美元。反之,如果借方额超出了贷方额,即赤字,则外汇储备就相应减少。

三、汇率

(一)汇率及其标价

汇率(Exchange Rate)是不同货币之间的交换比率,或者说是用一种货币来表示另外一种货币的价格。它表示的是两个国家货币之间的互换关系。汇率是国际间汇兑得以顺利进行的条件,也是国际间经济往来的必要前提,汇率的变动对各国国内经济和国际间经济关系都有重大的影响。

汇率主要有两种标价方法。一种被称为直接标价法(Direct Quotation),它是用一单位的外国货币作为标准,标出可兑换若干单位的本国货币。我国采用的就是直接标价法。如,100 美元 = 682.77 元人民币。如果半年后汇率变为 100 美元 = 672.77 元人民币,则意味着人民币升值了。如果汇率变为 100 美元 = 692.77 元人民币,则意味着人民币贬值了。

另一种标价法被称为间接标价法(Indirect Quotation),是用一单位本国货币作为标准,标出可兑换若干单位的外国货币。

英国和美国对大多数货币都采用间接标价法,大多数国家则采用直接标价法。

(二)汇率制度

世界上的汇率制度主要有固定汇率制与浮动汇率制两种。固定汇率制(Fixed Eexchange Rate System),是指一国货币同他国货币的汇率基本固定,其波动限于一定的幅度之内。在这种汇率制度下,一国的中央银行固定了汇率,并按照这一汇率水平进行外汇的买卖。中央银行必须为任何国际收支的盈余或赤字按官方汇率提供外汇。当有盈余时购入外汇,当有赤字时售出外汇,以维持固定汇率。

实行固定汇率有利于一国的经济稳定,也有利于维护国际金融体系与国际经济交往的稳定,减少国际贸易与国际投资的风险。但是,实行固定汇率要求一国的中央银行有足够的外汇或黄金储备。如果不具备这一条件,必然出现外汇黑市,黑市的汇率要远高于官方汇率,这样反而不利于经济发展与外汇管理。

浮动汇率制(Floating Exchange Rate System),是指一国不规定本国货币与他国货币的官方汇率,听任汇率由外汇市场的供求关系自发决定。浮动汇率又分为自由浮动与管理浮动。前者指中央银行对外汇市场不采取任何干预措施,汇率完全由外汇市场的供求力量自发决定;后者指实行浮动汇率的国家,对外汇市场进行各种形式的干预活动,主要是根据外汇市场的供求情况售出或购入外汇,以通过对外汇供求的影响来影响汇率。

实行浮动汇率有利于通过汇率的波动来调节经济,也有利于促进国际贸易,尤其是在一国央行的外汇与黄金储备不足以维持固定汇率的情况下,实行浮动汇率对经济较为有利,同时也能取缔非法的外汇黑市交易。但浮动汇率不利于国内经济和国际经济关系的稳定,会加剧经济的波动。

从第二次世界大战后的情况来看,西方各国在20世纪70年代之前实行固定汇率制,即按照以美元为中心的国际金融体系(又称"布雷顿森林体系")所实施的固定汇率制。20世纪70年代以后,由于美元危机,布雷顿森林体系崩溃,西方各国相继放弃了固定汇率制而采用了浮动汇率制。目前世界上有80多个国家仍然采用了固定汇率制。60多个国家则采取了不同程度的浮动汇率制。

所渭"布雷顿森林体系"(Bretton Woods System),指的是1944年7月,美、英、法、中、苏等44国代表在美国新罕布什尔州布雷顿森林举行了联合国货币金融会议,会议通过了《国际货币基金协定》,由此形成了以美国为中心的国际货币体系。在这一体系下,西方各国实行了黄金美元本位制(又称国际黄金汇兑本位制)。这一制度的基本内容是:第一,美元与黄金挂钩,国际货币基金组织各国确认美国在1934年1月所规定的美元与黄金比较,即35美元等于1盎司黄金。各国有义务协助美国维持美元官价,美国承担准许各国中央银行按官价向美国兑换黄金的义务。第二,其他各国货币与美元挂钩,即其他国家的货币与美元保持固定汇率。只有在一国国际收支出现"根本性不平衡"时才能调整汇率。市场汇率波动超过1%时,各国政府有义务干预,而汇率调整超过10%时,须经国际货币基金组织同意。这就是20世纪70年代之前西方各国所实施的汇率制度。

20世纪60年代之后,由于多次发生美元危机,这一货币体系动摇。1971年8月15日,美国宣布停止美元兑换黄金。1971年12月,根据西方"十国集团"达成的史密森协定,美元贬值7.89%,即从每盎司黄金35美元,改为38美元,并将汇率波动幅度从1%扩大为2.25%。1973年2月,美元再度贬值10%,即每盎司黄金升为42.22美元。由此,西方各国相继放弃了固定汇率制而采用了浮动汇率制。

(三)自由浮动制度下汇率的决定

从经济学的观点看,货币也是一种商品,汇率既然是两种商品之间的兑换率,当然就是货币市场买卖双方交易的市场价格。这一价格就是货币市场上对货币的需求与货币的供给正好相等时的均衡价格。

假设外汇市场上只有美国和日本两个国家进行美元和日元的兑换活动，从美国人的角度看，他们感兴趣的是1美元可以兑换多少日元。图9-1表示了美元的供给和需求是怎样决定美元的汇率的。

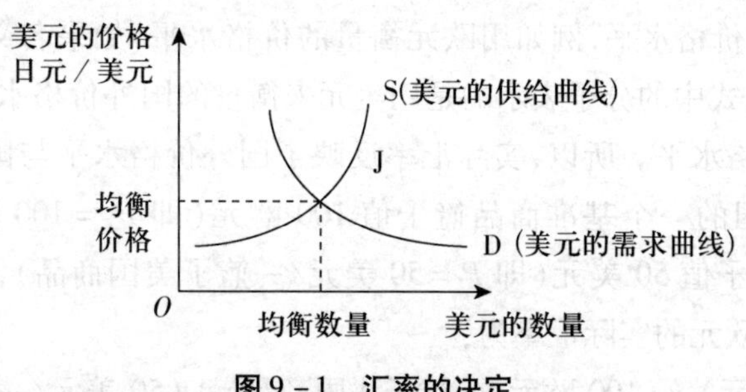

图9-1 汇率的决定

图9-1中，横轴表示的是美元的数量，纵轴表示的是美元的汇率，也即用日元表示的美元的价格。美元的供给曲线 S 是向右上方倾斜的，说明如果美元可以兑换更多日元时，将有更多的美元持有者愿意向外汇市场提供美元，这样就增加了美元的供给。相反，需求曲线 D 是向右下方倾斜的，说明当美元价格降低，或者说可以兑换较少日元时，会有更多的日元持有者愿意将手中的日元兑换成美元以期将来价格回升而获利。这样，美元的供给曲线和需求曲线的交点 J 即为市场的均衡点，也是美元的均衡汇率 e。

(四)固定汇率制度的运行

在固定汇率制度下，一国中央银行随时准备按照事先承诺的价格从事本币与外币的买卖。以美国为例，假定美联储宣布，它把汇率固定在1美元兑换100日元。为了有效实行这种政策，美联储就必须准备美元储备和日元储备以应对外汇市场的波动。当市场均衡利率为1美元兑换150日元时，市场上的套利者就会发现获利的机会，他们会在外汇市场上用2美元购买300日元，然后将300日元卖给美联储，从中获利1美元。当美联储从套利者手中购买这些日元时，向他们支付的美元自动地增加了美元的货币供给，货币供给以这种方式继续增加直到均衡汇率降到美联储所宣布的水平为止。

反过来，如果外汇市场的均衡汇率为1美元兑换50日元，则市场的套利者通过用1美元向美联储购买100日元，然后在外汇市场上以2美元卖出这些日元而获利1美元。这样，外汇市场上的美元供给就会自动减少，直到均衡汇率上升到所宣布的水平为止。可见，固定汇率制度是通过影响一国货币的供给变化来实现的。

(五)实际汇率与名义汇率

之前我们讨论的汇率都没有考虑两个国家的价格水平。这种不考虑实际价格水平的汇率被称为名义汇率(Nonunal Exchange Rate)，而当我们把两个国家的物价水平考虑进来，就涉及实际汇率的概念了。所谓实际汇率(Real Exchange Rate)，是用同一种货币来度量的国外与国内价格水平的比率。它是对一国商品和劳务价格相对于另一国商品和劳务价格的一个概括性度量。实际汇率被定义如下：

$$e = \frac{E \times P_f}{P}$$

式中，e 为实际汇率，P 和 P_f 分别为国内与国外的价格水平，E 为名义汇率。

由于 P_f 代表外国价格水平，例如用欧元衡量的价格水平，如果名义汇率是用欧元兑换多少美元来衡量，则上式中的分子表示的是用美元来衡量的国外价格水平，而分母表示的是用美元衡量的国内价格水平。所以，实际汇率反映了国外价格水平与国内价格水平的相对比值。例如，假设法国的一个基准商品篮子值 100 欧元（即 $P_f = 100$ 欧元/一篮子法国商品），一个美国商品篮子值 50 美元（即 $P = 50$ 美元/一篮子美国商品），设名义汇率 $E = 0.5$ 美元/欧元，则美元对欧元的实际汇率为：

e =（0.5 美元/欧元）×（100 欧元/一篮子法国商品）÷（50 美元/一篮子美国商品）=（1 篮子美国商品）/（一篮子法国商品）

实际汇率的上升，或者说本币实际贬值，意味着国外商品相对于国内商品变得更加昂贵。在其他条件不变的情况下，这意味着国内和国外的很多人会把他们商品购买支出的一部分转移到国内生产的商品上来，这通常被描述为该国自己生产的产品竞争力上升；反之，就意味着该国产品竞争力的下降。

（六）开放经济中的国民收入均衡

在封闭经济中，国民收入均衡只考虑国内充分就业和价格稳定的问题，即只分析国内总需求与总供给对国民收入与价格水平的影响。而在开放经济中，就出现这样一些重要的差别。一是国民收入均衡不仅要考虑内在均衡，还应考虑外在均衡。内在均衡主要指充分就业，而外在均衡主要指国际收支平衡。二是国内各种经济变量，如总需求、价格、利息等的变动，不仅会影响内在均衡，而且会影响外在均衡。三是各国之间的贸易、投资以及汇率的变动，不仅影响一国的外在均衡，也影响内在均衡。这样，就需要把国内经济与国际经济作为一个整体来进行分析。

拓展阅读

人民币汇率制度的演进

一、汇率基本稳定期（1949—1980 年）

新中国成立初期，人民币汇率主要根据当时物价水平来制定和调整。1953 年以后参照西方各国的汇率进行调整。至 1972 年年底，人民币汇率基本保持在 1 美元兑换 2.46 元人民币。1973 年，西方各主要国家普遍实行浮动汇率制度后，我国原则上采用钉住货币篮子的汇率制度，应该说，当时的汇率制度是与计划经济体制相适应的。人民币汇率基本稳定的政策有利于当时外贸企业内部的核算和各种计划的编制和执行。计划经济时代，汇率只是外贸工具。一方面，内外双重标准的外贸价格体制会招致风险；另一方面，盈亏由国家承担的状况又使得企业鲜有风险意识。随着中国经济体制改革的推进,这种体制和思维正面临着巨大的冲击。

二、向市场经济转轨初期的汇率制度(1981—1993年)

第一阶段是人民币内部结算价与官方汇率并存时期(1981—1984年)。改革开放前,人民币汇率长期低于出口创汇成本,但高于国内外消费物价之比。为了扩大出口,人民币需要贬值,不过人民币贬值对非贸易外汇收入不利。从兼顾贸易和非贸易两方面的需要出发,1979年8月政府决定自1981年1月1日起在官方汇率之外实行贸易内部结算汇率,它以全国出口平均换汇成本加一定幅度的利润计算出来,明显低于官方汇率。

第二阶段是取消内部结算汇率,进入官方汇率与外汇调剂市场并存时期(1985—1993年)。双重汇率体制明显调动了出口企业的积极性,国家外汇储备也有所增加。但是这种安排存在明显的问题:一、从对外关系上来看,国际货币基金组织(IMF)将双重汇率看成是政府对出口的补贴,发达国家威胁要对我国出口商品征收补贴税;二、从国内的角度看,双重汇率造成了外汇管理工作中的混乱,而且在外贸部门仍然吃大锅饭的情况下不能有效抑制进口,所以从1985年1月1日起取消了内部结算价,人民币又恢复到单一汇价。

为了配合外贸改革和推行承包制,我国逐步取消财政补贴,从1988年起增加外汇留存比例,普遍设立外汇调剂中心,放开调剂市场汇率,形成官方汇率和调剂市场汇率并存的局面。

三、社会主义市场经济时期的汇率制度(1994年至今)

在1993年11月党的十四届三中全会通过《中共中央关于建立社会主义市场经济体制若干问题的决定》后,中国初步建立社会主义市场经济体制,此后的汇率制度改革分为两个阶段。

第一阶段是汇率并轨与有管理的浮动汇率时期(1994—2005年7月)。1994年国家外汇体制改革的总体目标是“政革外汇管理体制,建立以市场供求为基础的、单一的、有管理的浮动汇率制度和统一规范的外汇市场,逐步使人民币成为可兑换货币”。具体措施包括:①实行与市场供求为基础的、单一的、有管理的浮动汇率制,1994年1月1日起实行人民币官方汇率与外汇调剂价并轨。②实行银行结售汇制,取消外汇留存和上缴。③建立全国统一的、规范的银行间外汇交易市场,央行通过参与该市场交易管理人民币汇率,人民币对外公布的汇率即为该市场所形成的汇率。1996年12月我国实现了人民币经常项目可兑换,从而实现了人民币自由兑换的重要一步。

1994年以后,我国实行以市场供求为基础的管理浮动汇率制度,但人民币兑美元的名义汇率除了在1994年1月到1995年8月期间小幅升值外,始终保持相对稳定状态。亚洲金融危机以后,由于人民币与美元脱钩可能导致人民币升值,不利于出口增长,中国政府进一步收窄了人民币汇率浮动的区间。学术界普遍认为中国的汇率制度已经演变为事实上的单一盯住制。1999年,IMF对中国汇率制度的划分也从“管理浮动”转为“盯住单一货币的固定盯住制”。

第二阶段参考一篮子货币进行调节的浮动汇率制度(2005 年 7 月 21 日至今)。盯住制成功地保持了人民币汇率水平的稳定,有力地促进了外贸和投资的发展。同时也带来不少问题,突出表现在:①对外贸易不平衡状况加剧,自 1994 年以来(1998 年除外),中国一直保持国际收支双顺差的格局,特别是进入 21 世纪以后,双顺差规模持续扩大,2004 年经常账户盈余已达当年 GDP 的 4.2%。②双顺差造成中国的外汇储备迅速增加并带来了货币冲销操作的压力,货币政策的独立性受到挑战。③粗放的出口增长方式使我国出口品的技术含量低,出口企业的国际竞争力不强,部分出口企业的资源和能源消耗大、对环境破坏严重,不利于实施可持续发展战略。

2005 年 7 月 21 日,中国货币当局将人民币兑美元汇率升值 2%,同时实行以市场供求为基础、参考一篮子货币进行调节、有管理的浮动汇率制度。新汇改的内容包括:①人民币汇率不再盯住美元单一货币,而是以市场为基础,参考一篮子汇率变动进行管理和调节,形成更富弹性的人民币汇率机制。②中国人民银行于每个工作日闭市后公布当日银行间外汇市场美元等货币对人民币汇率的收盘价,作为下一个工作日该货币对人民币交易的中间价格。③每日银行间外汇市场美元兑人民币交易价浮动幅度以人民银行公布的美元交易中间价上下 0.3%,非美元货币兑人民币交易价浮动幅度以人民银行公布的美元交易中间价上下一定幅度内浮动。④中国人民银行将根据市场发育情况和经济金融形势,适时调整汇率浮动区间,保持人民币汇率在合理均衡水平上基本稳定。

(资料来源:白晓燕:《人民币汇率制度改革历程及逻辑》,载《世界经济研究》2008(12):29 - 34.)

第二节　开放经济中的国民收入均衡

一、总需求与国民收入的决定

开放经济中的总需求与封闭经济中的总需求是不同的。在开放经济中,一部分国内产品要卖给外国人(出口),国内居民的一部分支出要用于购买外国产品(进口)。因此,在开放经济中,要区分国内支出(国内总需求)与对国内产品支出(对国内产品总需求)这两个概念。国内支出指国内消费者、厂商与政府的支出,其中部分用于国内产品、部分用于进口品。而对国内产品的支出则包括了本国对国内产品的支出以及外国对国内产品的支出。国内支出中减去进口,是本国对国内产品的支出,再加上出口(可以看成是外国对本国产品的支出),就构成了所有本国和外国对国内产品的支出(或需求),而这个需求真是在开放经济条件下影响一国国民收入水平的重要因素。

因此,我们有:

对国内产品的支出 = 国内支出 - 进口 + 出口 = 国内支出 +(出口 - 进口) = 国内支出 +

净出口

二、开放经济中的 IS—LM 模型与国民收入均衡

在运用 IS—LM 模型分析开放经济中均衡时我们有几点假设：一是不考虑价格的变化，即假设价格是不变的。二是不考虑资本项目对均衡的影响，只分析经常项目对资本的影响，而且用贸易收支状况来代表外在均衡。三是假定出口不变，进口取决于国民收入，与国民收入同方向变动，进口随国民收入的增长而增加，随国民收入水平下降而减少。

开放经济中的国民收入均衡可以用图 9－2 来说明。

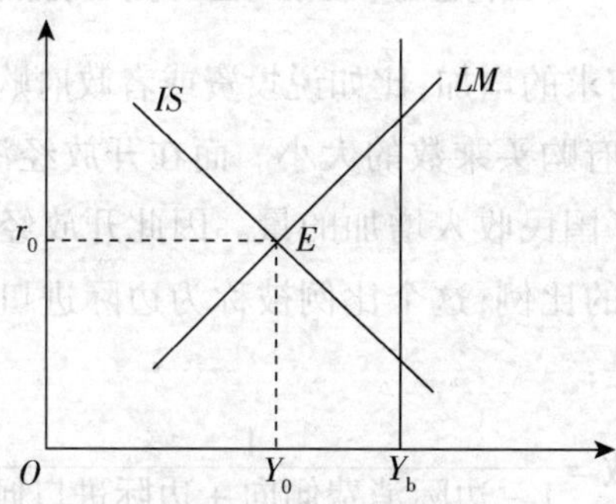

图 9－2 开放经济中的国民收入均衡

在图 9－2 中，IS 曲线与 LM 曲线相交于点 E，决定了均衡利息率为 r_0，均衡收入为 Y_0。而外在均衡的决定条件是 $NX=0$，即净出口为零，或者说是贸易收支平衡。假定出口不变，进口由国民收入决定，那么在图中，当国民收入为 Y_b 时，所决定的进口与出口相等，从而贸易收支平衡，即净出口为零（$NX=0$）。如果国民收入小于 Y_b（图中 Y_b 线的左边），这时的进口小于 Y_b 时的进口，因此，出口大于进口，贸易收支盈余（即 $NX>0$）。如果国民收入大于 Y_b（图中 Y_b 线的右边），这时的进口大于 Y_b 时的进口，因此，出口小于进口，贸易收支有赤字（即 $NX<0$）。

三、开放条件下国民收入均衡的变动

（一）国内总需求的变动

我们在前面学过，国内总需求的增加会使 IS 曲线向右上方移动，这时会使均衡国民收入增加，同时也会使贸易收支状况恶化（即贸易收支盈余减少或赤字增加），见图 9－3。

在图 9－3 中，由于国内总需求增加，使 IS 曲线从 IS_0 移动到 IS_1，这时 IS_1 曲线与 LM 曲线相交于 E_1，决定了国民收入为 Y_1，即国民收入从 Y_0 增加到 Y_1。由于国民收入增加会导致进口的增加，在出口不变的情况下，贸易收支盈余会减少或者赤字会增加，贸易收支状况恶化。

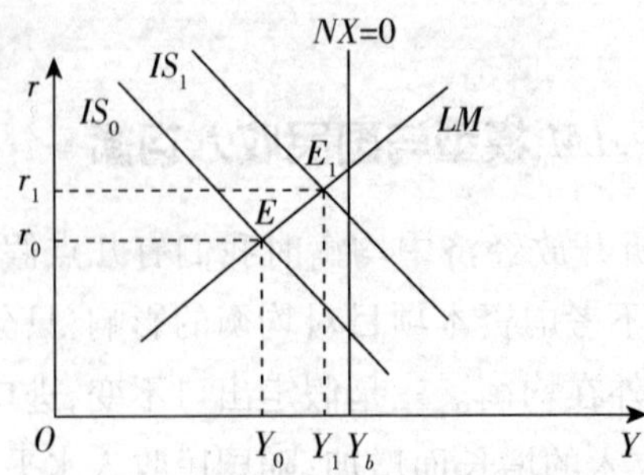

图 9－3　国内总需求变动对国民收入均衡的影响

需要指出的是，国内总需求的增加，比如说投资或者政府购买的增加对国民收入增加的影响取决于投资乘数或者政府购买乘数的大小。而在开放经济中，由于国民收入的增加会导致进口的增加，部分抵消了国民收入增加的量。因此开放经济中的乘数还要考虑到进口增加在国民收入增加中所占的比例，这个比例被称为边际进口倾向。开放经济中的乘数被称为对外贸易乘数，表达式是：

$$对外贸易乘数=\frac{1}{1-边际消费倾向+边际进口倾向}=\frac{1}{1-\beta+\gamma}$$

这一乘数由于分母比封闭经济中的乘数变大了，因此乘数本身小于封闭经济中的乘数。

同样地，国内需求的减少会使国民收入减少，并使进口减少，在出口不变的情形下，贸易收支状况会获得改善（即贸易收支盈余增加或赤字减少）。可见，在开放经济的条件下，国内总需求的增加（如政府购买的增加），不仅会影响国内的国民收入，还会影响贸易收支状况，而且国内总需求的增加量也与封闭经济时不一样。

（二）出口的增加

出口的增加提高了外国对国内产品的需求，从而使总需求增加，并使国民收入增加。而国民收入的增加会使进口增加，但因为边际进口倾向一般小于 1，因此，进口的增加没有出口增加的量多，因此该国的贸易收支状况会改善（贸易盈余增加或赤字减少）。如图 9－4 所示。

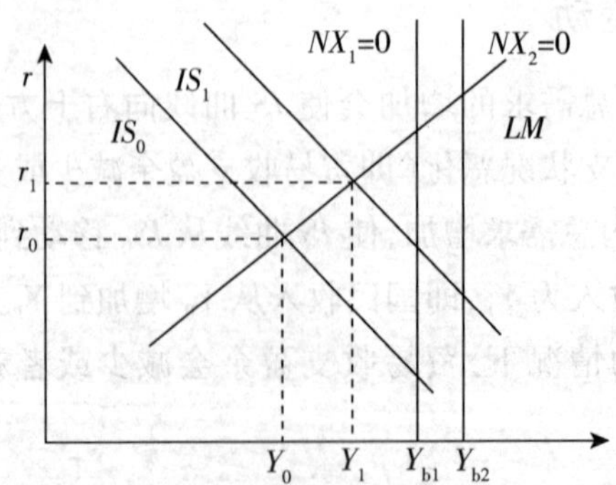

图 9－4　出口增加对均衡国民收入的影响

在图9－4中，出口增加使总需求增加，从而 IS 曲线从 IS_0 移动到 IS_1，IS_1 与 LM 曲线相交，决定了国民收入为 Y_1，即国民收入从 Y_0 增加到 Y_1。由于出口的增加，贸易收支的均衡水平从 Y_{b1} 变为 Y_{b2}，即在 Y_{b2} 时实现了贸易收支均衡（$NX_2=0$），国民收入增加引致的进口增加小于出口的增加，因此贸易收支状况改善。

当国内总需求中对进口品的需求变为对国内产品的需求时，也同样会增加对国内产品的总需求，从而与出口增加的影响相同，即国民收入增加，贸易收支状况改善。

（三）汇率变动对国民收入均衡的影响

汇率变动对一国经济有重要的影响，主要是影响进出口贸易。汇率变动对进出口贸易的影响可以用下面的例子说明。

假定美国生产并出口福特牌小汽车，每辆车售价为10 000美元，日本生产并出口丰田牌小汽车，每辆售价为1 200 000日元。如果美元与日元之间的汇率为1∶100，那么每辆福特牌小汽车出口到日本时，按日元计价应该是10 000×100＝1 000 000（日元）（1美元等于100日元）；而每辆丰田汽车出口到美国时，按美元计价应该为1 200 000×1/100＝12 000（美元）（每日元等于0.01美元）。

如果现在美国汇率贬值50%，即美元与日元汇率变为1∶75，那么每辆出口到日本的福特汽车，按日元计价为10 000×75＝750 000（日元）（每美元等于75日元）。反过来，每辆从日本出口到美国的丰田汽车按美元计价则为1 200 000×1/75＝16 000（美元）（每日元等于0.013 4美元）。

显然，在美元汇率贬值后，美国出口到日本的福特汽车，尽管按美元计算价格不变，但按日元计算的价格却变得便宜了，因而美国出口到日本的福特汽车一定会增加。反之，美元汇率贬值，相对来说就是日元汇率升值了，从日本出口到美国的丰田汽车按美元计价就变得昂贵了，这样，日本出口到美国的丰田汽车一定会减少。

通过这个例子我们可以看出，汇率贬值可以增加出口，减少进口。而汇率升值会减少出口，增加进口。因此，汇率贬值可以使国民收入增加，并改善一国贸易收支状况。相反，汇率升值会使一国国民收入减少，并使贸易收支状况恶化。

（四）利息率变动对国民收入均衡的影响

在开放经济中，利息率的变化一方面会影响国内经济。利息率对国内经济的影响主要是通过对总需求的影响，从而影响国民收入的。即利息率上升使总需求减少进而使国民收入下降；利息率下降会使总需求增加进而使国民收入增加。另一方面，在开放经济中，利息率的变动会对一国国际收支中的资本项目产生影响。一般来说，各国间的资本流动取决于利息率的差异。如果国内利率高于国际利率，则资本流入国内；如果国内利率低于国际利率，则资本流往外国。资本流入有利于改善国际收支状况，而资本流出会使国际收支状况恶化。

因此，当一国国内利息率上升时，一方面会使国民收入下降，并进而减少进口，在出口不变的情况下改善贸易收支状况。另一方面,当国际利率水平不变时,国内利率水平的上升又会使国际资本流入,国际收支状况改善。反之,如果一国的利息率下降,一方面会使国民收入增加,并进而增加进口,在出口不变的情况下使贸易收支状况恶化;另一方面在国际利率水平不变的情况下,国内利率水平下降又会使资本流出,国际收支状况恶化。

(五)价格水平变动对国民收入均衡的影响

国内价格水平的变动,通过对进口品相对价格的影响而影响国民收入与贸易收支状况,如果用 e 代表汇率,用 P_m 代表进口品的价格,用 P 代表国内产品的价格,则进口品的相对价格可以表示为:

$$进口品相对价格 = \frac{eP_m}{P}$$

容易看出,当汇率不变,进口品价格保持稳定时,国内产品价格上升会使进口品相对价格下降。国内产品价格下降会使进口品相对价格上升。

因此,国内产品价格上升会削弱国内产品的竞争力,使国内总需求更多地转向进口商品,从而减少对国内产品的总需求。同时,也会使本国产品在国外市场的竞争力削弱,减少了出口,其结果使得国民收入减少,贸易收支状况恶化。相反,国内产品价格下降使得外国产品的相对价格上升,削弱了国外产品的竞争力,增强了本国产品在国内外的竞争力,结果使得进口减少,出口增加,从而使国内收入增加,贸易收支状况改善。

拓展阅读

海外专家:中国开放发展利于全球经济增长

国务院总理李克强5日作政府工作报告时说,今年要推进新一轮高水平对外开放,着力实现合作共赢。海外专家学者近日在接受新华社记者采访时纷纷表示,中国倡导的开放发展理念值得期待,中国的开放发展不仅有助于本国的经济稳定增长,还将利好全球经济,有助于其他国家摆脱经济困境。

世界乐见中国开放发展

韩国湖西大学教授全家霖表示,国际社会希望看到一个更加开放的中国。为迎接新时代,中国发展战略将向更加开放的方向转变,并同时追求包容性,这将对世界产生积极的影响。

泰国开泰银行高级副总裁蔡伟才认为,在改革开放的环境下,中国金融业已走向国际化,为中国经济跃居世界第二位做出了重大贡献。

“开放是世界潮流,如果固步自封必然落后于时代,”印尼政治分析人士李卓辉说。他认为,中国的开放发展应当着重致力于吸引以高科技产业为主的外国投资者,为中国产业升级转型提供助力。

埃及商人协会成员穆斯塔法·易卜拉欣表示,开放发展战略保证了经济的稳定增长,具有十分重要的意义。这项战略对于推动全球经济增长也具有重要价值。

世界期待共享中国红利

蔡伟才认为，随着"一带一路"建设的推进，越来越多中国企业跨出国门经商投资。中国已成为国际市场重要的参与者。一个平衡协调、充满环保意识、开放合作、共赢共享的开放发展战略对东南亚乃至亚太各国来说无疑都是利好。

全家霖说，中国现在的开放模式和上世纪80年代不同，中国与国际社会的合作已更加紧密，中国经济实现从"量"到"质"的转变，终将对世界经济产生积极影响。

穆斯塔法·易卜拉欣说，阿拉伯地区和中国对于共建"一带一路"已有共识，准备把本地区的发展战略和"一带一路"相结合，并与中国扩大基础设施合作。

巴基斯坦－中国商业和投资促进委员会主席阿马努拉·汗认为，中国已经成为推动世界经济发展的稳定的火车头，"十三五"规划的实施将为国际社会提供很多机遇。未来中国仍将是世界经济发展的引领力量，世界各国都将从中受益，中国开放和共同发展的政策将帮助很多国家实现经济增长和发展。

秘鲁《东方》月刊副主编罗森多·阿卡特是资深中国问题专家。他认为，中国企业未来会加快对外投资的步伐，加强与世界各国在各个领域的合作。他相信中国经济结构的转型不仅将促进这个东方大国自身的经济发展，也会对全球经济产生巨大影响。他说，未来中国对进口产品的需求会越来越大，进而为其他国家带来商机。以中秘贸易为例，秘鲁更多的果蔬等农产品、酒类、羊驼纺织品等将销往中国市场。

（资料来源：新华网 http://news.xinhuanet.com/politics/2016－03/07/c_1118259695.htm。）

第三节　开放经济中的收入调节

一、内在均衡与外在均衡的不同情况

开放经济中的经济调节，其目标一方面是要实现国内经济的充分就业和物价稳定，另一方面在对外经济交往中实现国际收支平衡。充分就业、物价稳定和国际收支平衡三者之间的关系在现实的经济中有以下九种不同的情况组合：

(1)国内通胀与国际收支赤字；

(2)国内通胀与国际收支盈余；

(3)国内经济衰退(非充分就业)与国际收支赤字；

(4)国内经济衰退(非充分就业)与国际收支盈余；

(5)国内经济均衡与国际收支赤字；

(6)国内经济均衡与国际收支盈余；

(7)国内经济通胀与国际收支平衡;

(8)国内经济衰退与国际收支平衡;

(9)国内经济均衡与国际收支平衡。

在上述九种情况中,第九种实现了内在的均衡与外在的均衡,不用进行任何的调节,是最优的状态。但在现实的经济中,这种内外都达到均衡的情况是很少见的,大量的情况存在于其他八种中。在第一种情况下,应该采取紧缩性的经济政策。这样,一方面可以通过抑制总需求使国民收入下降,稳定物价;另一方面,下降了的国民收入会进一步减少进口,从而消除国际收支赤字。对第四种情况来说,政府应该采取扩张性的经济政策,一方面可以刺激总需求的增加,进而使国民收入增加,使国内经济从衰退中走出来;另一方面增加的国民收入会使进口增加,进而消除国际收支盈余。而对于其他情况,则会存在着政策上的矛盾。比如对于第二种情况,如果采取紧缩性的经济政策,一方面可以通过抑制总需求使国民收入下降,进而消除通胀,稳定物价;另一方面,下降的国民收入会减少本国的进口,这样会加剧国际收支盈余。而如果政府采取的是扩张性的经济政策,增加国民收入固然可以增加进口,减少国际收支盈余,但同时也会加剧国内的通货膨胀。这些矛盾的情况,使得经济政策面临着进退维谷的困境,需要经济政策的制定者找出最优政策配合方案。

二、最优政策的配合

最优政策配合指的是:在一国国内外经济需要不同的调节政策共同使用的情况下,所采用其中一种政策的积极作用应该超过另一种政策的消极作用。在政府选择使用最优政策时,首先应注意各种政策的对内与对外的不同影响。一般来说,财政政策的对内影响要大于对外影响。例如,增加政府支出所引起的国民收入增加的作用要大于因国民收入增加而引起的进口增加的作用。货币政策的对外影响往往要大于对内的影响。比如,货币供应量的增加会使国内利率降低。但由于利率降低而使国民收入增加的作用要小于因利率降低而使外国资本流入的作用。决策者们需要认真谨慎考虑各种政策的不同影响。其次,决策者在实施经济政策前,也需要明确政策所要解决的主要问题。比如,在国内经济衰退与国际收支盈余的情况下,如果首要解决的问题是国内经济衰退,那就应该把政策的重点放在刺激国内经济上。

因此,对于上述九种情况中的第二种,即国内通胀与国际收支盈余,应该采取紧缩性的财政政策抑制通货膨胀,同时采用扩张性的货币政策增加货币供给量,以达到降低利息率,使资本流出,克服国际收支盈余的效果。而对于第三种情况,国内经济衰退与国际收支赤字,应该采用扩张性的财政政策与紧缩的货币政策的组合,以摆脱国内经济的衰退,同时吸引外资克服国际收支赤字。对于第五种情况,国内经济均衡与国际收支赤字,可以通过支出转换政策来进行调节。所谓支出转换,是指在国内总需求保持不变的情况下,改变总需求的构成,即通过贸易保护政策或者汇率贬值政策来减少进口,以达到国内经济仍保持均衡的同时而消除国际收支赤字的效果。

三、对外经济政策

要实现一国经济的内在均衡与外在平衡,除了需要实施财政政策和货币政策对国内经济进行调节之外,还需要适当运用对外经济政策。对外经济政策主要包括对外贸易政策、汇率政策、对外投资政策以及国际经济关系协调等。

(一)对外贸易政策

对外贸易政策一般可分为两类:一是自由贸易政策,二是保护贸易政策。总体上看,自由贸易政策有利于资源在全球范围内实现最优配置,使全世界经济福利达到最大化。但在现实的经济活动中,这只是一种理想状态,而且世界经济福利最大化并不一定就是各国本身经济福利的最大化。因此,自由贸易往往要受到限制。事实上,在不同时期,不同国家都采取自由贸易与保护贸易政策的交替运行或是两者不同程度的结合。保护贸易政策有利于实现一国的充分就业,国内经济的增长以及改善国际收支状况。保护贸易政策包括:

1. 关税政策

这是保护贸易的主要工具之一。关税(Tariff)是对通过一国海关的货物所征收的税收,又可分为进口关税和出口关税。限制进口主要使用进口关税。进口关税包括按货物总价值一定百分比征收的从价关税和按固定税额征收的特别关税。征收进口关税可以限制进口,保护国内市场,增加本国财政收入。但是一国在运用关税时,也会引起其他国家的报复,不利于本国产品的出口。

2. 非关税壁垒

非关税壁垒就是采用关税以外的工具来限制进口。非关税壁垒包括:

(1)限额。限额有进口限额和出口限额,又可分为对各国不加区别地进行外贸货物限量的非歧视性限额,以及对不同国家制定不同限量的歧视性限额。此外还有建立在双边协商基础上的自愿出口限额(VER)与有计划出口安排。进口限额有利于限制进口,保护国内市场。

(2)补贴。对本国与外国进口品进行竞争的部门进行补贴,因此又称为进口竞争部门补贴。这种补贴可以补贴进口竞争部门的成本或利润,目的在于提高本国产品的竞争力。

(3)进口特许,又称进口许可证,目的在于限制进口。进口许可证分为三种。一是进口数量型许可证,对进口数量直接加以限制。二是外汇控制型许可证,控制进口商品所需的外汇。三是统计许可证,以贸易统计资料为依据,对某些产品的进口加以监督和指导。

(4)进口商品的技术性壁垒。通过对商品的技术性能检验来限制进口,这类检验包括对进口机械设备的性能,零部件的通用性以及与卫生环保、安全有关的商品质量控制。

(二)汇率政策

汇率对国际收支和对外贸易都有影响,同时也影响一国国内经济。在对外经济政策中,汇率政策也处于十分重要的地位。

1. 汇率贬值政策

在固定汇率制度下,本币的贬值可以提高进口商品的相对价格,降低出口商品的相对价格,有利于出口的增加和进口的减少。既增加了国内就业,也有利于减少国际收支赤字。

2. 汇率管制政策

在实施浮动汇率政策的国家,政府也要运用买卖外汇的方法来对汇率进行干预,以避免汇率的大幅波动。汇率大幅波动会影响一国经济稳定,特别是汇率的过分贬值会使国内通货膨胀加剧,不利于物价稳定的目标实现。有时一国也会因为经济或非经济的目标,通过对汇率的干预或管制来维持较高或较低的汇率。

(三)对外投资政策

在国际经济关系中,有些国家需要吸引外资来帮助发展本国经济,有些国家需要输出资本。通常一国鼓励对外投资会采取以下一些政策:

(1)通过国家的对外经济援助和其他的政治、经济甚至军事手段,为私人对外投资开辟道路。

(2)利用纳税优惠政策鼓励和支持私人的对外投资。其中包括可以在应缴纳税中扣除在国外已纳税金,避免双重纳税,或者在国外投资收入汇回国内之前不予征税的延期纳税。对私人对外投资实行担保和保险,以此减少私人对外直接投资的风险。制定保护海外私人直接投资的法律等。

(四)国际经济关系协调

各国的对外经济贸易政策在实质上都是从自身角度出发而制定的。这样会影响各国之间的经济关系,引起国家之间的矛盾和冲突。但从长远看,各国经济利益又具有一致性的一面,即各国经济是相互依赖、共同繁荣的。损人利己的做法最终也会给自己带来经济损害,因此国家之间国际经济关系的协调就显得越发重要。国际经济关系的协调包括:建立各类国际经济组织,通过这些组织来协调国家间经济关系;或者进行双边或多边谈判;建立区域经济一体化组织,加强本地区经济的共同发展,协调本地区经济关系等。

拓展阅读

从中美贸易摩擦看"比较优势"

近年来,由美国单方面挑起的中美贸易摩擦,呈现出愈演愈烈之势。从对我国彩电征收高额反倾销税,到突然提出对中国的几类纺织品实行新配额,从对来自中国的可锻铸铁管件征收反倾销税,到对中国产的木制卧室家具进行反倾销诉讼,这些在短时期内密集推出、专门针对中国产品的种种贸易歧视政策，凸显了美国贸易保护主义思潮的日渐抬头。

美国针对中国产品堆砌的贸易壁垒，不仅因其严重影响了中美正常贸易往来而受到我国社会各界的强烈抵制，同时也因其轻率践踏了世界贸易组织（WTO）框架下的国际自由贸易规则，从而受到全球经济界的广泛批评。就连美国联邦储备委员会主席格林斯潘也发出警告，认为这种贸易保护主义做法将使全球经济的灵活性受到侵蚀。

尽管经济界和理论界人士排除了现阶段在两国之间发生大规模贸易战的可能性，但大家还是一致认为，一些发达国家出于遏制我国经济和对外贸易发展的目的，以及一些发展中国家对本国产业安全的过激性防卫和对本国企业的过度呵护，我国企业今后将会面临越来越复杂的国际贸易环境。如果我们不能正确看待贸易摩擦的根源，并从中找到一些应对之策，今后将会遭遇到更多的类似摩擦。

纵观近年来中国曾经遭遇和正在经历的贸易歧视，绝大部分都集中于劳动密集型产品。不管是中日、中韩之间围绕农产品引发的贸易纠纷，还是中美、中欧之间围绕制造业产品所引发的贸易摩擦阴云，其发端都是贸易摩擦的发起国以种种证据和理由，指责中国产品因为“低价倾销”或者质量问题，严重影响了该国同类产业的正常市场竞争，进而导致相关企业的利益受损和产业工人的失业。

从全球范围来看，贸易保护的对象也大都集中于劳动密集型和资本密集型产品。之所以出现这种格局，是因为这两类产品往往属于制造业的范畴，一般不具备较高的技术含量，而且往往具有极强的替代性，其对生产国经济的贡献，主要是吸纳大量的就业工人。这就使得这些贸易保护国敢于视国际贸易规则于不顾，单方面设置进口壁垒。相反，如果进口产品属于该国难以生产的高技术产品，或者是该国不屑生产的重污染型产品，他们往往就会具有极强的进口依赖，而此时，他们恐惧的是出口国的出口限制。由于贸易歧视政策维护了该国一些特定产业和相关阶层群体的利益，因此在一定范围内受到了热烈追捧。

尽管绝大多数贸易摩擦最终都会在当事双方的沟通磋商或是在有关国际贸易仲裁机构的公允裁决下得以解决，但事后反观这些影响面极大的贸易摩擦风云，不管每一个回合的周期长短，莫不使牵涉其中的众多企业受到一定程度的利益损害乃至巨大的机会损失。基于这个认识，为了争取一个持久稳定的出口贸易环境，尽可能减少不必要的贸易摩擦成本，确有必要重新思考我们基于“比较优势”理论的出口战略取向。

如果一国生产一种产品的机会成本比另一国低，该国在这种产品的生产上就有比较优势。长期以来，我们一直把“劳动力成本优势”视为对外贸易中的“比较优势”，并相应地大力发展起了诸如纺织企业等众多以出口为导向的劳动密集型企业。但是随着高新技术产品日益成为世界贸易的主要品种，再加之国际市场上劳动密集型产品严重供过于求，我国的劳动密集型产品在国际市场上的竞争力正日渐下降，它们赖以生存的低成本“比较优势”越来越不成其为“优势”。更何况，如今在国际市场上，即便是劳动密集型产品，其市场竞争优势也不再像过去那样仅仅简单地局限于“成本价格”，而是涵括了价格、质地、工艺、原料、科技嫁接等多方面的综合竞争因素。

“比较优势不等于竞争优势”,由此看,跳出过度依赖劳动密集型产品出口结构的惯性思维,已势在必行。这种战略调整,不但有助于我们避免陷入“比较优势陷阱”——过于强调劳动力成本优势,忽略出口结构中的非价格因素,同时也将使更多的企业因此而减少不必要的贸易摩擦损失。

本章小结

开放经济的宏观经济学所研究的是:在国家之间存在着贸易和金融联系的条件下各经济体的行为逻辑。本章的主要内容有下列四个方面:第一,阐述开放经济中的国民收入均衡的基本概念,其中包括收入均衡公式、汇率与收入均衡。第二,介绍了开放下的国际贸易的基本理论。第三,主要研究了外汇和汇率制度。第四,主要分析了对外经济中国际收支的形成及其主要因素、国际资本流动的形式与特点。简要地介绍了世界贸易组织,使读者对开放经济有一个基本了解。

概念复习

外汇　汇率　汇率制度　固定汇率制度　浮动汇率制度　国际收支　经常账户　资本和金融账户　国际收支平衡

思考与练习

一、简答题

1. 简述汇率的两种表示方法。

2. 简述国际收支平衡表各主要项目的含义。

3. 简述国际收支失衡对宏观经济的影响。

二、计算题

2016 年 6 月 7 日,美元和人民币的汇率为 1 美元兑换 6.564 5 元人民币。试求:

1. 售价 3 588 元人民币的一台电视机美元价格是多少?

2. 售价 15 000 美元的一辆汽车人民币价格是多少?

案例分析

中国国际收支“双顺差”的成因及其对经济的影响

我国近年来国际收支“双顺差”产生的主要原因包括:①经常项目下连年出现盈余是导致我国国际收支双顺差日益加大的主要原因;②资本和金融项目连续顺差是加大我国国际收支双顺差的另一重要原因;③国际产业结构的变化导致贸易顺差的转移;④社会保障制度不健全导致消费需求不足。

国际收支双顺差对我国经济的影响包含有利和不利两个方面。

有利影响包括:①大量国际收支顺差带来巨额外汇储备提高了我国抵抗国际经济风险的能力,有利于我国应对金融风险,为我国经济的持续发展提供了有力保障;②双顺差也有利于维护我国的国际声誉,在提高对外融资能力的同时,也表明我国具有良好的国际偿债能力。

不利影响包括:①过度的国际收支顺差加大了人民币升值的压力,构成了对我国经济稳定运行的威胁;②大量积累的国际收支顺差将直接冲击我国货币政策的有效性;③高额外汇储备面临保值风险;④巨额外汇储备将引发通货膨胀和投资膨胀;⑤国际收支顺差余额的持续走高加剧了国际贸易摩擦。

改善国际收支"双顺差"的政策取向应包括:①转变对外贸易增长方式,改变人为推动的贸易顺差格局;②改善内部经济失衡状况,优化产业结构,扩大内需,促进消费;③放宽外汇管制,鼓励企业对外投资,引导资金有序流出;④深化人民币汇率改革,实现更富弹性的人民币汇率制度;⑤健全和利用外资和加工贸易的相关政策;⑥进一步拓宽外汇储备使用的路径。

(资料来源:朱蕾:《我国国际收支双顺差的成因、影响与政策取向》,
载《金融理论与实践》2007(9):42-45.)

思考与分析:

1. 我国近年来国际收支"双顺差"的主要原因是什么?
2. 国际收支平衡的主要含义是什么?

参考文献

[1]N·格里高利·曼昆. 宏观经济学[M].7 版. 卢远瞩,译. 北京:中国人民大学出版社,2011.

[2]菲利普·阿格因,彼得·豪伊特. 增长经济学[M]. 杨斌,译. 北京:中国人民大学出版社,2011.

[3]高鸿业. 西方经济学(宏观部分)[M].5 版. 北京:中国人民大学出版社,2011.

[4]李楠,王秀繁. 西方经济学[M]. 北京:中国铁道出版社,2010.

[5]汪丁丁. 经济学思想史讲义[M].2 版. 上海:上海人民出版社,2012.

[6]王哲,苏彩和,詹可军. 西方经济学[M]. 成都:西南财经大学出版社,2008.

[7]叶德磊. 宏观经济学[M].2 版. 北京:高等教育出版社,2010.

[8]袁志刚,宋铮. 高级宏观经济学[M].2 版. 上海:复旦大学出版社,2010.

[9]左相国. 宏观经济学[M].2 版. 北京:中国铁道出版社,2010.